Mensch und Organisation 7

herausgegeben von W. H. Staehle

Joachim K. Weitzig

Gesellschaftsorientierte Unternehmenspolitik und Unternehmensverfassung

W
DE
G

Walter de Gruyter · Berlin · New York 1979

CIP-Kurztitelaufnahme der Deutschen Bibliothek

Weitzig, Joachim K.:
Gesellschaftsorientierte Unternehmenspolitik und Unternehmensverfassung / Joachim K. Weitzig. – Berlin, New York: de Gruyter 1979.
(Mensch und Organisation; 7)
ISBN 3-11-007866-X

Printed in Germany. – Satz: Otto Gutfreund & Sohn, Darmstadt. – Druck: Karl Gerike, Berlin. – Bindearbeiten: Lüderitz & Bauer Buchgewerbe GmbH, Berlin.

Geleitwort des Herausgebers

In einer Zeit, in der der Einsatz von Kapital und Arbeit in Unternehmen zum Zweck der Leistungserstellung und -verwertung nicht mehr die Privatangelegenheit einiger weniger Kapitaleigner und Manager ist, sondern aufgrund der dabei zu beobachtenden beachtlichen Ausübung wirtschaftlicher, sozialer und psychischer Macht vermehrt als ein quasi-öffentlicher Vorgang zu sehen ist, mehren sich auch die Analysen und Vorschläge zur Institutionalisierung einer gesellschaftspolitischen Verantwortung der Unternehmen.
Im nun vorliegenden 7. Band der Schriftenreihe ‚Mensch und Organisation' werden die Möglichkeiten zur Berücksichtigung des Interessenpluralismus in der Gesellschaft im Rahmen der Willensbildung in der Unternehmung geprüft. Dabei möchte der Verfasser zwar die Demokratisierung der Unternehmung fördern, daneben aber auch die Handlungsfähigkeit des Führungssystems so weit wie möglich aufrechterhalten oder verbessern. Der Verfasser sieht in entsprechenden wirtschaftswissenschaftlichen Modellen zur sozialen Verantwortung der Unternehmung einen Ansatzpunkt zur Beantwortung der Frage, ob und wie die bisherige wissenschaftliche Literatur Probleme der Macht und Demokratie in Unternehmen behandelt. Damit stellt sich die Aufgabe, Modelle der sozialen Unternehmensverantwortung zu beschreiben und kritisch zu prüfen. Der Verfasser bietet hier einen hervorragenden Überblick über sechs zur Zeit diskutierte Modelle zur Berücksichtigung sozialer Verantwortung in der Unternehmung.
Unter den verschiedenen Lösungsansätzen des Machtordnungsproblems wird mit überzeugenden Argumenten für eine Reform der Unternehmensverfassung geworben. Darüber hinaus entwickelt der Verfasser ein eigenes interessenpluralistisches Modell sozialer Unternehmensverantwortung.

Darmstadt, im Frühling 1979 — Prof. Dr. Wolfgang H. Staehle

Inhalt

Einführung

Die Unternehmen sind in unserer Zeit auf vielfältige Weise mit der Gesellschaft verbunden. Der wechselseitige Wirkungszusammenhang wird besonders deutlich bei den Großunternehmen. Sie beeinflussen mit ihren Entscheidungen die verschiedensten gesellschaftlichen Gruppen, wie z. B. die Arbeitnehmer, Kapitaleigentümer, Konsumenten, Lieferanten, und werden ihrerseits von diesen beeinflußt. Die Unternehmen sind heute angesichts ihrer Entwicklung zu immer größeren Einheiten nicht mehr eine Privatangelegenheit der Eigentümer, sondern stellen vielmehr quasi-öffentliche Institutionen von erheblicher gesellschaftspolitischer Bedeutung dar.

Die immer offensichtlicher werdenden Wachstumsschäden der industriellen Gesellschaft, wie Umweltverschmutzung, Verbrauchermanipulation und inhumane Arbeitsbedingungen, haben die Großunternehmen in den Blickpunkt der öffentlichen Kritik gestellt. Die Öffentlichkeit fordert zunehmend von den Unternehmern, Maßnahmen zur Verhinderung bzw. Beseitigung der negativen Auswirkungen der Geschäftstätigkeit zu ergreifen. Kein Unternehmen kann sich auf Dauer den sozialen Problemen verschließen, ohne seine Existenzgrundlage zu gefährden. Die veränderten Ansprüche und der daraus resultierende soziale Druck erfordern eine Erweiterung der marktorientierten zur *gesellschaftsorientierten Unternehmenspolitik*, so daß neben den wirtschaftlichen Daten auch nichtökonomische Werte im Zielsystem zu berücksichtigen sind. In den Vorstandsetagen der Großunternehmen scheint die Notwendigkeit gesellschaftsorientierter Unternehmensmaßnahmen aufgrund des zunehmenden gesellschaftlichen Druckes als auch der stark an Bedeutung gewinnenden Erkenntnis von der gesellschaftlichen Verantwortung der Unternehmen in steigendem Maße akzeptiert zu werden. Anzeichen hierfür sind die wachsende Zahl der Unternehmen, die gesellschaftsorientierte Verhaltensrichtlinien, Zielkataloge und Führungsgrundsätze aufstellen, die mit verschiedenen Konzepten gesellschaftsbezogener Berichterstattung experimentieren und deren Management einen sprunghaft gestiegenen Anteil seiner Arbeitszeit für gesellschaftliche Fragen verwendet.

Andererseits sind die Beziehungen zwischen Unternehmen und Gesellschaft durch eine Unsicherheit vieler Führungskräfte gegenüber den neuen Herausforderungen gekennzeichnet. Dies ist darauf zurückzuführen, daß in der allgemeinen Diskussion um die gesellschaftspolitische Verantwortung der Unternehmen nichtssagende Begriffe vorherrschen, ohne daß diese präzisiert und die dahinter stehenden Interessen offengelegt werden. Die gesellschaftlichen Aufgaben der Unternehmen sind im Vergleich zu den ökonomischen noch unklar definiert. Ziel der vorliegenden Arbeit ist es deshalb, einen systematischen Überblick über die aktuelle Diskussion der gesellschaftspolitischen Verantwortung der Unternehmen zu geben, die dabei verwendeten Begriffe und vertretenen Interessen kritisch zu untersuchen und darauf aufbauend Vorschläge zur Aufstellung und Durchsetzung einer gesellschaftsbezogenen Unternehmenspolitik zu entwickeln. Im einzelnen soll untersucht werden, welche Möglichkeiten zur Berücksichtigung der verschiedenen gesellschaftlichen Interessen in der unternehmenspolitischen Willensbildung bestehen und in welcher Weise diese Interessen am wirksamsten in der Unternehmensverfassung zu verankern sind, um dem Postulat der sozialen Verantwortung der Unternehmen bei weitestmöglicher Aufrechterhaltung oder Verbesserung ihrer Handlungsfähigkeit gerecht zu werden. Dieses Buch will vor allem dem Management, darunter besonders den Unternehmensleitern und den PR-Fachleuten, außerdem den Arbeitnehmern, Konsumenten und Bürgern der Standortgemeinden sowie deren Interessenvertretungen Orientierungs- und Entscheidungshilfen für die Lösung der Probleme im Spannungsfeld Unternehmen–Gesellschaft geben. Allgemein wendet sich dieses Buch an alle Personen- und Interessengruppen, die von Unternehmensmaßnahmen betroffen sind und ein dauerhaftes Interesse an der Unternehmensentwicklung haben.

In Teil I dieses Buches wird von einer Beschreibung der an die Unternehmen gestellten gesellschaftlichen Forderungen und deren Aufschlüsselung nach Anspruchsbereichen und Anspruchsträgern ausgegangen. Die nachfolgenden Ausführungen zeigen, daß die gestiegenen gesellschaftlichen Ansprüche zahlreiche Großunternehmen in den USA zur Einführung der gesellschaftsorientierten Unternehmensfunktion Public Affairs veranlaßt haben. Public Affairs leistet über die Kommunikationsaufgaben von Public Relations hinaus auch aktive Beiträge zur Lösung der Probleme des Umweltschutzes, Verbraucherschutzes und anderer Aufgabenbereiche im Feld Unternehmen-Gesellschaft. Ein zentrales Problem der Public Affairs ist die Bestimmung von Art und Ausmaß der „sozialen Verantwortung" für das jeweilige Unternehmen. Zur Operationalisierung des Begriffs der „sozialen Verantwortung der Unternehmen" empfiehlt sich, wie zu zeigen sein wird, ein politisch-institutioneller Ansatz, nach dem Art und Ausmaß der sozialen Unternehmensverantwortung gemeinsam von den durch die Unternehmensmaßnahmen betroffenen Interessengruppen auf der Grundlage institutioneller Regelungen ausgehandelt werden.

Bevor nach diesen grundlegenden Ausführungen die bestehenden Vorstellungen bzw. Modelle zur sozialen Verantwortung untersucht werden können, sind in Teil I noch die Voraussetzungen für eine rationale und transparente Diskussion der sozialen Unternehmensverantwortung zu klären. Dazu wird zwischen den drei notwendigen Voraussetzungen der Offenlegung der benutzten Wertprämissen (normative Bedingung), der Beschreibung der Unternehmung als Macht- und Herrschaftsgebilde (empirische Bedingung) und der Konsistenz der Ableitungen (logische Bedingung) unterschieden. Besondere Bedeutung kommt dabei der Offenlegung der benutzten Wertprämissen zu. Als Grundnormen werden vor allem die demokratischen Grundsätze der Freiheit zur Selbstbestimmung und der Legitimation gesellschaftlicher Macht durch die Machtbetroffenen sowie die Forderung nach Aufrechterhaltung der Handlungsfähigkeit des Führungssystems der Unternehmung zugrundegelegt. Entsprechend den genannten Voraussetzungen läßt sich die methodische Vorgehensweise für die Prüfung der Modelle zur sozialen Unternehmensverantwortung festlegen. Dazu wird zwischen der logischen, empirischen und normativen Prüfung unterschieden.

Von diesem methodischen Rahmen ausgehend sollen in Teil II dieses Buches die sechs bekanntesten Modelle der sozialen Verantwortung der Unternehmen beschrieben und einer kritischen Prüfung unterzogen werden. Einige Modelle, wie das Marktmodell, das Treuhändermodell und die Partnerschaftsidee, sind zwar in ihrer ersten Fassung vor vierzig und mehr Jahren aufgestellt worden; sie haben aber immer noch eine erhebliche Bedeutung und prägen die gegenwärtige Diskussion um die soziale Unternehmensverantwortung in ähnlicher Weise wie die neueren Modelle.

Auf der Grundlage ausgewählter Elemente der in Teil II untersuchten Modelle wird in Teil III der Arbeit ein interessenpluralistisches Modell sozialer Unternehmensverantwortung entwickelt. Dazu ist zunächst zu zeigen, daß zur Lösung des gesellschaftlichen Problems der Unternehmensmacht und -verantwortung vor allem eine institutionelle Reform der Unternehmensordnung geeignet ist. Danach sind die Grundprobleme bei der Reform der Unternehmensverfassung (Geltungsbereich, Mitbestimmungsinteressen, Mitbestimmungsorgane etc.) zu beschreiben und die in der Literatur vorgeschlagenen Ansätze einer pluralistischen Unternehmensverfassung sowie die geltenden Mitbestimmungsgesetze zu diskutieren. Abschließend kann daran gegangen werden, eine neue interessenpluralistische Unternehmensverfassung zu entwerfen, die so weit wie möglich den demokratischen Grundsätzen

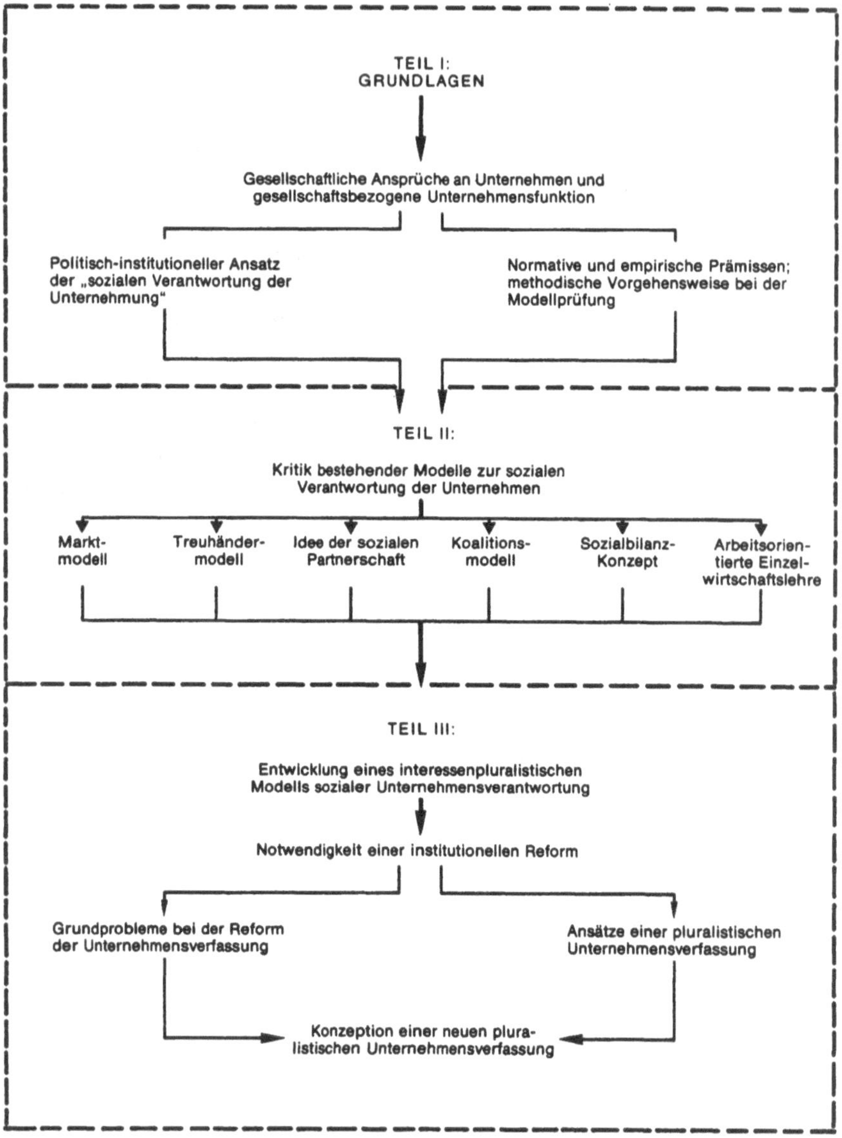

Abb. 1: Konzeption und Aufbau der Arbeit

entspricht und der Forderung nach weitestgehender Aufrechterhaltung der Handlungsfähigkeit des Führungssystems der Unternehmung nachkommt. Ein zusammenfassender Überblick über die beschriebene Vorgehensweise ist in Abbildung 1 wiedergegeben.

Die Themenstellung des vorliegenden Buches liegt in der Schnittfläche von Politikwissenschaft, Soziologie, Betriebswirtschaftslehre, Volkswirtschaftslehre und Rechtswissenschaft. Dies ist wohl die Ursache dafür, warum trotz der offensichtlichen Aktualität gesellschaftspolitischer Unternehmensprobleme bisher keine Literatur vorliegt, die einen systematischen Überblick über die bestehenden Modelle zur sozialen Verantwortung der Unternehmen gibt und davon ausgehend einen ausgereiften Vorschlag für eine neue Unternehmenskonzeption entwickelt. Verstärkte Anstrengungen in Richtung auf eine institutionelle Reform der Unternehmensverfassung und die Verwirklichung einer gesellschaftsorientierten Unternehmenspolitik sind auf breiter Basis wohl erst zu erwarten, wenn die in diesem Buch diskutierten Mängel der Modelle, die gegenwärtig noch die Diskussion um die gesellschaftspolitische Verantwortung der Unternehmen prägen, allgemein erkannt sind.

I Grundlagen der „Public Affairs“ und Voraussetzungen für eine Operationalisierung der sozialen Unternehmensverantwortung

1. Die Unternehmen im Spannungsfeld gestiegener gesellschaftlicher Ansprüche

Die Diskussion um die gesellschaftliche Verantwortung der Unternehmen und damit um ihre für die heutige Zeit gültige gesellschaftspolitische Funktion hat in den letzten Jahren erheblich an Bedeutung gewonnen [233, S. 119; 68]. Nach den fünfziger und sechziger Jahren, in denen weite Kreise der Gesellschaft mit ständigen Zuwachsraten des Einkommens und einer wachsenden Versorgung mit Gütern und Dienstleistungen zufrieden waren, trat seit dem Ende der sechziger Jahre zunehmend die Zielgröße „Lebensqualität“ in das Bewußtsein breiter Bevölkerungskreise. Hauptursache dafür waren die immer offensichtlicher werdenden Wachstumsschäden der industriellen Gesellschaft, wie die Umweltverschmutzung durch Produktionsverfahren und Produktverbrauch, die Manipulation der Verbraucher, inhumane Arbeitsbedingungen, Mißachtung der Grundrechte (z. B. Diskriminierung von Minderheiten) und Einschränkung des Wettbewerbs durch Mißbrauch der Marktmacht. Die Erkenntnis, daß viele dieser Schäden von den Unternehmen verursacht werden, machte die Industrie zum Hauptangriffsziel öffentlicher Kritik. Die Öffentlichkeit fordert zunehmend von den Unternehmen, außer den ökonomischen Leistungen auch aktive Beiträge zur Beseitigung der negativen Begleiterscheinungen des Wirtschaftswachstums zu erbringen.

Die Diskussion um die soziale Verantwortung der Unternehmen ist trotz dieser Ausgangslage kein grundsätzlich neues Phänomen der letzten Jahre. Sie wurde auch bei der Reformbewegung gegen Ende des vergangenen Jahrhunderts und während der Wirtschaftsdepression um 1930 geführt. Es lassen sich jedoch wesentliche Unterschiede zu den früheren Auseinandersetzungen feststellen, die den Schluß erlauben, daß es sich bei der gegenwärtigen Diskussion nicht um eine kurzfristige Erscheinung, sondern um eine tiefgreifende Veränderung im Verhältnis Unternehmen und Gesellschaft handelt. Während früher ausschließlich die zentralen Institutionen, vor allem der

Staat, die Gewerkschaften und die Parteien, als Urheber gesellschaftlicher Ansprüche an die Unternehmen auftraten, sind es heute, bedingt durch ein sinkendes Vertrauen in diese Institutionen sowie eine steigende Demokratisierung breiterer Bevölkerungskreise, zunehmend auch Bürgerinitiativen, Konsumentenorganisationen und selbst Aktionärsvereinigungen [76, S. 12; 181, S. 10]. Die Gruppen tendieren dazu, direkt das Verhalten der Unternehmen zu beeinflussen, statt – wie in der Vergangenheit üblich – ausschließlich über staatlichen Druck Verhaltensänderungen im Unternehmenssektor erreichen zu wollen. Dieser Entwicklung zur verstärkten direkten Interessendurchsetzung liegen eine Reihe von Veränderungen in den Wertvorstellungen und Verhaltensmustern zugrunde, für die in unserer Gesellschaft vor allem die folgenden Wandlungen charakteristisch sind [72, S. 55]:

- Verlagerung von materiellen zu nichtmateriellen Bedürfnissen;
- Streben nach verstärkter Aufklärung und Information über die gesellschaftlichen Auswirkungen der Unternehmenstätigkeit;
- Abkehr von der passiven Hinnahme gesellschaftlicher Entwicklungen und Bemühen um eine aktive Gestaltung der gesellschaftlichen Zukunft;
- Ablehnung autoritärer Strukturen und Streben nach verstärkter Partizipation (Emanzipationstendenz);
- Forderung einer demokratischen Legitimation wirtschaftlicher Macht;
- Streben nach verstärkter staatlicher Lenkung der unternehmerischen Sozialpolitik durch Gesetzesvorschriften;
- Kritik an den schädlichen Auswirkungen des Wachstums- und Wohlstandsstrebens; Wandlung des Interesses an der kurzfristigen Ausnutzung der Ressourcen zu ihrer langfristigen Bewirtschaftung.

Die in unserer Gesellschaft zu beobachtende *Verlagerung von materiellen zu nichtmateriellen Bedürfnissen* ist eine Folge der Ausdehnung des individuellen Lebensraumes. Es ist für den einzelnen immer weniger möglich, alle Objekte, die er in den verschiedenen Lebensbereichen und -phasen verwendet, permanent zu besitzen. „Alles selbst zu besitzen, ist die herkömmliche Art, seinen Lebensraum zu gestalten. Schon jetzt zeichnet sich ein Trend ab, Objekte und Subjekte zu mieten und auszuleihen (z. B. Werkzeuge, Autos mit oder ohne Chauffeur, Sekretärinnen, Hostessen, Bilder, Geschirr, Möbel, Kunstgegenstände usw.)…" [72, S. 58] Indem der einzelne auf den Erwerb von Gütern verzichtet und stattdessen Güter mietet und Dienstleistungen nachfragt, gewinnt er eine größere Kontrolle über seinen Lebensraum.

Die Forderung nach mehr *Aufklärung und Information*, das Bemühen um eine *bewußte Gestaltung der gesellschaftlichen Zukunft* und das *Streben nach verstärkter Partizipation* lassen sich im wesentlichen auf den Anstieg des allgemeinen Bildungsniveaus zurückführen. Die Verlängerung des obligatorischen Schulbesuches und verschiedene Formen der Weiterbildung haben das Ausbildungsniveau der Bevölkerung gehoben und damit einen wesentlichen Einfluß auf deren demokratische Einstellung ausgeübt [132, S. 319; 189, S. 73]. Sheppard und Herrick konnten in einer Untersuchung bei amerikanischen Angestellten nachweisen, daß die Anzahl der absolvierten Schuljahre positiv mit demokratischen Einstellungen korrelierte [240]. Zu entsprechenden Ergebnissen kamen auch Almond und Verba in einer Fünf-Länder-Untersuchung [11]. Sie stellten fest, daß mit zunehmender Ausbildung das Interesse der Menschen am politischen Geschehen wächst. Die mit der zunehmenden Ausbildung verbundene Wandlung von autoritärer zu demokratischer Einstellung in allen persönlichen und sozialen Bereichen führt direkt zu der Forderung, an allen Entscheidungen, die das eigene Leben maßgeblich beeinflussen, zu partizipieren.

Auch die Wirtschaft wird als wichtiger Teilbereich der Gesellschaft von der Demokratisierungstendenz betroffen. Die Unternehmen verkörpern für die Öffentlichkeit das Bild der Macht, des Unheimlichen und des Bedrohlichen. Dieses Negativimage führt zur Verstärkung der *Forderung nach einer demokratischen Legitimation wirtschaftlicher Macht* und zum *Ruf nach* mehr staatlichem Einfluß und *staatlicher Kontrolle*. Andererseits beurteilt die Öffentlichkeit die wirtschaftlichen Leistungen der Unternehmen positiv und akzeptiert die Grundlagen des bestehenden Wirtschaftssystems. Insgesamt zeigen die Einstellungen zu den Unternehmen somit eine starke Ambivalenz. Das Gewicht verschiebt sich aber zunehmend auf die Seite des Negativimage. Hauptursache dafür ist die Erkenntnis, daß die Unternehmen maßgeblich für die stetige Abnahme der Umwelt- und Lebensqualität verantwortlich sind, ohne daß diese Fehlentwicklung bislang wirksam aufgehalten werden konnte. Einen verstärkenden Effekt auf die öffentliche Kritik an den Unternehmen üben außerdem die anhaltende schlechte Wirtschaftslage und eklatante Fälle von Machtmißbrauch im Unternehmenssektor aus. Betriebsstillegungen, Entlassungen von Mitarbeitern und Einstellungsstopps haben dem Ansehen der Unternehmen ebenso geschadet wie Fälle von Nachlässigkeit und Verantwortungslosigkeit einiger Großunternehmen. Eklatantes Beispiel der jüngsten Zeit ist der Fall „Seveso“, bei dem eine chemische Giftwolke mehr als 150 ha Land nordwestlich von Mailand verseuchte und eine der schwersten Umweltkatastrophen der Geschichte verursachte [229, S. 65].

Zur Analyse der an die Unternehmen gestellten Forderungen nach Anspruchsbereichen und Anspruchsträgern kann auf eine empirische Untersuchung von Hartmann und Furch zurückgegriffen werden [114, S. 583]. Dabei handelt es sich um eine Medienanalyse von neun Zeitungen der Bundesrepublik, die für den Untersuchungszeitraum vom 1. 1. 1968 bis 30. 6. 1973 vorgenommen wurde. In diesem Zeitraum konnten als Durchschnittswerte für die einzelnen Anspruchsbereiche und Anspruchsträger die in Abbildung 2 wiedergegebenen Anteile ermittelt werden.

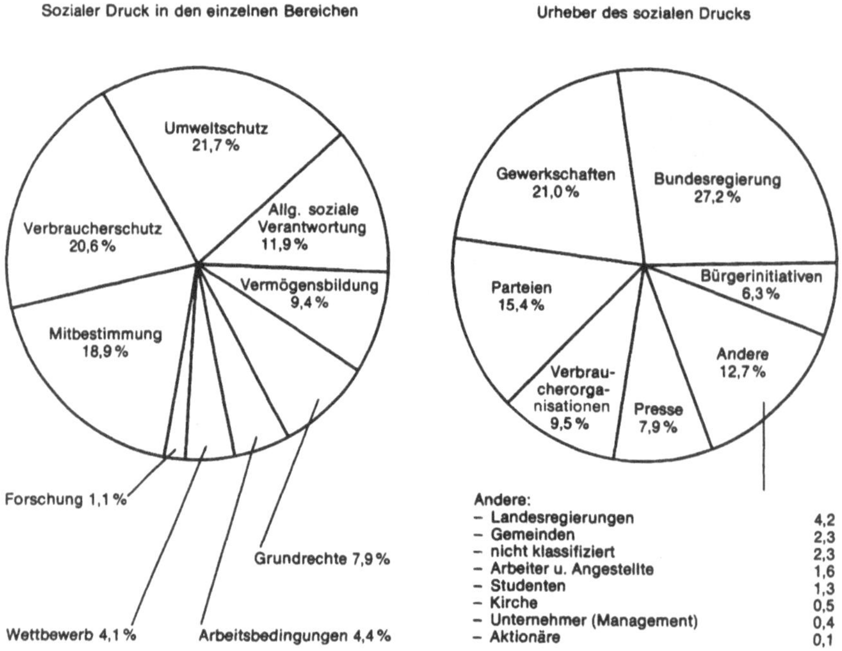

Abb. 2: Aufschlüsselung der an die Unternehmen gestellten Forderungen nach Anspruchsbereichen und Anspruchsträgern [114, S. 587][1]

Unter den Anspruchsbereichen scheinen der Umweltschutz (21,7 %) und der Verbraucherschutz (20,6 %) zu den am dringlichsten gehaltenen Aufgaben einer gesellschaftsbezogenen Unternehmenspolitik zu zählen. Dies könnte darin begründet sein, „daß nach allgemeiner Auffassung die negati-

[1] Unter „Allgemeiner Sozialer Verantwortung“ werden vor allem Forderungen nach besseren Sozialleistungen, besserer betrieblicher Altersversorgung und Lohnfortzahlung für kranke Arbeitnehmer verstanden. Der Anspruchsbereich „Grundrechte“ umfaßt Forderungen nach einer Beseitigung von Diskriminierung, Ausbeutung und Unterdrückung sowie nach verbesserter Aus- und Weiterbildung [114, S. 587].

ven Auswirkungen vieler Produktionsverfahren auf die Umwelt und die Beeinflussung der Verbraucher am deutlichsten und intensivsten zur Verschlechterung der ‚Lebensqualität' beitragen" [114, S. 587]. Ein Vergleich mit den Ergebnissen einer amerikanischen Studie bestätigt die Dominanz der Anspruchsbereiche Umweltschutz (34 %) und Verbraucherschutz (37 %), wenn auch das Problembewußtsein für beide Bereiche in den USA noch erheblich ausgeprägter zu sein scheint [78, S. 84].

Die Untersuchung von Hartmann und Furch zeigt ferner, daß sich die Gesamtzahl der an die Unternehmen gestellten gesellschaftsbezogenen Forderungen von Jahr zu Jahr vergrößert hat. Abgesehen von dieser permanenten Zunahme des sozialen Drucks konnte eine Verschiebung des Gewichts einzelner Anspruchsbereiche im Zeitablauf festgestellt werden. Lag das Hauptgewicht 1968 noch auf der Mitbestimmung mit 55,5 %, so sanken die Forderungen in diesem Bereich bis 1972 auf 6,6 %, während im gleichen Zeitraum die Forderungen im Bereich Umweltschutz von 4,2 % auf 29 % und im Bereich Verbraucherschutz von 8,3 % auf 26,7 % anstiegen. Einzelne Anspruchsbereiche scheinen nur für eine gewisse Zeit höchste Priorität in der Aufmerksamkeit der Öffentlichkeit zu haben und danach durch andere Aufgabenbereiche ersetzt zu werden [78, S. 85].

Die Analyse der Anspruchsträger ergibt, daß „sozialer Druck" auf die Unternehmen am häufigsten von der Bundesregierung, den Gewerkschaften und den Parteien ausgeübt wurde. Auf Bürgerinitiativen und Verbraucherorganisationen entfielen zusammen immerhin 15,8 % sämtlicher Forderungen. Allerdings dürfte der Anteil der bürgernahen Gruppen (Bürgerinitiativen, Umweltschutzgruppen, Konsumentenorganisationen) seit 1973 noch um einiges zugenommen haben. Neben den Großorganisationen des Bundesverbandes Umweltschutz (ca. 300 000 Mitglieder) und des Bundes Natur- und Umweltschutz (ca. 40 000 Mitglieder) gibt es in der Bundesrepublik Deutschland inzwischen Tausende von Bürgerinitiativen, die oft nur lokal bekannt sind und zuweilen nur kurzlebige Spontanbewegungen darstellen. Diese Interessengruppen beschäftigen sich vor allem mit Fragen des Umwelt- und Verbraucherschutzes, dem Bau von Kindergärten und Spielplätzen, Verkehrsfragen, schulischen Angelegenheiten und Fragen der Stadtentwicklung.[2] „Als besonders konfliktträchtig haben sich Bürgerinitiativen erwiesen, die im Bereich des Umweltschutzes und der Stadtplanung tätig sind"

[2] In einer vom Deutschen Institut für Urbanistik vorgenommenen Untersuchung von 1403 Bürgerinitiativen aus dem Bundesgebiet betrug der Anteil der umweltpolitisch relevanten Initiativen 39–43 % (Teilsektoren: Umweltschutz, Verkehr, Stadtentwicklung, Denkmalschutz, Sanierung) und der Anteil der soziokulturell motivierten 48 % (Teilsektoren: Kindergär-

[292, S. 3]. Diese Gruppen stellen sich zunehmend dem Expansionsdrang der Industrie in den Weg und lassen Gerichte über die Zulässigkeit von geplanten Investitionen entscheiden. Zu den spektakulärsten Ergebnissen der Auseinandersetzungen zwischen Umweltschützern und Unternehmen zählen die Baustopps von Kohle- und Kernkraftwerken. Von den zunehmenden Bürgerprotesten sind aber auch zahlreiche Straßenbauprojekte, Erweiterungen und Ausbauten von Flughäfen und Bahnhöfen sowie Neuerrichtungen von Raffinerien und Hochöfen betroffen. Das Umweltbewußtsein der Bürger hat die Investitionsplaner um Jahre zurückgeworfen. Während früher vom Aufsichtsratsbeschluß bis zur Inbetriebnahme eines Kraftwerkblockes drei Jahre benötigt wurden, muß heute „für konventionelle Kraftwerke eine Bauzeit von vier Jahren und für Kernkraftwerke von sechs bis sieben Jahren einkalkuliert werden, das Genehmigungsverfahren nicht eingerechnet" [188, S. 23].

Kombiniert man die Analyse der Anspruchsträger mit den zuvor ermittelten verschiedenen Anspruchsbereichen, so läßt sich angeben, welche Aufgabenbereiche für die einzelnen Interessengruppen vorrangige Bedeutung haben. Die Abbildung 3 zeigt, daß die Anspruchsträger im wesentlichen das fordern, was im direkten Interesse ihrer Mitglieder liegt. So konzentrieren sich die Gewerkschaften, Parteien und Kirchen auf das „innere soziale Beziehungsfeld" der Unternehmen (Arbeitsbedingungen, Grundrechte, Mitbestimmung und Vermögensbildung), während Bundesregierung, Landesregierungen, Gemeinden, Presse, Bürgerinitiativen und Verbraucherorganisationen den Schwerpunkt ihrer Forderungen auf das „äußere soziale Beziehungsfeld" der Unternehmen (Umweltschutz, Verbraucherschutz) legen.

2. Public Affairs als gesellschaftsorientierte Unternehmensfunktion

2.1 Zur Aktualität von Public Affairs

Die unter Punkt 1 beschriebenen gesellschaftlichen Forderungen haben bei den Führungskräften zahlreicher Unternehmen unter der Bezeichnung „gesellschaftliche Verantwortung der Unternehmung" wachsende Beachtung gefunden. Hauptursache dafür ist die Erkenntnis, daß die Forderung nach

ten/Spielplätze, Schule, Randgruppen, Wohnungs- und Mietfragen, Jugendfragen/Freizeitheime, kommunale Einrichtungen, Kulturleben) [151, S. 274; 33, S. 53].

☐ wichtigster Anspruchsbereich einer Interessengruppe

	Umweltschutz	Verbraucherschutz	Wettbewerb	Forschung	Arbeitsbedingungen	Grundrechte	Mitbestimmung	Vermögensbildung	Allg.soziale Verantwortung	Gesamtforderungen eines Anspruchsträgers
Bundesregierung	**27,8**	20,6	6,4	2,5	3,9	10,7	3,2	7,8	17,1	100,0
Landesregierung	**72,1**	7,0	–	2,3	2,3	9,4	4,6	–	2,3	100,0
Gemeinden	**83,4**	–	8,3	–	–	–	8,3	–	–	100,0
Presse	**32,9**	28,0	–	–	–	11,0	6,1	11,0	11,0	100,0
Bürgerinitiativen	**67,7**	26,2	–	–	–	–	–	1,5	4,6	100,0
Parteien	3,8	10,1	2,5	–	3,8	6,3	**43,4**	22,6	7,5	100,0
Kirche	20,0	–	–	–	–	20,0	**40,0**	–	20,0	100,0
Gewerkschaften	3,2	5,1	1,9	–	11,1	10,1	**44,2**	11,1	13,3	100,0
Verbraucher-organisationen	3,1	**82,7**	13,2	–	–	–	–	–	1,0	100,0
Unternehmer (Management)	–	–	–	25,0	–	25,0	–	25,0	25,0	100,0
Aktionäre	**100,0**	–	–	–	–	–	–	–	–	100,0
Arbeiter und Angestellte	–	–	–	–	6,3	–	**43,7**	18,7	31,3	100,0
Studenten	–	–	–	–	–	15,4	7,7	–	**76,9**	100,0
nicht klassifiziert	29,2	16,7	4,2	8,3	8,3	12,5	8,3	4,2	8,3	100,0

Abb. 3: Aufschlüsselung der von verschiedenen Anspruchsträgern (Interessengruppen) an die Unternehmen gestellten Forderungen (Werte in %) [114, S. 589]

„gesellschaftlicher Verantwortung“ keine vorübergehende Modeerscheinung, sondern vielmehr einen nachhaltigen Anspruch darstellt, der einer stärker gemeinsinnorientierten Grundhaltung breiter Bevölkerungskreise entspringt.

Angesichts der gestiegenen Ansprüche der Öffentlichkeit müssen die Unternehmen gesellschaftsbezogene Instrumente der Planung und der Politik entwerfen, wenn sie nicht ihre gesellschaftspolitischen Aufgaben in einem Rückzugsgefecht einseitig von außen aufgezwungen erhalten wollen. Es kommt für das Management daher darauf an, ein soziales Konzept für das eigene Unternehmen zu entwickeln und dieses bis hin zur konkreten Planung und Durchführung zu operationalisieren. Die Verantwortung für die Entwicklung und Durchführung der gesellschaftsbezogenen Unternehmenspolitik haben in den USA inzwischen die Manager einer eigenständigen Unternehmensfunktion übernommen: die Experten der Public Affairs.[3]

Nach amerikanischen Untersuchungen in den letzten Jahren gehört Public Affairs zu einer der neuesten und sich am schnellsten entwickelnden Unternehmensfunktionen. Von mehr als 1000 befragten Großunternehmen in den USA konnten bereits 75 % eine mehr oder weniger weit entwickelte Public Affairs-Funktion nachweisen, wobei eine Zusammenfassung der verschiedenen Einzelaufgaben zur Public Affairs-Abteilung in der Mehrzahl der Fälle erst nach dem Ende der sechziger Jahre erfolgte. Beschäftigten sich 1968 die befragten Mitglieder der Unternehmensleitungen durchschnittlich erst zu 15 % ihrer Arbeitszeit mit Public Affairs-Aufgaben, so verwandten sie 1976 bereits zwischen 25 und 30 % ihrer Arbeitszeit darauf [194, S. 4]. Für die Zukunft erwarten die amerikanischen Unternehmensführer noch eine steigende zeitliche Inanspruchnahme für die Behandlung gesellschaftsbezogener Unternehmensaufgaben.

Im Vergleich dazu steht die Public Affairs-Entwicklung in Westeuropa noch in den Anfängen. Die soziale Verantwortung der Unternehmung ist hier in den letzten Jahren vor allem unter dem Aspekt der Verantwortung gegenüber den Mitarbeitern diskutiert worden, was in den Mitbestimmungsentwürfen und -gesetzen sowie einer Reihe von Modellen zum Führungsstil und zur Mitarbeiterförderung zum Ausdruck kommt. Während sich dieser Prozeß einem gewissen Abschluß nähert, dürfte in der Zukunft die Frage der sozialen Verantwortung nach außen in den Vordergrund treten und damit die Public Affairs auch bei uns zunehmende Bedeutung erlangen.

[3] Anstelle von Public Affairs werden gelegentlich auch andere Bezeichnungen wie Corporate Affairs, Civic Affairs, Social Affairs, External Relations und External Affairs verwendet [28, S. 48; 36, S. 8].

2.2 Phasen der Public Affairs-Entwicklung

Public Affairs ist eine dynamische Unternehmensfunktion, deren Aufgabenumfang sich seit ihrem Entstehen in einer stufenartigen Entwicklung erweitert hat. Die neu hinzugenommenen Aufgabenbereiche dienten jeweils zur Anpassung des Unternehmens an seine veränderte soziale Umwelt und haben sich häufig direkt aus den Forderungen der Öffentlichkeit an die Unternehmen ergeben.

Die beständige Zunahme des staatlichen Einflusses durch gesetzliche Beschränkungen und Kontrollen der Unternehmen führte in den USA Mitte der fünfziger Jahre zur Einführung von Public Affairs-Unternehmenseinheiten, die sich während der gesamten 1. Phase fast ausschließlich mit den *Beziehungen des Unternehmens zur Regierung (government relations)* befaßten. Zu den Hauptaufgaben zählte die Kontaktaufnahme und -pflege mit Regierungsstellen, Abgeordneten und Parlamentsausschüssen, die Durchsicht von unternehmensrelevanten Gesetzen sowie die Beratung der Unternehmensleitung. In einigen Unternehmen dienten nichtparteigebundene Public Affairs-Programme auch dazu, die Mitarbeiter in politischen und ökonomischen Fragen eingehend zu informieren und sie zur stärkeren Beteiligung an politischen Prozessen als Wähler, Parteimitglieder oder Kandidaten für öffentliche Ämter zu motivieren. Wegen dieser anfänglichen Beschränkung auf politische und staatliche Angelegenheiten wird Public Affairs auch heute noch häufig mit „government relations“ verwechselt.

In der 2. Phase, zu Beginn der sechziger Jahre, wurde Public Affairs angesichts der populär gewordenen Nachbarschaftsprogramme und der erkannten staatsbürgerlichen Pflichten des Unternehmens (corporate citizen) um den Aufgabenbereich *„community relations“ (Beziehungen zur Standortgemeinde)* erweitert. Dazu gehörten besonders die Unterstützung von Schulen, Krankenhäusern, kultureller und anderer gemeinnütziger Einrichtungen sowie die Förderung der Unternehmensbeschäftigten zur Mitarbeit in kommunalen Organisationen.

Die 3. Phase wurde eingeleitet durch Demonstrationen und Unruhen, die 1966 und 1967 in zahlreichen Städten der USA auftraten. Dadurch kam der Aufgabenbereich der *„urban affairs“ (städtische Angelegenheiten)* schlagartig in das Unternehmensinteresse und führte zu einer entsprechenden Erweiterung der Public Affairs. Zahlreiche Großunternehmen versuchten mit „urban affairs“-Programmen die Krisenerscheinungen der Großstädte anzugehen, indem sie beispielsweise durch Neubau oder Sanierung von Stadtvierteln allgemein für bessere und billigere Wohnmöglichkeiten sorgten. Zur

Lösung städtischer Probleme wurden weiterhin Programme für Alkoholiker und Drogenabhängige aufgestellt, Anlagen und Büros in Minderheiten-Siedlungsgebieten errichtet und benachteiligte Personengruppen, wie Ghettobewohner und Vorbestrafte, in Unternehmen beschäftigt und ausgebildet. Das Interesse an „urban affairs" war in dieser 3. Phase so groß, daß einige Unternehmen die Begriffe Public Affairs und „urban affairs" synonym verwandten.

Seit dem Beginn der siebziger Jahre wurden die Unternehmen mit sozialen Fragen zunehmender Komplexität konfrontiert. Die Forderungen der Öffentlichkeit erstreckten sich auf zahlreiche Sozialbereiche, wie Verbraucherangelegenheiten und Umweltschutz, die von den Unternehmen in der Vergangenheit gar nicht oder nur unzureichend bewältigt wurden. Die *generelle Forderung nach „sozialer Verantwortung"* erweiterte in dieser letzten Phase den Public Affairs-Aufgabenbereich auf das gesamte Spektrum der externen gesellschaftsbezogenen Unternehmensaufgaben.

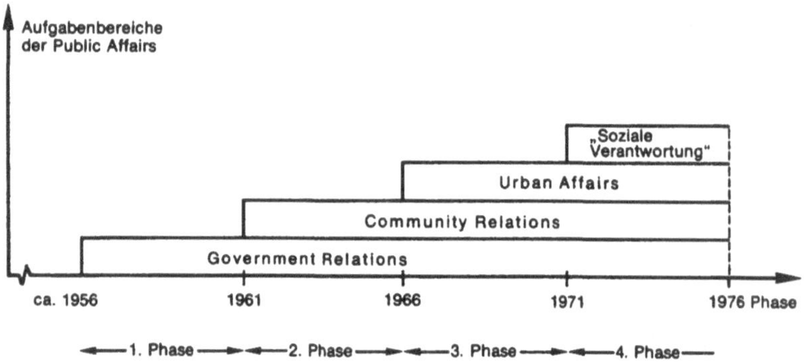

Abb. 4: Phasen der Public Affairs-Entwicklung [194, S. 3]

In zwei Jahrzehnten hat sich somit Public Affairs weit über sein ursprüngliches Aufgabengebiet der „government relations" ausgedehnt. Parallel zu den vier Aufbauphasen ist das Bemühen erkennbar, Public Affairs von der passiven Reaktion auf Forderungen der Öffentlichkeit zur Antizipation zukünftiger Sozialprobleme weiterzuentwickeln und ihr eine aktive Rolle bei der Gestaltung der gesellschaftsbezogenen Unternehmenspolitik und der entsprechenden Programme und Aktivitäten zu übertragen. Damit scheint sich der Begriff Public Affairs sowohl unter strategischen Gesichtspunkten als auch vom Aufgabenumfang her stabilisiert zu haben. Für die Zukunft kann aber mit einer Verlagerung des Hauptinteresses auf bekannte oder zur

Zeit noch nicht diskutierte Sozialaufgaben innerhalb des Spektrums der externen gesellschaftsbezogenen Unternehmensaufgaben gerechnet werden.

2.3 Begriff und charakteristische Elemente der Public Affairs

Zur Klärung und Festlegung des Begriffs Public Affairs erscheint es notwendig, die gesamte oben beschriebene Entwicklung zu berücksichtigen, da andernfalls die Gefahr einer pauschalen Gleichsetzung mit Teilbereichen wie „government relations" oder „urban affairs" besteht. Unter *Public Affairs* wird deshalb im folgenden allgemein die Unternehmensfunktion verstanden, die ausgehend von einer sozialen Unternehmensphilosophie Sozialstrategien

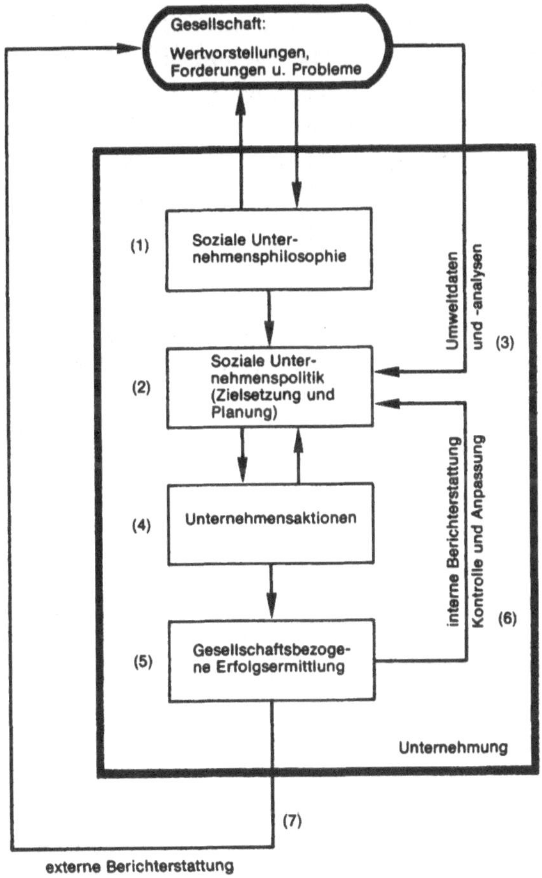

Abb. 5: Die charakteristischen Elemente des Public Affairs-Prozesses [281, S. 77]

entwickelt, entsprechende Aktivitäten durchführt oder anregt und sich über eine Zwei-Weg-Kommunikation mit den unternehmensrelevanten Gruppen der Öffentlichkeit um ein gegenseitiges Verhältnis bemüht [194, S. 1; 126, S. 21]. Nach dieser Definition wird das Public Affairs-Vorgehen im wesentlichen durch vier Elemente charakterisiert, die in Abbildung 5 mit den zwischen ihnen bestehenden Beziehungen wiedergegeben sind.

Basis der Public Affairs-Arbeit ist die *soziale Unternehmensphilosophie*. Sie beschreibt die normativ festgelegte Rolle des Unternehmens in der Gesellschaft und bringt damit die allgemeine Einstellung der Unternehmensleitung oder der Entscheidungszentren zur sozialen Verantwortung des betreffenden Unternehmens zum Ausdruck [232, S. 132]. Jede Unternehmensleitung geht bei ihren Entscheidungen explizit oder implizit von einer Unternehmensphilosophie aus. Die Gefahr einer impliziten Unternehmensphilosophie besteht darin, daß das zugrundeliegende Wertsystem nicht bewußt gemacht wird und dadurch einer Analyse, Bewertung und gezielten Verbesserung kaum zugänglich ist. Zur Vermeidung dieser Nachteile muß die soziale Unternehmensphilosophie in Zusammenarbeit von den Entscheidungszentren und dem Public Affairs-Manager aufgestellt und in eine explizite, möglichst schriftliche Form gebracht werden. Die schriftlich formulierte Unternehmensphilosophie dient dem Unternehmen insgesamt als [269, S. 50]:

(1) Grundlage für die Festlegung der Unternehmenspolitik;
(2) Motivationsgrundlage (Unternehmensleitbild) für die Mitarbeiter und damit als Hauptantriebskraft für den Realisierungsprozeß;
(3) kurzgefaßte Orientierung über Unternehmensgrundsätze für neue Mitarbeiter;
(4) Public Relations-Instrument.

Punkt 4 gilt dabei nur unter dem Vorbehalt, daß die soziale Unternehmensphilosophie auch ein entsprechendes Verhalten nach sich zieht. Andernfalls dürfte die Glaubwürdigkeit des Unternehmens von der Öffentlichkeit nach kurzer Zeit in Frage gestellt werden.

Ausgehend von der Unternehmensphilosophie wird nachfolgend eine für die jeweilige Unternehmung situationsadäquate *Unternehmenspolitik* [80, Sp. 4093] formuliert. Dieser Schritt umfaßt die Festlegung allgemeiner Ziele und Verhaltensnormen, die langfristige Planung (Ziel-, Kapazitäts- und Strukturplanung) und die Entwicklung von Strategien zur Erreichung der Ziele. Je nach Art der gesellschaftsbezogenen Aufgaben müssen dabei verschiedene Planungsstrategien eingeschlagen werden [76, S. 133]. Handelt es sich um Aufgaben, die weitgehend von der Public Affairs-Abteilung allein wahrgenommen werden (z. B. finanzielle Unterstützung kommunaler Einrichtungen, Weiterbildungsprogramme), dann wird in der Regel nur ein einziger Plan aufgestellt und die Verantwortung liegt direkt bei der Public Affairs-Abteilung. Für Aufgaben dagegen, die nur dezentral vom Management der einzelnen Unternehmensbereiche durchgeführt werden können (z. B. Umweltschutzmaßnahmen, Verbesserung der Produktsicherheit), müssen die gesellschaftsbezogenen Ziele in die Einzelpläne der Funktionsbereiche oder Divisionen integriert werden. Die Verantwortung für die Durchführung dieser Aufgaben liegt bei den Leitern der Funktionsbereiche und den ihnen unterstellten Managementgruppen. Das Public Affairs-Management hat hierbei dafür zu sorgen, daß die Mitarbeiter die gesellschaftsbezogene Unternehmenspolitik verstehen und zur Anwendung bringen.

Unternehmensphilosophie und -politik stellen nicht mehr als eine Alibifunktion dar, solange nicht die durchführenden Personen und Abteilungen diesen Gesamtplan anerkennen und auch danach handeln. Als wichtigstes Element für die Glaubwürdigkeit der Unternehmung müssen auf Unternehmensphilosophie und -politik die *Unternehmensaktionen* in den verschiedenen Aufgabenbereichen der Public Affairs folgen. Nach der Durchführung wird im Rahmen einer *gesellschaftsbezogenen Erfolgskontrolle* geprüft, inwieweit die Aktionen und deren Ergebnisse der vorgegebenen Zielsetzung und Planung entsprechen. Werden Abweichungen festgestellt, können Public Affairs-Manager und Unternehmensleitung entsprechende Anpassungen vornehmen (siehe (5) und (6) in Abb. 5). Die externe Berichterstattung schließlich bietet dem Unternehmen noch die Möglichkeit, die Ergebnisse der gesellschaftsbezogenen Unternehmenspolitik einer breiten Öffentlichkeit vorzulegen und gegebenenfalls fehlerhafte Vorstellungen zu korrigieren.

In Abbildung 5 können die mit (6), (7) und (3) bezeichneten Aufgaben der internen und externen Berichterstattung sowie der Ermittlung von Umweltdaten durch Meinungsanalysen und -befragungen zur Public Relations-Arbeit des Unternehmens gerechnet werden. Warum Public Relations nun außer diesen Kommunikationsaufgaben nicht einfach auch die Entwicklung und Durchführung der gesellschaftsbezogenen Programme übertragen wird und weshalb eine Unterscheidung zwischen Public Relations und Public Affairs notwendig erscheint, soll im folgenden erörtert werden.

2.4 Beziehungen zwischen Public Affairs und Public Relations

Die Urteile über die Beziehungen zwischen Public Affairs und Public Relations fallen in der Literatur sehr unterschiedlich aus. Einige Autoren, vor allem Vertreter der PR-Richtung, sehen Public Affairs als Teilgebiet der Public Relations an, andere kehren dieses Verhältnis um und ordnen Public Relations als Kommunikationsaufgabe der Public Affairs unter. Wiederum andere nehmen keine derartige Unter- bzw. Überordnung vor. Sie sprechen entweder von zwei komplementären Funktionen oder benutzen sogar beide Begriffe synonym [126, S. 23; 191, S. 26]. Die Hauptursache für diese widersprüchlichen Aussagen ist meist in einer wenig sorgfältigen Verwendung der Begriffe und unzureichenden Abgrenzung zu sehen.

Public Relations wird allgemein als ein sozialer Prozeß gegenseitiger Kommunikation verstanden, der zu einer Angleichung der unterschiedlichen Interessen von Unternehmen und Öffentlichkeit führen soll [128, S. 129; 86, Sp. 3279]. Mit der gegenseitigen oder auch sogenannten Zwei-Weg-Kommunikation wird dabei gefordert, daß das Unternehmen nicht nur Informationen an die Öffentlichkeit weitergeben, sondern umgekehrt auch Informationen über die Einstellungen, Erwartungen und Forderungen der verschiedenen Öffentlichkeitsgruppen aufnehmen soll.

Die traditionelle Auffassung von Public Relations als Kommunikationsprozeß, die in der deutschen und amerikanischen Literatur vorherrscht, erweist sich für eine Lösung der gesellschaftsbezogenen Aufgaben als zu eng. Mit ihr werden gesellschaftliche Konflikte auf bloße Störungen der Kommunikation zurückgeführt und zu einem Problem reduziert, wie sich die Unternehmer selbst „verkaufen" müßten [282, S. 7; 133, S. 42]. „Der kommunikationstheoretische Ansatz ist für die Analyse veränderter Aufgabenstellung und Zielsetzung der Unternehmungen wenig geeignet, weil er gesellschaftliche Prozesse, vor allem aber gesellschaftspolitische Konfliktsituationen ausschließlich unter dem Aspekt der Informationsverarbeitung in sozialen Systemen begreift" [135, S. 196]. Public Relations allein vermag die gesellschaftspolitischen Probleme nicht zu lösen, sondern hinter der PR-Arbeit muß eine soziale Unternehmenspolitik stehen, die von entsprechenden Aktionen getragen wird [279, S. 56].

Diese Unzulänglichkeit des traditionellen PR-Ansatzes läßt sich entweder durch eine Erweiterung der PR-Funktion ausräumen oder durch Gründung einer Public Affairs-Abteilung, der PR als Kommunikationsaufgabe untersteht. Gegen eine Erweiterung der PR-Funktion unter Beibehaltung der Bezeichnung sprechen im wesentlichen die beiden folgenden Gründe [183, S. 47]:

(1) Der Begriff Public Relations ist negativ vorbelastet; die Glaubwürdigkeit des PR-Fachmannes wird von der Öffentlichkeit in Frage gestellt.

(2) Die gesellschaftsbezogene Unternehmensfunktion erfordert eine ange-

messenere Bezeichnung; der Begriff Public Relations bringt nur die Beziehungspflege bzw. Kommunikationsarbeit zum Ausdruck, nicht aber die aktive Problemlösung.

Große Teile der Öffentlichkeit haben eine negative Klischeevorstellung von Public Relations. Eine verbreitete Auffassung ist, daß bei Public Relations-Fachleuten die Bereitschaft besteht, Informationen und Meinungen im Namen der Auftraggeber zu manipulieren. Dabei wäre es verfehlt, die Kritiker von Public Relations ausschließlich in den Reihen der Hochschulen zu suchen. „Romane, Filme und andere Medien haben häufig den PR-Mann als einen Grenztyp dargestellt, der lediglich an kurzfristigem Gewinn interessiert ist, und es vermag, sich als Mann für alles hinzustellen" [53, S. 12].

Bei einer Befragung von fünf Meinungsführergruppen in den USA (Zeitungsverleger, Pastoren, Bankpräsidenten, Professoren und Hochschulstudenten) stellte sich heraus, daß verschiedenen Berufsgruppen unterschiedliche sozialverantwortliche oder ethische Einstellungen nachgesagt wurden. Die Ergebnisse dazu sind in Abbildung 6 zusammengestellt.

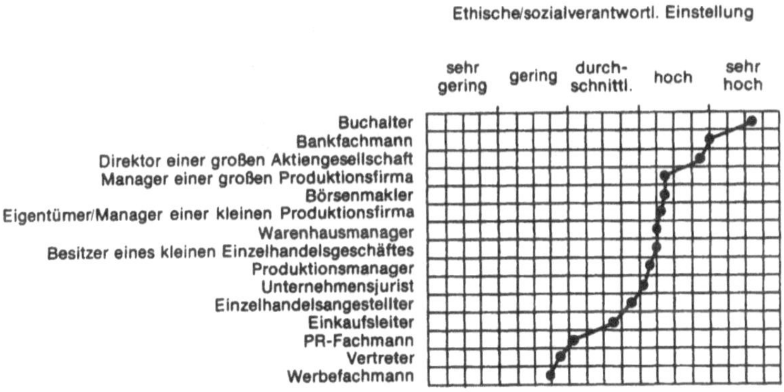

Abb. 6: Die sozialverantwortliche Einstellung von Managern verschiedener Positionen und Berufsgruppen aus der Sicht von fünf Meinungsführergruppen [124, S. 32]

Nach dieser Untersuchung liegt der PR-Mann zusammen mit dem Vertreter und dem Werbefachmann am Ende der Skala. Seine sozialverantwortliche Einstellung wird von den Meinungsführern im Vergleich zu anderen Berufsgruppen als weit unterdurchschnittlich bewertet.

Ein zweiter Grund gegen eine Erweiterung der PR zur umfassenden gesellschaftsorientierten Unternehmensfunktion ist die verbreitete Gleichsetzung von Public Relations mit Medienarbeit und Imagewerbung. Der Begriff Pub-

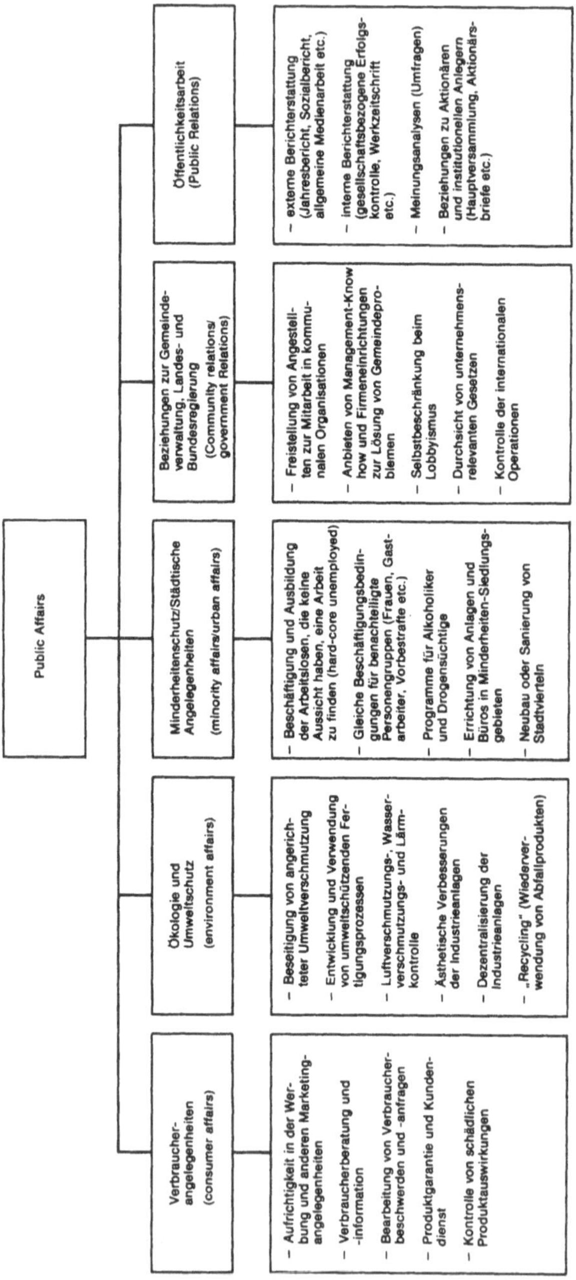

Abb. 7: Aufgabenbereiche der Public Affairs

lic Relations bringt die „öffentlichen Beziehungen“ bzw. die Beziehungspflege zum Ausdruck, nicht aber die Aufgabe zur aktiven Lösung gesellschaftspolitischer Probleme.

Wegen der genannten Mängel erscheint es angebracht, Public Relations wie bisher nur als Kommunikationsaufgabe zu verstehen und Public Affairs entsprechend der aufgezeigten Entwicklung in den letzten zwanzig Jahren den Gesamtbereich der gesellschaftsbezogenen Unternehmensaufgaben zu übertragen. Public Relations ist dann, wie auch in Abbildung 7 dargestellt, das Kommunikationselement der Public Affairs und steht als solches neben den vier Aufgabengebieten des Umwelt- und Verbraucherschutzes, der Beziehungen zur Standortgemeinde und Regierung sowie der städtischen Angelegenheiten. Die wechselseitige Abhängigkeit zwischen Public Relations und den anderen Public Affairs-Aktivitäten ergibt sich daraus, daß die Aufstellung einer situationsadäquaten sozialen Unternehmenspolitik die Kenntnis der von PR gelieferten Umweltdaten voraussetzt und andererseits eine externe Berichterstattung auf Dauer nur erfolgreich ist, wenn ihr gesellschaftsbezogene Unternehmensaktivitäten vorangehen (siehe auch Abb. 5).

2.5 Organisationstendenzen der Public Affairs

In vielen Unternehmen sind die einzelnen Public Affairs-Aufgaben heute noch auf verschiedene Abteilungen verstreut (siehe Abb. 8). Beispielsweise werden häufig die Umweltschutzaufgaben der Produktionsabteilung, die Verbraucherangelegenheiten dem Marketing und die Beziehungspflege zu Aktionären und institutionellen Anlegern dem Finanzwesen unterstellt. Die Aufgaben unterliegen dabei den unterschiedlichen Zielsetzungen der einzelnen Abteilungen, wodurch im Public Affairs-Bereich leicht Konfliktsituationen entstehen können. Schwierigkeiten ergeben sich insbesondere für die Durchsetzung einer einheitlichen sozialen Unternehmenspolitik und den sozialen Informationsfluß im Unternehmen, der entweder ganz fehlt, weil die Abteilungen die ihnen zugeteilten Sozialaufgaben nicht für wichtig halten, oder wegen der vielen Quellen zur Unternehmensleitung hin stark verzerrt wird.

Die Beseitigung dieser Nachteile erfordert eine Koordination der verschiedenen Teilbereiche, was die Tendenz zur Errichtung einer zentralen Public Affairs-Abteilung unterstützt. Andererseits können aber nicht alle gesellschaftsbezogenen Unternehmensaufgaben von einer zentralen Abteilung wahrgenommen werden, sondern stellen zu einem nicht unbeträchtlichen Teil eine Aufgabe des gesamten Managements dar. Dieses zweifache Erfor-

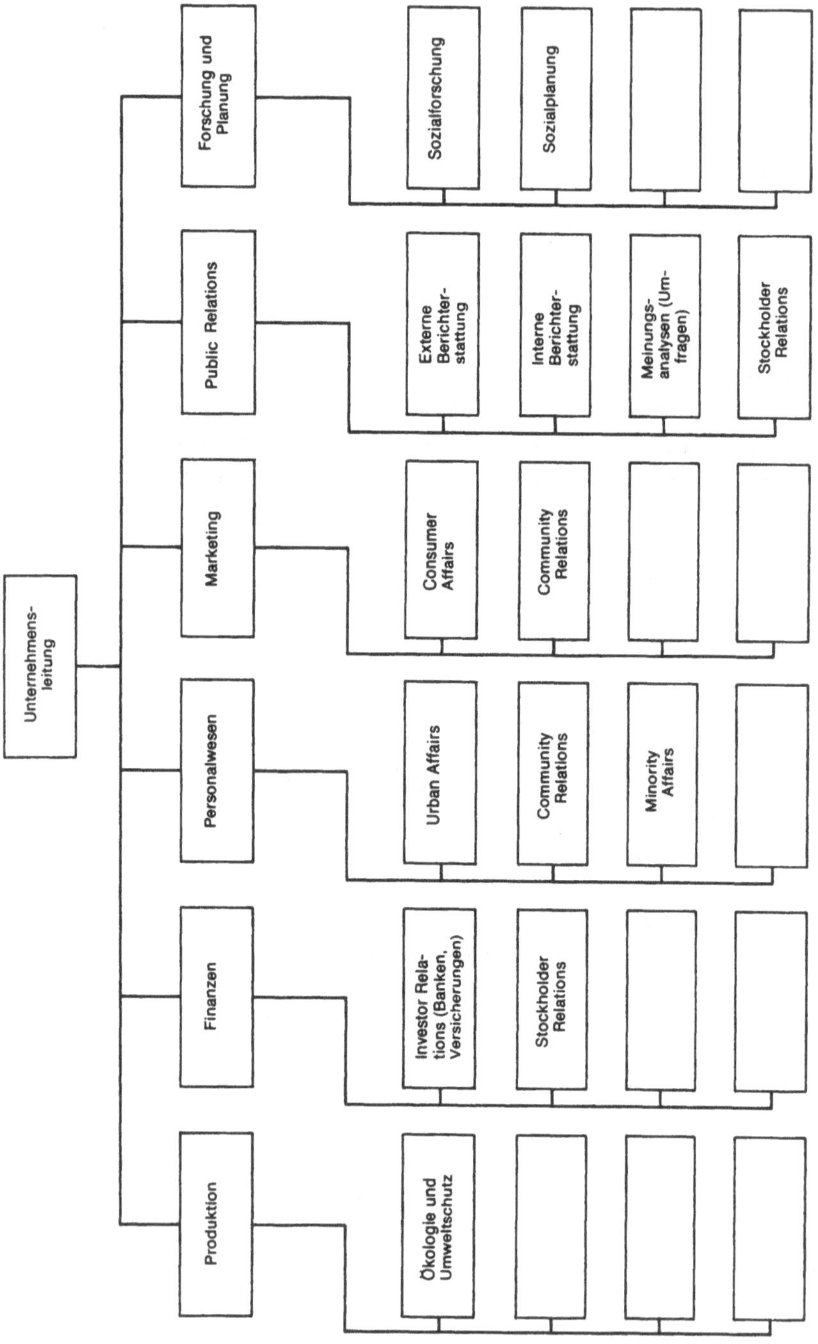

Abb. 8: Traditionelle organisatorische Aufsplitterung von Aufgaben der Public Affairs

dernis hat zu einer Entwicklung der Public Affairs-Funktion in zwei organisatorischen Richtungen geführt [37, S. 7]:

(1) Zunehmende Zentralisierung der Public Affairs auf Unternehmensebene;

(2) Entwicklung von regionalen, divisionalen und anderen dezentralen Public Affairs-Organisationseinheiten.

Die zunehmende Zentralisierung äußert sich in der Errichtung oder Erweiterung der Public Affairs-Abteilung sowie ihrer Ansiedlung auf einer hohen Unternehmensebene, meist mit direkter Berichterstattung an die oberste Unternehmensführung. Ein in der Unternehmenspraxis zu beobachtender Trend ist die Zusammenlegung vormals separater aber funktionsverwandter Aktivitäten zu einer umfassenden Abteilung, so daß soziale Unternehmenspolitik, Planung und Programmimplementierung unter einheitliche Leitung kommen. Zahlreiche Großunternehmen, wie beispielsweise Exxon, Dupont oder Esso, beziehen dabei Public Relations mit in die erweiterte Public Affairs-Abteilung ein.

Mit der gleichzeitig erfolgenden Entwicklung von kleineren Public Affairs-Organisationseinheiten auf regionaler oder divisionaler Ebene soll sichergestellt werden, daß die gesellschaftsbezogenen Gesichtspunkte der Unternehmenspolitik in die Entscheidungen des gesamten Managements integriert werden. Bestimmend für die Zuordnung von Aufgaben an die divisionale Einheit oder an die zentrale Stelle ist, ob die Aufgabe überwiegend lokale oder überregionale Unternehmensbedeutung hat. Die örtlichen Public Affairs-Vertreter sind administrativ im allgemeinen dem Divisionsleiter unterstellt, arbeiten aber funktional eng mit der zentralen Public Affairs-Abteilung zusammen. Sie sind darauf vorbereitet in Krisensituationen (Brand, Explosion, Giftgasunglück etc.) sofort die Öffentlichkeit zu unterrichten, ohne erst in langwieriger und umständlicher Weise die Zentrale um Rat fragen zu müssen [183, S. 43]. Damit erleichtern diese dezentralen Organisationseinheiten nicht nur eine Integration der sozialen Unternehmenspolitik in sämtliche unternehmensinternen Entscheidungsprozesse, sondern ermöglichen den Unternehmensniederlassungen auch eine flexiblere Anpassung an veränderte Umweltsituationen.

Für die Zukunft ist zu erwarten, daß sich mit den zunehmend wichtiger werdenden gesellschaftsbezogenen Unternehmensaufgaben die beiden genannten organisatorischen Entwicklungstendenzen noch verstärken werden. Die konkrete Ausprägung der zentralen Public Affairs-Abteilung und der entsprechenden Einheiten auf Divisionsebene ist dabei in Abhängigkeit von der Situation des betreffenden Unternehmens und seiner Umwelt zu bestimmen, wobei die Organisationsstruktur stets so flexibel sein sollte, daß sie eine Anpassung an neue soziale Schwerpunkte im Zeitablauf erlaubt.[4]

3. Die „soziale Verantwortung der Unternehmung" als zentrales Problem der Public Affairs

Grundlage jeder Public Affairs-Arbeit ist die soziale Unternehmensphilosophie. Mit ihr wird die Rolle des Unternehmens in der Gesellschaft festgelegt und die Einstellung der Entscheidungszentren zur sozialen Verantwortung des betreffenden Unternehmens zum Ausdruck gebracht. Dabei stellt sich für die Mehrzahl der Unternehmen heute nicht die Frage, ob sie soziale Verantwortung übernehmen sollen, sondern vielmehr, in welchen Bereichen und welchem Umfang eine Beteiligung an der Lösung sozialer Aufgaben möglich und wünschenswert ist [258, S. 148] Ein einzelnes Unternehmen kann in der Regel nicht zu sämtlichen aufgezählten Aufgaben (siehe Abb. 7) einen Beitrag leisten, sondern muß sich auf Sozialprojekte beschränken, die seinem Leistungspotential (finanzielle Ressourcen, personelle Ressourcen, Anlagen und Einrichtungen) entsprechen und auf die Bedürfnisse der sozialen Umwelt ausgerichtet sind [82, S. 152]. Die Bestimmung von Art und Ausmaß der sozialen Verantwortung ist ein zentrales Problem der Public Affairs, da damit die nachfolgende Aufstellung einer situationsadäquaten Unternehmenspolitik und die daraus abzuleitenden Sozialaktivitäten maßgeblich beeinflußt werden. Zur Erörterung dieses Problems empfiehlt es sich, zunächst den Begriff der „sozialen Verantwortung der Unternehmung" näher zu untersuchen.

Die Problematik der „sozialen Verantwortung der Unternehmung" umfaßt allgemein eine ethische und eine rechtlich-organisatorische Dimension [268, S. 212]. *Unter ethischen Gesichtspunkten* bedeutet *Verantwortung* einen an bestimmten Prinzipien orientierten Umgang mit Entscheidungs- und Handlungsfreiräumen. Die verwendeten Prinzipien können dabei aus der persönlichen Weltanschauung, der christlichen Sozialethik oder einer anderen Prinzipien-Ethik abgeleitet sein. Verantwortung bzw. verantwortliches Handeln ist nur möglich, wenn für die Entscheidungsträger zwei Voraussetzungen erfüllt sind [236, S. 631]:

(1) Willensfreiheit (Entscheidungsfreiheit),
(2) Fähigkeit, rationale Entscheidungen zu treffen.

[4] Zur eingehenderen Behandlung von Fragen der Organisation der Public Affairs siehe u. a. [36; 182; 125].

Die Prüfung, ob beide Voraussetzungen im Einzelfall vorliegen, ist wertgebunden und nur innerhalb eines bestimmten kulturellen, sozialen und ökonomischen Bezugsrahmens möglich [274, S. 197]. Die Aktualität des viel diskutierten Themas der „sozialen Verantwortung der Unternehmung“ läßt sich auf eine Veränderung dieses Bezugsrahmens zurückführen. So haben zahlreiche Unternehmen im Rahmen der Konzentration und industriellen Entwicklung ihre Machtpotentiale vergrößert und ihr Know How als Ausdruck, rationale Entscheidungen treffen zu können, vervielfacht. Diese Zunahme an Entscheidungs- und Beeinflussungsmacht ist aus ethischer Sicht mit einer Ausweitung der potentiellen Verantwortung der Entscheidungszentren der Unternehmen verbunden. Verantwortungsvolle Entscheidungszentren werden sich bei ihren Handlungen an ethischen Vorstellungen orientieren, deren moralische Basis die Außenstehenden beeindrucken kann. Allerdings haben die ethischen Prinzipien keinen allgemein bindenden Charakter; „sie können weder tatsächliche Verhaltensweisen adäqaut erklären noch verbindlich herbeiführen, weil Sanktionen bei ihrer Verletzung in den meisten Fällen nicht wirksam werden“ [274, S. 196]. Eine ethische Haltung oder die Berücksichtigung anderer als der subjektiven Interessen läßt sich wirksam nur fordern, wenn dieses Verhalten im sozialen System institutionalisiert ist und durch Sanktionen erzwungen werden kann.

Außer der ethischen Dimension umfaßt die Problematik der „sozialen Verantwortung der Unternehmung“ somit auch eine rechtlich-organisatorische bzw. institutionelle Dimension. *Unter institutionellen Gesichtspunkten* bedeutet *Verantwortung* die Einhaltung von rechtlich vorgeschriebenen Verhaltensrichtlinien, die von Dritten kontrolliert und gegebenenfalls sanktioniert werden kann. Moderne Rechtsstaaten verringern „durch gesetzliche Normen und ihre Sanktionierung (d. h. Strafandrohung bei Nichtbefolgung) den Entscheidungs- und Verantwortungsraum des Individuums und der verschiedenen Institutionen. Damit wird eine Verminderung des Risikos verantwortungslosen Handelns für die Gesellschaft angestrebt. Die moralische Verantwortung (englisch: responsibility) wird ersetzt durch rechtliche Verantwortlichkeit, d. h. durch Haftung für die Folgen illegalen Handelns (englisch: accountability)“ [268, S. 212]. Ein Beispiel für derartige Normen sind die Mitbestimmungsgesetze, die das Problem der sozialen Verantwortung im Beziehungsfeld Unternehmen-Mitarbeiter dadurch lösen helfen, daß die Interessengruppe der Arbeitnehmer unmittelbar ihre Belange artikulieren und die Einhaltung von Richtlinien kontrollieren und sanktionieren kann. Die juristische Bezugskategorie überlagert weitgehend die ethische Bezugskategorie der Verantwortung, ohne daß jedoch vollständig auf die ethischen Prinzipien verzichtet werden könnte.

Nach der obigen Betrachtung der ethischen und rechtlich-organisatorischen Dimension der Verantwortung erscheint der von Friedman erhobene Einwand, soziale Verantwortung könnten nur Individuen nicht aber Unternehmen haben [96, S. 141], wenig überzeugend. Der Begriff der „sozialen Verantwortung der Unternehmung" bezieht sich vor allem auf die den Kerngruppen (Entscheidungszentren) im Unternehmen angehörenden Personen, die bei ihren Entscheidungen ethische und gesetzliche Normen beachten sollen. Insofern erscheint es berechtigt von einer „sozialen Unternehmensverantwortung" zu sprechen, zumal dieser Begriff auch Eingang in die in jüngster Zeit stark angewachsene „Social Responsibility"-Literatur gefunden hat. In der Literatur werden allerdings kaum Hinweise für eine Operationalisierung der „sozialen Verantwortung" gegeben. Zahlreiche Autoren sehen das Problem in einer Abgrenzung, aus welchen Motiven „soziale Verantwortung" getragen wird. Als sozialverantwortlich bezeichnen sie ein Verhalten, das vorwiegend an gesellschaftsbezogenen Zielen orientiert ist und auf Gewinnchancen bewußt und langfristig verzichtet [45, S. 48; 67, S. 70]. Demgegenüber wollen sie Maßnahmen, die ausschließlich der Gewinnerzielung dienen, nicht unter die Rubrik der sozialen Verantwortung fassen. Diese Abgrenzung geht von der Annahme aus, daß soziale und ökonomische Maßnahmen sich einander weitgehend ausschließen bzw. soziale und ökonomische Ziele in einem Konkurrenzverhältnis zueinander stehen. Damit wird jedoch die Möglichkeit der Mehrfachwirkungen von Unternehmensentscheidungen übersehen. „Eine ‚soziale' Maßnahme (z. B. Bau eines Firmenkindergartens, Verbesserung der Warenauszeichnung, Verwendung von umweltfreundlichen Rohstoffen) kann sehr wohl der Zielerfüllung gesellschaftlicher Gruppen dienen und die privatwirtschaftlichen, eigentumsorientierten Interessen langfristig unterstützen. Auf ein und dieselbe Entscheidung können sich häufig unterschiedliche Interessen in verschiedenem Ausmaß richten, deren Durchsetzung durch diese Entscheidung jeweils gefördert wird" [214, S. 24]. Zur Verdeutlichung, wie problematisch eine Abgrenzung von ökonomischen und gesellschaftsbezogenen, nicht gewinnbringenden Maßnahmen ist, sollen die Zusammenhänge zwischen Sozialausgaben und Gewinn anhand von Abbildung 9 näher diskutiert werden.

Die Gerade GS repräsentiert den Fall, daß soziale Ziele und Gewinnziele miteinander konkurrieren, daß also Sozialausgaben den Gewinn der Unternehmung reduzieren. Punkt G bildet dann die Position des reinen Gewinnmaximierers und Punkt S die Position des auf Gewinn Verzichtenden. Be-

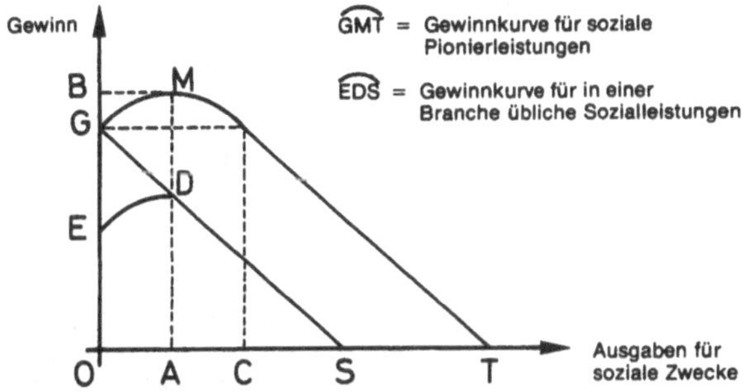

Abb. 9: Idealtypische Zusammenhänge zwischen sozialer Verantwortung und Gewinn [131, S. 396]

rücksichtigt man aber, daß ein bestimmtes Ausmaß an sozialen Aktivitäten von den geförderten Interessengruppen häufig durch eine Bevorzugung der Unternehmensleistungen oder durch eine Kostensenkung (z. B. Senkung der Fluktuationsrate im Personalbereich) honoriert wird, so führt das zu der Kurve GMT. Aus dieser konvex verlaufenden Kurve läßt sich ablesen, daß Ausgaben für soziale Zwecke in Höhe von OA den Gewinn um BG steigern. Der sozialverantwortliche Verhaltensspielraum, den ein nicht auf reine Gewinnmaximierung bedachtes Unternehmen hat, wird durch die Punkte O und C begrenzt. Verzichtet das Unternehmen auf jegliche Sozialaktivität, so erzielt es den gleichen Gewinn (OG), den es bei einem verhältnismäßig hohen sozialen Engagement (OC) erlangt.

Die Kurve GMT gilt nach Johnson und Picot nur für soziale Pionierleistungen, die einen hohen Neuigkeits- und Aufmerksamkeitswert besitzen. Der Zusatzgewinn DM kann nicht mehr erzielt werden, wenn alle anderen Unternehmen dieses Verhalten nachahmen. Bei den in der Branche üblichen Sozialmaßnahmen sinkt dann die optimale Gewinnhöhe auf AD. Eine Unterlassung derartiger Sozialmaßnahmen würde von der Unternehmensumwelt als ein negatives Abweichen vom Durchschnittsverhalten bestraft, so daß das Unternehmen auf ein Gewinnniveau von OE zurückfiele.

Die diskutierten Zusammenhänge zwischen Sozialausgaben und Gewinn verdeutlichen die Problematik einer Abgrenzung von gewinnorientierten Maßnahmen einerseits und gesellschaftsbezogenen Maßnahmen andererseits. Eine soziale Verantwortung läge nach dieser Abgrenzung nur vor, wenn ein Unternehmen dauerhaft eine Kombination rechts von MDA realisiert. Wegen der dynamischen Eigenschaften des in Abbildung 9 statisch dargestellten Zusammenhangs „läßt sich jedoch eine solche Kombination in der Realität praktisch nicht ausmachen. Eine überdurchschnittliche Aktivität im sozialen Bereich kann nämlich zunächst eine Gewinnminderung bedeuten, später jedoch, wenn sie von den gesellschaftlichen Gruppen vielleicht als ‚Pionierleistung' erkannt und honoriert wird, zu einer besonders starken Gewinnzunahme führen" [214, S. 34]. Auch die grundlegend andere Auffassung von sozialen Maßnahmen als Mittel der langfristigen Gewinnsteigerung erscheint wenig geeignet. Die vielfältigen, nur begrenzt überschaubaren Interdependenzen der Unternehmensentscheidungen lassen die derartig verstandene „soziale Verantwortung" ebenso wie die langfristige Gewinnmaximierung in die Nähe einer Leerformel rücken. „Es gibt praktisch keine unternehmerische Entscheidung, die sich ex ante nicht unter diese Maxime einordnen ließe. Es mag stets Zukunftserwartungen geben, die auf eine spätere gewinnorientierte Belohnung für eine gegenwärtige soziale und zugleich ergebnismindernde Entscheidung hoffen lassen" [214, S. 24].

Insgesamt erweist sich der Versuch, den Begriff der „sozialen Verantwortung der Unternehmung" mit Hilfe von technisch-ökonomischen Mitteln operationalisieren zu wollen, als ungeeignet. Erfolgversprechend erscheint demgegenüber der politische Ansatz. Danach wird Art und Ausmaß der sozialen Unternehmensverantwortung gemeinsam von den das Unternehmen tragenden Interessengruppen auf der Grundlage institutioneller Regelungen ausgehandelt. Ohne an dieser Stelle bereits auf die möglichen institutionellen Regelungen und die in Frage kommenden Interessengruppen einzugehen, läßt sich der institutionelle, politische Ansatz als eine mehrstufige Konzeption gemäß Abbildung 10 charakterisieren.

Die erste Stufe der Verantwortungskonzeption erfaßt die externe gesetzlich sanktionierte Verantwortlichkeit der Unternehmung gegenüber den staatlich vorgegebenen Normen. Die zweite Stufe gibt an, daß die Mitglieder des Mitbestimmungsorgans ihre Legitimation von den Bezugsgruppen der Unternehmung beziehen und für ihre Entscheidungen den jeweiligen Gruppen rechenschaftspflichtig sind. Die dritte Stufe der Verantwortungskonzeption befaßt sich mit der grundlegenden Funktionsausrichtung der Unternehmung durch das Mitbestimmungsorgan und der daraus resultierenden internen Verantwortlichkeit der Unternehmensleitung gegenüber dem Mitbestimmungsorgan. Die vierte Stufe schließlich fordert eine professionelle, auf ethische Prinzipien gestützte Einstellung der Unternehmensleitung zu den übergeordneten Aufgaben des Staates. Als professionell wird dabei vor allem ein Berufsethos bezeichnet, das von einer verbandsmäßig definierten, moralischen Verpflichtung gegenüber der Gesellschaft geprägt ist.

Nach diesen grundlegenden Ausführungen zur mehrstufigen Konzeption der sozialen Unternehmensverantwortung kann nicht unmittelbar an ihre Ausarbeitung in allen institutionellen und politischen Einzelheiten gegangen werden. Vielmehr ist es für eine rationale und transparente Diskussion der verschiedenen Lösungsmöglichkeiten zunächst unerläßlich, die eingenommenen Wertpositionen offenzulegen, die Unternehmenswirklichkeit zu analysieren und die methodische Vorgehensweise zu erörtern. Diese Voraussetzungen sollen im nachfolgenden Punkt 4 eingehend behandelt werden.

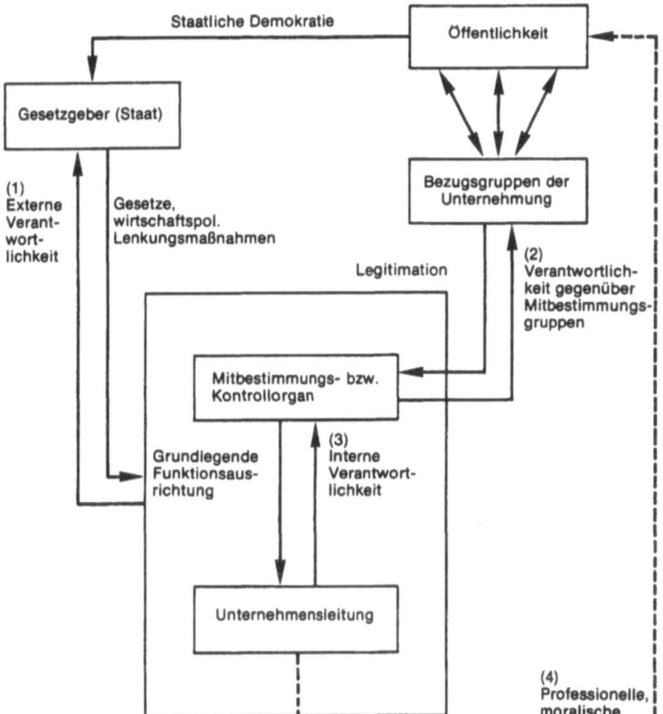

Abb. 10: Mehrstufige Konzeption der „sozialen Verantwortung der Unternehmung" [268, S. 224]

4. Voraussetzungen für eine rationale und transparente Diskussion der sozialen Verantwortung der Unternehmen

4.1 Die Voraussetzungen auf normativer, empirischer und logischer Ebene im Überblick

In der Diskussion über Public Affairs und den damit verbundenen Überlegungen zur gesellschaftlichen Verantwortung der Unternehmen werden häufig weite und unscharfe Begriffe wie Demokratie, Freiheit, Gemeinwohl, Eigentum und Marktwirtschaft verwendet. Die jeweils vertretenen Meinungen sind hier, wie häufig in politischen Diskussionen, gefühlsmäßig vorgefaßt oder von eigenen Interessen bestimmt, ohne das diese präzisiert und offengelegt werden. Wenn beispielsweise die Forderung nach Mitbestimmung der Arbeitnehmer mit der Funktions- und Machtverschiebung in der historischen Unternehmensentwicklung begründet wird, dann liegt diesem Begründungsversuch die keineswegs selbstverständliche Wertung zugrunde, daß faktische Machtverschiebungen auch zu einer Änderung der Unternehmensverfassung führen sollten. Aufgabe der Gesellschaftspolitik ist es gerade, sich nicht blindlings jeder geschichtlichen Entwicklung zu unterwerfen, sondern sie weitgehend zu steuern. Darüber hinaus werden unter Mißachtung der Komplexität gesellschaftspolitischer Zusammenhänge oftmals nur einzelne Aspekte der Gesamtproblematik behandelt und unzulässigerweise generalisiert (pars pro toto-Vorgehensweise).

Eine „Versachlichung" der Auseinandersetzung über die gesellschaftliche Verantwortung der Unternehmen ist nur durch eine explizite Herausstellung der eingenommenen Wertpositionen und eine Analyse der Unternehmenswirklichkeit möglich. Fordert man ferner Konsistenz der aus den Grundpositionen abgeleiteten Aussagen, dann lassen sich insgesamt drei notwendige Voraussetzungen zur Schaffung von mehr Rationalität und Transparenz in der Diskussion über die gesellschaftsbezogenen Unternehmensaufgaben formulieren [238, S. 55; 119, S. 314]:

(1) Offenlegung der Wertungen und ihres Rangverhältnisses (normative Dimension);

(2) Beschreibung der Unternehmenswirklichkeit (empirische Dimension);

(3) Konsistenz der Ableitungen (logische Dimension).

Die Diskussion der neuen Unternehmensfunktion „Public Affairs" ist untrennbar mit einer gesellschaftspolitischen Würdigung der Unternehmung verbunden. Ein wichtiger Teil der Argumentation in dieser Arbeit liegt darum zwangsläufig im normativen Bereich. Über die Wünschbarkeit sozialer Unternehmensverantwortung läßt sich stets nur eine Entscheidung treffen, wenn man sie an bestimmten Wertmaßstäben mißt. Dementsprechend beruhen die Stellungnahmen von Befürwortern und Gegnern der sozialen Unternehmensverantwortung in erster Linie auf unterschiedlichen Wertungen.

Die gesellschaftspolitischen Grundnormen, von denen die vorliegende Arbeit ausgeht, sollen in Form präskriptiver Prämissen explizit eingeführt werden. Das hat zwei Gründe: Einmal wird damit der Maßstab für die nachfolgenden Gestaltungsempfehlungen der Public Affairs gegeben und als solcher deutlich herausgestellt. Zum anderen verhindert die umfassende Offenlegung der benutzten Wertprämissen, daß der Anschein einer wertfreien, deskriptiv-technologischen Vorgehensweise entsteht [255, S. 1].

Selbst wenn Einverständnis über die in Betracht kommenden gesellschaftspolitischen Grundnormen besteht, schließt das noch nicht aus, daß unterschiedliche Stellungnahmen zu den gesellschaftsbezogenen Unternehmensaufgaben abgegeben werden. Über die Offenlegung der einzelnen Grundnormen hinaus muß auch ihr Rangverhältnis untereinander festgelegt werden, um eindeutige Aussagen ableiten zu können. Dabei gilt stets, daß die Werturteile und ihr Rangverhältnis untereinander nicht „wahr" oder „falsch" im Sinne empirisch überprüfbarer Aussagen sind, sondern nur bedeutsam oder unbedeutsam für das praktische Handeln des Forschers sein können [223, S. 373]. Die Festlegung der normativen Ausgangsbasis dieser Arbeit wird im einzelnen unter Pkt. 4.2 vorgenommen.

Außer der Offenlegung der eingenommenen Wertpositionen bemüht sich diese Arbeit auch um eine sorgfältige Auseinandersetzung mit der Unternehmenswirklichkeit, wobei der Zusammenhang mit der normativen Ausgangsbasis berücksichtigt werden muß. So stellt bereits die Auswahl eines beschränkten Problembereiches als Objekt wissenschaftlicher Arbeit ein unvermeidliches Werturteil im Basisbereich dar.

Weiterhin wird der Einfluß der jeweiligen normativen Ausgangsbasis auf die Betrachtung der komplexen Realität dadurch deutlich, daß Befürworter und Gegner der sozialen Unternehmensverantwortung die Unternehmenspraxis im allgemeinen unterschiedlich beurteilen. Sie streiten über die sozio-ökonomische Wirklichkeit der bisherigen Unternehmensaktivitäten und darüber, wie die soziale Konzeption der Public Affairs sie verändern könnte. Die Werturteile steuern somit die Suche und Interpretation von Fakten, während die Fakten ihrerseits die Realisierbarkeit der Werte und ihre Vereinbarkeit mit anderen Werten bestimmen [142, S. 9]. Als weitere Grundlage für alle weiteren Überlegungen sollen deshalb außer der Offenlegung der benutzten Wertprämissen auch die sozio-ökonomischen Tatbestände näher aufgeklärt werden, wobei eine Unterscheidung zwischen empirischen Fakten und subjektiven Werturteilen durch eine möglichst scharfe Trennung zwischen empirisch überprüfbaren Hypothesen und normativen Wertprämissen angestrebt wird [255, S. 8].

Nach Offenlegung der Wertvorstellungen und ihres Rangverhältnisses untereinander sowie der Beschreibung der Unternehmenswirklichkeit läßt sich mit Mitteln der Logik überprüfen, ob das normative und deskriptive Aussagensystem sowie die daraus abgeleiteten Aussagen der Forderung nach Konsistenz gerecht werden, ob die Argumentationen also in sich schlüssig sind. Die Aufstellung von Werturteilen befreit nicht von dieser Prüfung auf Konsistenz; vielmehr schließt die wissenschaftliche Behandlung von Werten gerade auch sie mit ein. Erst mit derartigen „Schlüssigkeitsprüfungen" lassen sich die vom jeweiligen Standpunkt aus tragenden Argumente zur sozialen Verantwortung der Unternehmen ermitteln [238, S. 58].

4.2 Offenlegung der Wertprämissen

An die Wertprämissen, die dieser Arbeit zugrundezulegen sind, soll die allgemeine Forderung gestellt werden, daß sie den gesellschaftspolitischen Grundlagen einer freiheitlichen Gesellschaft entsprechen bzw. auf diese zurückführbar sein müssen; sie dürfen nicht nur einseitig an ökonomischen Gesichtspunkten ausgerichtet sein, sondern müssen auch sozialpolitische Gesichtspunkte berücksichtigen. Das Unternehmen ist unter diesen Voraussetzungen „als Element und Pfeiler einer freiheitlichen Gesellschaftsordnung zu begreifen und zu ordnen. Dafür müssen jene allgemeinen Grundsätze bestimmend sein, die ein aus Freiheit und Mitverantwortung hervorgehendes Zusammenwirken aller Glieder der Gesellschaft in allen Bereichen des staatlichen und sozialen Daseins verbürgen" [31, S. 67].

Geht man von der zweifachen Rolle des Menschen als individuell und gesellschaftlich angelegtem Wesen aus, dann läßt sich die allgemeine „sittliche Grundforderung" einer freiheitlichen Gesellschaft mit dem Satz umschreiben, daß der Mensch seine Freiheit und Selbstbestimmung unter den gesellschaftlichen Bedingungen seiner Zeit verwirklichen soll. Einerseits hat die gesellschaftliche Ordnung mit ihren Institutionen für die Lebensbedingungen zu sorgen, unter denen der Einzelne ein selbstverantwortliches Dasein in Freiheit verwirklichen kann. Andererseits muß die gesellschaftliche Ordnung, wenn sie nicht ihrerseits zu einer Fremdbestimmung des Menschen führen soll, von den Einzelnen über die Selbstbestimmung gestaltet werden und von der Einsicht in die Notwendigkeit ihrer gesellschaftlichen Bindungen getragen sein. Die Forderungen der Individualethik nach Freiheit und Selbstverwirklichung und der Sozialethik nach gesellschaftlicher Bindung machen das Spannungsverhältnis deutlich, in das der Mensch gestellt ist. Sie treffen aber in dem Gedanken zusammen, daß der Mensch als Individuum und als Glied der Gesellschaft nicht getrennt werden dürfen [217, S. 15].

Das Verhältnis von Freiheit und Bindung kann nicht für alle Zeiten und alle Orte festgelegt werden. Vielmehr ist die Gestaltung dieses Verhältnisses mit der Ausrichtung auf das obengenannte Ziel der „sittlichen Grundforderung" zeit- und sachbedingt [268, S. 27]. Hier kommt es deshalb darauf an, dieses Verhältnis durch entsprechende Normen für eine demokratische Gesellschaft in unserer Zeit zu bestimmen. Dazu ist zunächst einmal im Wege einer Vorauswahl zu ermitteln, welcher denkbare Inhalt des Demokratiebegriffs für diese Arbeit geeignet ist. In der Literatur wird zwar die Forderung nach „Demokratisierung" häufig ohne Detaillierung der verwendeten Wertvorstellungen für die unterschiedlichsten Argumentationen herangezogen und dabei ein allgemeingültiger Demokratiebegriff unterstellt. Bei den Politikwissenschaftlern herrscht dagegen Übereinstimmung, daß der Demokratiebegriff ungemein vieldeutig ist. So lassen sich in Anlehnung an Hennis drei Gruppen des Sprachgebrauchs „Demokratisierung" unterscheiden [123, S. 14]:

(1) Demokratisierung als Ausdruck für mehr Liberalität, Offenheit oder ein besseres Betriebsklima;
(2) Demokratisierung als ein Mittel zur Legitimation und Kontrolle staatlicher und gesellschaftlicher Macht;
(3) Demokratisierung als ein Prozeß zur Aufhebung jeder Macht.

Im ersten Fall erscheint „Demokratisierung" nur als Modebegriff, der als gedankenlose liberale Parole für gerechter oder freiheitlicher verwendet wird [109, S. 53]. Eine Berufung auf diese unverbindliche Parole bleibt inhaltsleer, solange nicht die Einzelkriterien dieser Gerechtigkeit und Freiheit spezifiziert und offengelegt werden.

Ungeeignet erscheint auch das unter Punkt 3 genannte Verständnis von Demokratisierung als ein Prozeß zur Aufhebung jeder Macht. Nach Berle ist eine Abschaffung der Macht grundsätzlich nicht realisierbar, da jedes Machtvakuum durch das Machtstreben des Menschen unvermeidlich wieder ausgefüllt wird [23, S. 27]. Chmielewicz teilt diese Kritik und weist auf einen Weg aus diesem Dilemma hin. „Das Problem ist nicht die Ausmerzung der Macht, wie sie als Abschaffung der Herrschaft des Menschen über den Menschen wiederholt gefordert wird, sondern ihre bessere Ausbalancierung und Mißbrauchsaufsicht" [56, S. 16]. Selbst wenn das Ziel der Aufhebung jeder Macht aufgegeben und nur die Abschaffung privater Unternehmensmacht angestrebt wird, was durch eine Verstaatlichung der Unternehmen möglich wäre, verbleibt ein nach unserer Auffassung ungeeigneter Lösungsvorschlag. Die Übertragung wirtschaftlicher Macht auf den Staat hätte im wesentlichen folgende schwerwiegenden Nachteile [260, S. 168]:

a) Die Vereinigung von politischer und wirtschaftlicher Macht in staatlicher Hand (Machtmonopolisierung) erschwert das Problem der Machtkontrolle (Kontrollproblematik);
b) Die zentrale Steuerung der Gesamtwirtschaft wirft Probleme der Informationsbeschaffung und -verarbeitung auf, die zumindest zur Zeit noch nicht zu lösen sind (Lenkungsproblematik);
c) Ein Interessenausgleich zwischen den vielfältigen gesellschaftlichen Kräften kann nach dem Leitbild einer pluralistischen Gesellschaftsordnung nicht durch staatliche Übermacht erzwungen werden, sondern ist durch offene Verhandlungen immer wieder anzustreben.

Zusammenfassend besteht nach unserer Auffassung die Aufgabe der Demokratisierungsbestrebungen nicht in einer Abschaffung der Macht schlechthin oder speziell einer Aufhebung wirtschaftlicher Macht, sondern vielmehr in einer geregelten Ausbalancierung und Kontrolle gesellschaftlicher Macht.

Als Ausgangsbasis für diese Arbeit ist damit nur der Demokratiebegriff der zweiten Alternative geeignet. Die Entscheidung für die politische Demokratie als Mittel der Kontrolle staatlicher Macht hat nun aber nicht automatisch auch das Votum für die Unternehmensdemokratie zur Folge. Vielmehr stellt die Anwendung des gewählten Begriffs der politischen Demokratie auf außerstaatliche Bereiche eine weitere wertende Entscheidung dar [238, S. 75]. In einem demokratischen Staat darf es unseres Erachtens keine gesellschaftsrelevanten Teilbereiche wie beispielsweise die Unternehmen geben, in denen nicht auch die demokratischen Grundprinzipien Anwendung finden. Demokratie soll hier somit nicht nur als eine Regierungsform des Staates, sondern als eine Ordnung menschlichen Zusammenlebens von allgemeiner Geltung verstanden werden [255, S. 22]. „Es ist durch nichts gerechtfertigt, politische Freiheit nur als Freiheit von der staatlichen Willkür zu betrachten und den Druck, den möglicherweise das Unternehmen ausübt als für das politische Erleben des Menschen unwichtig anzusehen" [145, S. 55]. Der einzelne Mensch kann nicht im Alltag in autoritäre, fremdbestimmte Lebensbereiche eingeordnet werden und bei Bundestags- oder Landtagswahlen als mündiger

Bürger Selbstbestimmung üben. „Mündigkeit kann sich nur im praktischen Vollzug tagtäglicher Entscheidungen entfalten und setzt daher ‚Alltagsdemokratie' voraus" [268, S. 124]. Demokratie sollte deshalb nicht nur als staatliche Methode der politischen Willensbildung, sondern als gesellschaftliches Prinzip und allgemeine Lebensform verstanden werden.

Krockow stellt sich in diesem Zusammenhang die Frage, „ob eine politische Ordnung auf die Dauer glaubwürdig, tragfähig, legitimationskräftig sein kann, die gleichsam auf einer Schizophrenie gründet: darauf, daß gesellschaftliche Machtballungen, die es doch mehr als je zuvor gibt und die sich in der Verschränkung von Staat und Gesellschaft massiver und direkter als je zuvor auswirken, der demokratischen Legitimationsgrundlage entbehren, während zugleich der Staat demokratisch sein soll. Die Gefahr, daß von den gesellschaftlichen Machtballungen her die demokratische Ordnung hinterrücks oligarchisch durch- und zersetzt und am Ende zur bloßen Fassadendekoration herabgewürdigt wird, ist unverkennbar" [159, S. 3].

Insgesamt sprechen somit Harmonisierungs- und Existenzerhaltungsgesichtspunkte für eine Demokratisierung der Unternehmen. Zur Lösung des Harmonisierungs- bzw. Homogenitätsproblems müssen gewisse Grundvorstellungen aller Entscheidungsträger übereinstimmen, die für staatliche und unternehmerische Gemeinwohlentscheidungen verantwortlich sind. Darüber hinaus erfordert die Erhaltung der demokratischen Gesellschaftsordnung (Existenzproblem), „daß Großunternehmen und Staat in der richtigen Balance zueinander bleiben, also nicht aus der Balance in ein anderes System abgleiten, in welchem die Macht der Großunternehmen Staat und Gesellschaft überwuchert" [238, S. 106]. Diesen Überlegungen entsprechend kommt man in Forschung und Praxis immer mehr „zu dem Resultat, daß nur durch eine kontinuierliche Demokratisierung der Gesellschaft und der am politischen Leben beteiligten Gruppen die Stabilität demokratischer Regierungssysteme gesichert zu werden vermag."

Wenn wir hier von Demokratisierung der Unternehmen sprechen, so ist nicht etwa an irgendeine Form von Unternehmensparlamentarismus gedacht, sondern entsprechend der gewählten zweiten Alternative die Einführung demokratischer Prinzipien im Unternehmen unter Aufrechterhaltung der Handlungsfähigkeit seines Führungssystems gemeint. Zu solchen demokratischen Prinzipien, die zu Grundnormen bzw. präskriptiven Wertprämissen für diese Arbeit erhoben werden sollen, gehören im einzelnen die folgenden fünf Grundsätze [31, S. 69]:

(1) Grundsatz der Publizität;

(2) Grundsatz der freien Meinungsbildung;

(3) Grundsatz der freien Gruppenbildung;
(4) Grundsatz der Freiheit zur Selbstbestimmung und zum selbstverantwortlichen Handeln;
(5) Grundsatz der Legitimation gesellschaftlicher Macht in gesellschaftspolitisch relevanten Sozialgebilden;

Nach dem *Grundsatz der Publizität* hat jedes Mitglied der Gesellschaft ein Recht auf angemessene Unterrichtung über gesellschaftspolitische Entscheidungen, sofern sie seine Freiheit und Mitverantwortung angehen. Je größer die gesellschaftspolitische Relevanz des jeweiligen Sachverhalts ist, was durch die Größe des betroffenen Personenkreises sowie Art und Ausmaß gesellschaftlicher Auswirkungen zum Ausdruck kommt, desto umfassender sollte auch die öffentliche Unterrichtung ausfallen. Andererseits erlischt der Öffentlichkeitsanspruch immer dann, wenn den Entscheidungen und Ereignissen keine beachtenswerte gesellschaftliche Relevanz zukommt. In diesen Fällen hat der Anspruch jedes Einzelnen auf den Schutz seines persönlichen Lebensbereiches Vorrang.

Das Publizitätsprinzip ist für die anderen vier Normen von grundlegender Bedeutung, weil die Information der Öffentlichkeit notwendige Vorbedingung für ihre Verwirklichung darstellt. So vergrößert die öffentliche Unterrichtung die Breite der Urteilsbasis für den Einzelnen und verbessert damit die Möglichkeiten einer freien Meinungsbildung (2. Grundsatz). Die *Meinungsfreiheit*, verstanden als Freiheit der Bildung und Äußerung der Meinung, ist jedoch für den Einzelnen nur von begrenztem Wert, wenn er nicht auch die Möglichkeit hat, sie kollektiv zur Geltung zu bringen. Zur freien Meinungsbildung gehört deshalb notwendig auch die freie Gruppenbildung. Der *Grundsatz der freien Gruppenbildung* gewährleistet über die bloße Meinungsfreiheit hinaus auch die Aktionsfreiheit der Gruppen sowie ihre Beteiligung an den gesellschaftlichen Gestaltungsaufgaben und an der Austragung sozialer Konflikte.

Der vierte Grundsatz der *Freiheit zur Selbstbestimmung* stellt das Recht des Einzelnen auf persönliche Würde und Entfaltung seiner Persönlichkeit heraus [217, S. 197]. Durch Schutz gegen Willkür und Übergriffe soll der einzelne Mensch in den Funktionen und Pflichten, in denen er jeweils tätig ist, Gelegenheit zur Übernahme von persönlicher Verantwortung, zur Entwicklung seiner Anlagen und zur Entfaltung seiner Persönlichkeit finden. Auf das Recht zur Selbstbestimmung lassen sich auch die Rechtssätze des Minderheitenschutzes gründen, mit denen eine Minderheit gegenüber der Mehrheit geschützt und damit das Grundprinzip der Mehrheitsherrschaft eingeschränkt werden soll.

Die genannten vier Grundsätze können nur voll zur Geltung kommen, wenn die gesellschaftliche Macht auch an die Legitimation durch die Machtbetroffenen gebunden ist. Eine solche Legitimation ist notwendig, weil sie die einzige institutionelle Sicherung gegen einen etwaigen Machtmißbrauch bietet und verhindert, daß durch den Mißbrauch ein zu großer Schaden für die Gesellschaft entsteht. Der *Grundsatz der Legitimation von Macht* bedeutet aber nicht generell, daß die Ausübung der Macht im beliebigen Einzelfall von dem Willen der Betroffenen abhängig zu machen ist, sondern kommt vielmehr in drei speziellen Auflagen zum Ausdruck [164, S. 341]:

(1) Die Machtbetroffenen müssen bei der Begründung der Machtpositionen mittelbar oder unmittelbar mitwirken;
(2) Der Machthaber darf nur auf Zeit bestellt werden, wenn auch nach Ablauf der Amtszeit eine erneute Berufung möglich ist;
(3) Der Machthaber muß der Kontrolle der Machtbetroffenen unterliegen, die ihn im Fall von Machtmißbrauch abberufen können.

Die Demokratisierung der Unternehmen im Sinne der genannten fünf Grundnormen „kann nicht ohne Überlegungen über die Wirkung dieser Reform auf Struktur, Ablauf und Effizienz des Entscheidungsprozesses betrieben werden, wenn man nicht Gefahr laufen will, gerade auch die zu fördernden Interessen zu verletzen“ [10, S. 113]. Die Frage, wer in welchem Umfang an der Willensbildung in der Unternehmung beteiligt sein soll, läßt sich nicht allein aufgrund demokratischer Normen und Überlegungen beantworten. Damit die Unternehmung ihre verschiedenen Zwecke der Bedarfsdeckung, der Erzielung einer Wertschöpfung (Gewinn-, Lohn-, Steuer- und Zinserzielung) und der Verwirklichung demokratischer Prinzipien erfüllen kann, muß sie in der Lage sein, wirtschaftlich erfolgreich zu arbeiten. „Eine Ausgestaltung der Willensbildung in der Unternehmung, die zu übermäßigen Verlusten an Produktivität, allgemein zu einer fühlbaren Verschlechterung der Versorgung mit Gütern und Diensten führen würde, kann kein erstrebenswertes Ziel sein. Sie würde z. B. der berechtigten Forderung der Allgemeinheit der Konsumenten nach einer möglichst optimalen Güterversorgung zuwiderlaufen“ [130, S. 4].

Bei der Diskussion um die Reform der Unternehmensordnung kommt es somit darauf an, sowohl politische als auch betriebswirtschaftliche Gesichtspunkte zu berücksichtigen. Aus betriebswirtschaftlicher Sicht fordert Gutenberg vor allem, „daß die Elastizität, deren die Geschäfts- und Betriebsleitung bedarf, nicht gehemmt wird“ [106, S. 488] Im einzelnen ist zur Aufrechterhaltung der Handlungsfähigkeit der Unternehmensleitung bzw. des Führungssystems im wesentlichen auf folgendes zu achten [148, S. 236]:

(1) Das Führungssystem muß in der Lage bleiben, die unternehmensrelevanten Probleme rechtzeitig aufzugreifen, so daß eine situationsgemäße Initiierung von Problemlösungs- und Entscheidungsprozessen gewährleistet ist.
(2) Die initiierten Entscheidungsprozesse müssen permanent vorangetrieben und zu einem Abschluß gebracht werden können.
(3) Die Entscheidungsprozesse dürfen zu keinen mehrdeutigen Entscheidungen führen, die von den Durchführenden und Betroffenen unterschiedlich interpretiert werden können.
(4) Für die Realisierung der getroffenen Maßnahmen müssen die erforderlichen Ressourcen zur Verfügung stehen und auch mobilisierbar sein.
(5) Die Mitarbeiter, die für die Durchführung der beschlossenen Maßnahmen zuständig sind, müssen auf die Entscheidung „festgelegt“ werden können, so daß die Maßnahmendurchführung in der vorgesehenen Weise gewährleistet ist.
(6) Die von den Unternehmensentscheidungen Betroffenen sollen die Maßnahmen möglichst akzeptieren bzw. hinnehmen und durch ihr Verhalten keine Nachfolgeprobleme entstehen lassen, für deren Bewältigung dem Führungssystem des Unternehmens die Kapazitäten fehlen.
(7) Die Problemlösungsprozesse und die Realisierung der getroffenen Maßnahmen dürfen nicht zu lange dauern, um den der Entscheidung zugrundeliegenden situationsbedingten Voraussetzungen zu genügen.

Insgesamt kommt es unseres Erachtens darauf an, die Demokratisierung der Unternehmen im Sinne der genannten Grundnormen voranzutreiben und dabei die Handlungsfähigkeit des Führungssystems aufrechtzuerhalten oder sogar zu verbessern.

4.3 Beschreibung der Unternehmung als Macht- und Herrschaftsgebilde

In allen hochentwickelten und privatwirtschaftlich organisierten Industriegesellschaften haben sich die Großunternehmen seit dem Ende des vergangenen Jahrhunderts allgemein zu entscheidenden Zentren des wirtschaftlichen und gesellschaftlichen Lebens entwickelt. Ihre zunehmende wirtschafts- und gesellschaftspolitische Bedeutung hat Schmoller bereits 1919 erkannt und daraus die Forderung abgeleitet, daß Großunternehmen nicht mehr nur als private Gebilde, sondern vielmehr auch als quasi-öffentliche Institutionen zu behandeln sind. „Von ihrer Verfassung und Einrichtung hängt das wirtschaftliche und moralische Wohl des Ortes, der Gegend, der Gesellschaft ab. Sie gleichen Gemeinden, ja teilweise kleinen Staaten eher als Familien; wo

1000 – 100 000 Personen in einer Großunternehmung arbeiten, handelt es sich direkt um die Existenz von 5000 – 1 Million Menschen, indirekt um noch viel mehr. Sie sind, auch in privaten Händen, dauernde Anstalten mit halb öffentlichem Charakter; sie beherrschen das Leben, das Gedeihen, die Existenz ganzer Gegenden und Provinzen, sie beeinflussen oft sogar die Staatsgewalt..." [234, S. 521].

Trotz dieser allgemeinen Entwicklung der Unternehmen zu großen Einheiten von eminenter wirtschafts- und gesellschaftspolitischer Bedeutung, die auch von einigen Wirtschaftswissenschaftlern untersucht wurde [202], hat die Betriebswirtschaftslehre das Phänomen der Unternehmensmacht bis Ende der sechziger Jahre weitgehend ausgeklammert. Als Ursachen dafür sieht Chmielewicz einerseits das mangelnde Problembewußtsein der Wissenschaft im Verhältnis zur Praxis und andererseits einen Tabu-Effekt der Macht, der in drei Formen auftreten kann [55, S. 25]:

(1) Stillschweigen der Machtausübenden über die Größe ihrer Macht;
(2) Unkritische Verherrlichung der Macht, indem das Faktische ungeprüft zur Norm erhoben wird;
(3) Verdammung der Macht, die allgemein als etwas Negatives verstanden wird.

Sämtliche drei Einstellungen zur Macht sind gleichermaßen unbefriedigend und machen die bisherige Vernachlässigung von Machtproblemen im Unternehmensbereich verständlich.

Nach Max Weber ist Macht „jede Chance, innerhalb einer sozialen Beziehung den eigenen Willen auch gegen Widerstreben durchzusetzen, gleichviel worauf diese Chance beruht" [277, S. 28]. Macht stellt somit die Fähigkeit dar, Ziele auch gegen Widerstände realisieren zu können. Dabei erfordert die Machtausübung nicht unbedingt die zwangsweise Durchsetzung des eigenen Willens, sondern kann auch in der Einflußnahme auf Bewertungsprozesse anderer bestehen. Dem Widerstrebenden werden dabei derart günstige Bedingungen eingeräumt, daß diesem das von ihm verlangte Verhalten günstiger erscheint als die Aufrechterhaltung seines Widerstandes. Entsprechend der oben gegebenen allgemeinen Definition ist unter der wirtschaftlichen Macht der Großunternehmen dann deren Möglichkeit zu verstehen, wirtschaftliche Prozesse (z. B. Preisbildung, Lohnfindung, Wachstum und Beschäftigung) im Sinne eigener Zielsetzungen zu beeinflussen. Die wirtschaftliche Macht bildet die Grundlage für die Machtpositionen der Großunternehmen im gesellschaftlichen und politischen Bereich.[5]

[5] Etzioni spricht in diesem Zusammenhang von der intersektoralen Bedeutung der Macht und

Die Unternehmensmacht tritt in den beiden Formen der Außenmacht und Innenmacht auf. Die Außenmacht stellt die Macht der Institution gegenüber Außenstehenden dar; die Innenmacht beschreibt die Leitungs- und Kontrollmacht innerhalb der Institution und beruht im wesentlichen auf den Möglichkeiten der Informationsbeeinflussung (Informationsabgabe bzw. -zurückhaltung), der Alternativenbeschränkung (z. B. Zwänge im Arbeitsablauf) und der Bewertungsbeeinflussung (Gewährung von Anreizen). Unternehmensintern besteht für die Arbeitnehmer im einzelnen eine zweigestufte freiheitsbeschränkende Macht [238, S. 61]:

(1) Durch ihre auf die Umwelt ausgerichtete Tätigkeit (Planung und Entscheidung) bestimmt die Unternehmensleitung, was zu produzieren ist, welche Mittel dazu einzusetzen sind und wieviele Arbeitskräfte benötigt werden;

(2) In der Einzeldurchführung geben die Führungskräfte mittlerer und unterer Ebenen den einzelnen Arbeitnehmern Anweisungen darüber, was sie zu verrichten haben und gegebenenfalls auch, wer entlassen wird (Direktionsrecht).

Außer dieser Weisungsabhängigkeit sind die Arbeitnehmer auch in wirtschaftlicher und seelischer Hinsicht sowie in ihrem gesellschaftlichen Status auf das Unternehmen angewiesen [66, S. 123].

Aus diesen kurzen Ausführungen ist bereits ersichtlich, daß eine Machtausübung der Großunternehmen nicht ernsthaft bestritten werden kann; durch Wachstums- und Konzentrationstendenzen nimmt ihre Basis sogar ständig zu. Auch der Einwand von neoliberaler Seite, daß der Wettbewerb entmachtende Wirkung habe, vermag daran nichts zu ändern. Denn einerseits betrifft der zwischenbetriebliche Wettbewerb nur die Außenmacht und andererseits ist es den Unternehmen „gelungen, durch Oligopolisierung, Innovation, Wachstum den entmachtenden Wettbewerb zu unterlaufen“ [56, S. 9].

Da die Großunternehmen derart weitreichenden Einfluß haben, stellt sich unmittelbar die Frage nach den Trägern der Unternehmensmacht und deren Einfluß auf die Unternehmenspolitik. Zu den möglichen Zentren der Willensbildung zählen nach Gutenberg [106, S. 470]:

a) die Eigentümer,

weist damit auf die allgemeine Erscheinung hin, daß Macht in einem Sektor eine gewisse Macht in anderen Sektoren zur Folge hat. Wegen dieser Interdependenzen erscheint eine genaue Abgrenzung der Macht im wirtschaftlichen, gesellschaftlichen und politischen Bereich auch kaum möglich [87, S. 336].

b) die Unternehmensleitung (Manager) und
c) die Belegschaft.

Zwischen den beiden Gruppen der Eigentümer und Manager haben sich die faktischen Machtgrundlagen heute gegenüber dem 19. Jahrhundert erheblich verschoben, was in einer teilweisen Entmachtung der Kapitaleigner und einer entsprechenden Aufwertung der Manager zum Ausdruck kommt [219, S. 171]. Diese Machtverlagerung erklärt sich dadurch, daß während des Wachstumsprozesses von Unternehmen eine breitere Streuung des Aktienkapitals erfolgt, weil nur wenige Eigentümer-Unternehmer ausreichende Finanzmittel für die wachsende Unternehmung aufbringen können. „Mit zunehmender Zahl der Anteilseigner wird es für diese immer schwieriger die Geschäftsführung selbst wahrzunehmen, aus dem Grunde wird sie an bezahlte Manager delegiert. Da mit der ‚Atomisierung' der Eigentümer auch die Bildung eines einheitlichen Willens erschwert ist, nimmt die Möglichkeit der Eigentümer ab, das Management zu überwachen, so daß schließlich dieses nach eigenem Interesse entscheiden kann, während jene faktisch entmachtet sind" [50, S. 283]. Beschleunigt wurde diese Machtverlagerung noch durch die zunehmende Komplexität des betrieblichen Entscheidungsfeldes als Folge der wachsenden Unternehmensgrößen und Konzentrationstendenzen, der zunehmenden Internationalisierung der Unternehmen, der dynamischen Veränderungen der Märkte sowie der steigenden Anwendung von neuen Technologien [98, S. 76]. Die Anforderungen der Unternehmensplanung und Entscheidungsfindung haben den Bedarf der Unternehmen an spezialisierten Managern vergrößert und so zu der personellen Trennung von Kapitalbesitz und Leitungsqualifikation beitragen.

Während die Tendenz zur Trennung von Eigentum und Verfügungsmacht allgemein nicht mehr in Frage gestellt wird, bestehen widersprüchliche Auffassungen über die Konsequenzen dieser Entwicklung für die Unternehmenspolitik. Eine weitverbreitete Ansicht ist, daß Eigentümer-Unternehmer und eigentumslose Manager voneinander abweichende Ziele verfolgen und es durch die zunehmende Machtverschiebung zu einer grundsätzlichen Veränderung der Unternehmenspolitik kommen wird. Diese Argumentation beruht auf dem Gedanken, daß die eigentumslosen Manager weniger daran interessiert sind, eine an Gewinnzielen orientierte Unternehmenspolitik zu betreiben, weil sie nicht oder nicht im gleichen Maße wie die Eigentümer am Gewinn der von ihnen kontrollierten Unternehmung teilhaben. Nicht wenige Autoren erwarten sogar, daß die Manager sich bei den unternehmenspolitischen Entscheidungen nicht nur an ihren eigenen Interessen orientieren, sondern auch Interessen von Mitarbeitern, Anteilseignern, Kunden, Lieferanten, staatlichen Institutionen u. a. berücksichtigen.

Gegen die These, daß die Verdrängung der Eigentümer-Unternehmer durch die Manager zu einer grundsätzlichen Veränderung der Unternehmenspolitik führt, sprechen eine Reihe von Gründen, von denen die wichtigsten nachstehend aufgeführt sind [50, S. 283]:

(1) Manager in Unternehmen mit Mehrheitsaktionären unterliegen einer unmittelbaren Kontrolle durch die Eigentümer;
(2) Die breite Streuung des Aktienkapitals ist kein sicherer Indikator für eine unkontrollierte Machtausübung der Manager, weil das Depotstimmrecht der Banken und die Ausgabe von Aktien mit Mehrfachstimmrecht einer Entmachtung der Eigentümer entgegenwirken können;
(3) Manager leiten das Unternehmen nach den gleichen Gesichtspunkten wie die Eigentümer, weil sie interessiert sind an
   - der Vergrößerung ihres Privatvermögens,
   - der Sicherung ihrer Stellung und
   - der Stärkung ihres Ansehens (Prestige);
(4) Manager und Eigentümer stammen aus ähnlichen sozialen Schichten, so daß ihren Entscheidungen auch ähnliche Normen und Werte zugrunde liegen.

Die beiden ersten Punkte verweisen auf Fälle, in denen die Manager der Kontrolle durch die Kapitaleigentümer unterliegen und somit eine Veränderung der Unternehmenspolitik selbständig nicht vornehmen können. Aber selbst dort, wo sie über eine weitgehend unkontrollierte Macht verfügen, sind sie durch zahlreiche materielle und immaterielle Vergünstigungen (Gehälter, Tantiemen und sonstige Vergünstigungen) sowie nach der Herkunft derart stark an das Unternehmen gebunden, daß sie das Unternehmen mit einer hohen Wahrscheinlichkeit nach den gleichen Gesichtspunkten wie die Eigentümer leiten [219, S. 173].

Aus der ähnlichen Interessenlage von Managern und Eigentümern heraus erklärt sich auch der Widerstand beider Gruppen gegen eine Machterhöhung der Arbeitnehmer. Die Gewerkschaften vermochten jedoch die Interessen der Arbeitnehmer zunehmend zur Geltung zu bringen. Über die Mitbestimmungsgesetze erhielten die Arbeitnehmer das Recht, Repräsentanten in den Aufsichtsrat zu entsenden. Außerdem erstreckt sich ihr Machtbereich auf die Einflußmöglichkeiten des Betriebsrats, der Jugendvertretung und des Wirtschaftsausschusses. Schließlich muß in den Unternehmen, die in den Geltungsbereich des Montan-Mitbestimmungsgesetzes und des Mitbestimmungsgesetzes von 1976 fallen, dem Vorstand ein Arbeitsdirektor angehören. Insgesamt dominieren aber im Unternehmen immer noch die Interessen der Eigentümer und Manager, da die Mitbestimmung nicht auch für die Hauptversammlung gilt und die Arbeitnehmer gegenüber der Unternehmensleitung ein Informationsdefizit haben.

Außer den Eigentümern, Managern und Arbeitnehmern sind als weitere Machtträger im Unternehmen schließlich noch die Geschäftspartner zu nennen. Die Großlieferanten, Großabnehmer und Großgläubiger verfügen zuweilen über ein Stimmrecht im Aufsichtsrat, weil die Unternehmen sie zur Sicherung ihrer dauerhaften Geschäftsbeziehungen in den Aufsichtsrat berufen. Die Banken üben abgesehen von ihrer Stellung als Großgläubiger eine Kontrollmacht durch das Depotstimmrecht und den Eigenbesitz an Aktien aus. Sie haben damit die Möglichkeit, Bankenvertreter durch die Hauptversammlung in den Aufsichtsrat wählen zu lassen.

4.4 Methodische Vorgehensweise bei der Modellbildung und -prüfung

Nach der Offenlegung der Wertprämissen unter Pkt. 4.2 und der Beschreibung der Unternehmung als Macht- und Herrschaftsgebilde unter Pkt. 4.3 soll hier als dritte Voraussetzung für eine sachliche Diskussion der sozialen Unternehmensverantwortung die Methode der Modellbildung und -prüfung näher betrachtet werden.

Zur Überprüfung eines Modells werden aus ihm die Hypothesen und daraus die singulären Sätze abgeleitet; danach werden die Sätze einem logischen, empirischen und normativen Prüfverfahren unterzogen, um festzustellen, ob die Ergebnisse des Modells (Konklusionen) richtig abgeleitet wurden, das Modell empirisch zutreffend ist und sich aus ihm ein Nutzen für die Gesellschaft ergibt. Die Abbildung 11 stellt diese verschiedenen Prüfungsschritte in der Form eines Flußdiagramms dar.

Bei der *logischen Prüfung* eines Modells werden seine Prämissen (Modellsätze) auf logische Widerspruchsfreiheit untersucht und die Deduktion durch Nachvollzug ihrer Einzelschritte auf logische Richtigkeit geprüft. Darüber hinaus sollen die Modellaussagen im Rahmen der logischen Prüfung auch unter semantischen Gesichtspunkten untersucht werden, um gehaltleere Sätze bzw. Leerformeln auszuschließen, aus denen eine Ableitung konkreter Aussagen nicht möglich wäre bzw. jede gewünschte Aussage abgeleitet werden könnte. Die hier beschriebene Prüfung wird von Staatz auch als logisch-semantische Prüfung bezeichnet [252, S. 44]. Zusammenfassend zählen zu den Kriterien der logischen Prüfung die Widerspruchsfreiheit, die Ableitungsrichtigkeit, der Informationsgehalt und die Genauigkeit bzw. in-

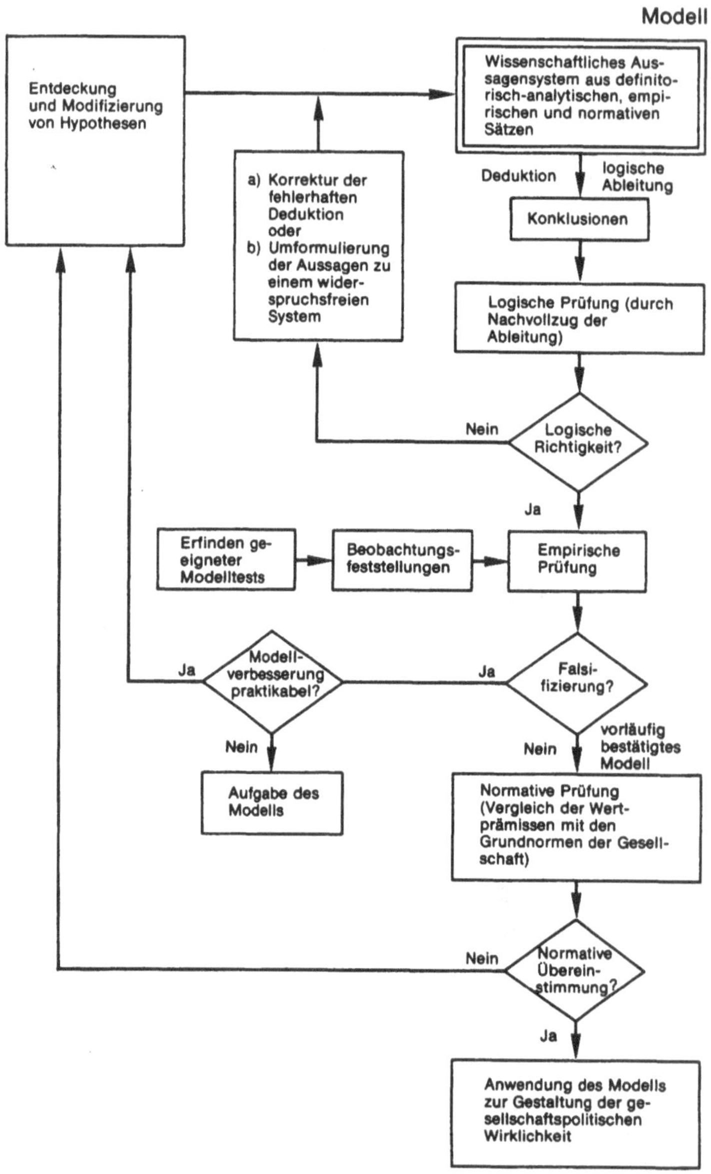

Abb. 11: Der Prozeß der Bildung und Prüfung von sozialwissenschaftlichen Modellen

tersubjektive Verständlichkeit der Aussagen [205, S. 262]. Treten Widersprüche auf oder sind die Konklusionen nicht durch die Prämissen gedeckt, muß die Ableitung zurückgewiesen werden bzw. eine Korrektur der Aussagen zu einem widerspruchsfreien System erfolgen. Werden hingegen Leerformeln nachgewiesen, müssen diese eliminiert und durch möglichst gehaltvolle und operationale Begriffe ersetzt werden.

Bei der *empirischen Prüfung* werden die empirischen Modellaussagen und -konklusionen verglichen mit den Feststellungen über die Wirklichkeit, die mit Hilfe spezieller Tests (Forschungstechniken) gefunden werden. Die Entwicklung geeigneter Testverfahren ist sowohl dem subjektiven als auch dem objektiven Bereich wissenschaftlicher Arbeit zuzurechnen, da hierfür sowohl psychologische Aspekte, wie die Kreativität des Forschers als auch intersubjektiv überprüfbare Aspekte, wie Adäquatheit und logische Richtigkeit, von Bedeutung sind. Die normativen Modellaussagen können zwar nicht wie die empirischen Aussagen durch Konfrontation mit der Realität auf ihre Richtigkeit überprüft werden. Das schließt aber nicht ihre empirische Prüfung hinsichtlich des Realitätsbezugs und der Realisierbarkeit aus. Die Normen werden dabei als auf Verwirklichung gerichtete Entscheidungen aufgefaßt, die sich pragmatisch bewähren oder an der Erfahrung scheitern können.

Im Rahmen der empirischen Prüfung kann eine beliebige Anzahl konformer Fälle aber niemals die Möglichkeit einer Falsifikation ausschließen, so daß nur von einem vorläufig verifizierten Modell – entsprechend den vorläufig verifizierten Hypothesen – gesprochen werden kann. Jede Falsifikation ist jedoch gedanklich zwingend und damit endgültig. Diese Asymmetrie der Hypothesen und Modelle in bezug auf die Verifizierbarkeit und Falsifizierbarkeit wird auch als Popper-Kriterium bezeichnet [212, S. 427].

Ein echter empirischer Prüfungsversuch „besteht nicht in der Suche nach konformen Fällen, sondern in der systematischen Suche nach konträren Fällen" [9, S. 57]. Die Falsifikation wird damit zum eigentlichen Prüfstein erfahrungswissenschaftlicher Aussagen. Fällt die empirische Prüfung zur Zufriedenheit aus, kann gemäß dem Flußdiagramm zur normativen Prüfung weitergegangen werden. Bei einer Falsifizierung muß dagegen erst die Durchführbarkeit einer Modellverbesserung untersucht werden. Von der Antwort hängt es ab, ob das bestehende Modell aufgegeben wird oder die in den Prämissen befindlichen Hypothesen verbessert werden.

Nach erfolgter logischer und empirischer Prüfung muß das Modell noch einer *normativen Prüfung* unterzogen werden; denn die sozialwissenschaftlichen Modelle enthalten außer definitorisch-analytischen und empirischen Sätzen immer auch normative Aussagen in expliziter oder impliziter Form.

Sozialwissenschaftliche Aussagensysteme können unseres Erachtens nicht vollkommen wertfrei sein, auch wenn sie vorgeben, nur die Realität zu beschreiben oder zu erklären und sich der Wertungen zu enthalten. Die gesellschaftliche Wirklichkeit läßt sich nicht allein in wertfreien Aussagen abbilden, da sie mit geschichtlich gewordenen Interessen-, Macht-, Wert-, Bewußtseins- und Kommunikationsstrukturen durchsetzt ist, „aus denen der Wissenschaftler nicht einfach qua Willensakt herausspringen kann, sondern welche er in der Erkenntnis mitzureflektieren hat" [129, S. 227]. Kreckel vertritt die Auffassung, daß es in den Sozialwissenschaften eine von Wertimplikationen freie Terminologie nicht geben kann. Der Rückzug auf eine angebliche Wertfreiheit führt deshalb zwangsläufig dazu, daß die den Aussagen dennoch zugrundeliegenden Werthaltungen und Interessen verschleiert und damit der Diskussion entzogen werden [157, S. 76]. Die Arbeiten der entscheidungs- und verhaltensorientierten Betriebswirtschaftslehre bleiben, wie Kappler feststellt, „kommunikativer Überprüfbarkeit entzogen, da sie weitgehend auf dem Wertfreiheitspostulat beharren und damit den Rahmen ihrer Überprüfbarkeit unzulässig eng abstecken" [140, S. 174]. Auch das Argument der kritischen Rationalisten, daß interessenspezifisch entwickelte Aussagensysteme in ihren Verwendungsmöglichkeiten grundsätzlich ambivalent seien [6, S. 84], erscheint nicht haltbar. Die Gestaltungsinformationen, die gezielt für eine Interessengruppe entwickelt wurden, können zwar eine Aufklärungsfunktion für andere Gruppen darstellen; sie liefern diesen aber kein Wissen zur Entwicklung von Gegenstrategien. Somit kann nicht von einer Gleichwertigkeit der Informationen für alle Adressaten gesprochen werden [262, S. 28]. Im übrigen kann ein z. B. auf die Unternehmensleitung ausgerichtetes betriebswirtschaftliches Aussagensystem nur ein begrenztes aufklärerisches Erkenntnisinteresse für sich beanspruchen, da es „unter Praxis nur das ‚Handeln der Führungskräfte' versteht und nicht den lebenspraktischen Kontext aller betriebswirtschaftspolitisch betroffenen Mitglieder..." [143, S. 17].

Im Rahmen der normativen Prüfung wird ermittelt, inwieweit die Wertprämissen des Modells mit den Grundnormen der jeweiligen Gesellschaft übereinstimmen bzw. sich auf diese zurückführen lassen [256, S. 188; 174, S. 89]. Diese Normen sind nicht kulturinvariant und müssen deshalb in Abhängigkeit von der historisch-gesellschaftlichen Situation aufgestellt werden. Sie sind nach Habermas durch eine breite Diskussion in einer „Kommunikationsgemeinschaft der Betroffenen" zu begründen [107, S. 144]. Wir halten eine Einigung auf gemeinsame Wertvorstellungen auch in einer pluralistischen Gesellschaft für möglich. Als gesellschaftliche Grundnormen werden in dieser Arbeit die unter Pkt. 4.2 genannten demokratischen Grundprinzipien verwendet, die unseres Erachtens einen auf demokratische Art und Weise erzielten Konsens über das grundlegende Wertsystem für die Gesellschaft in der Bundesrepublik Deutschland darstellen [256, S. 190].

Der normativen Prüfung liegt die Frage nach dem Zweck oder der Verwendung des Modells zugrunde. Bei Übereinstimmung der Modellaussagen mit den demokratischen Grundprinzipien ist sichergestellt, daß das Modell über die partikularen Interessen einzelner Gruppen hinausgeht, und bei zusätzlicher Berücksichtigung betriebswirtschaftlicher Gesichtspunkte (Aufrechterhaltung der Handlungsfähigkeit des Führungssystems) scheint gewährleistet zu sein, daß das Modell einen Nutzen für die Gesellschaft als Ganzes erbringt. Gegen die normative Prüfung läßt sich einwenden, daß sie nicht wie die empirische Prüfung durch Konfrontation mit der Realität entschieden werden kann, sondern nur durch einen Vergleich des Modells mit den gesellschaftlichen Grundnormen, die ihrerseits das Diskussionsergebnis einer „Kommunikationsgemeinschaft der Betroffenen" darstellen. Kambartel weist demgegenüber jedoch darauf hin, daß zur Begründung von sogenannten Tatsachenbehauptungen im Grunde nichts besseres zur Verfügung stehe als zur Begründung von Bedürfnissen und Interessen [137, S. 7]. Über die empirische Richtigkeit entscheidet schließlich nicht die Wirklichkeit selbst, sondern der darüber redende Wissenschaftler, da die Wirklichkeit nicht redet, sondern schweigt [138, S. 143]. Insgesamt erlaubt die normative Prüfung eine Feststellung darüber, an welchen Interessen das jeweilige Modell ausgerichtet ist und ob die normativen Modellaussagen sich mit den demokratischen Grundprinzipien in Einklang bringen lassen. Diese Offenlegung der Interessen erscheint geeignet, die unkritische Hinnahme des rein Faktischen zu überwinden und gesellschaftspolitische Konsequenzen des Modells aufzuzeigen.

II Kritik bestehender Modelle zur sozialen Verantwortung der Unternehmen

1. Marktmodell

1.1 Klassisches Modell (Laissez-faire-Theorie)

1.1.1 Ursprung und charakteristische Elemente

Bei dem von Adam Smith aufgestellten klassischen Modell dienen die Unternehmen der Gesellschaft am besten, wenn sie sich einzig auf die ökonomische Funktion konzentrieren. Begründet wird das mit dem Modell der vollkommenen Konkurrenz, nach dem sich die Wirtschaft über den Preismechanismus automatisch regelt. Wenn der Einzelne bzw. das Unternehmen seinem Eigeninteresse im Sinne der Gewinnmaximierung nachgeht, wird durch die im Preissystem wirksame „invisible hand" eine optimale Bedürfnisbefriedigung (optimale Produktion und Verteilung) erreicht [291, S. 52; 127, S. 4]. Die Kollektivinteressen stellen nichts weiter als die Gesamtsumme der durch den Preismechanismus regulierten Individualinteressen dar. Eine gesellschaftliche Unternehmensverantwortung ist somit nach diesem Modell nicht notwendig, weil der Ausgleich zwischen individuellem Interesse und gesellschaftlichem Gesamtinteresse durch den Preismechanismus automatisch hergestellt wird. Die Verfolgung außerökonomischer Ziele wird wegen der Gefahr der Verfälschung des Marktmechanismus sogar strikt abgelehnt [110, S. 477].

Die hinter diesem Modell stehende Idee des wirtschaftlichen Liberalismus und der damit eng verbundene Harmonieglaube gehen auf die naturwissenschaftliche Forschung des 18. Jahrhunderts zurück. „Man entdeckte die Harmonie des gesamten Kosmos, in dem die Kräfte der Anziehung und Abstoßung derart wirksam sein sollten, daß sie bestimmten, der Vernunft erschließbaren Gesetzen der Mechanik gehorchten. Eine derart prästabilierte Harmonie glaubte man auch im gesellschaftlichen Leben des Menschen erkennen zu können" [260, S. 5]. Analog der Eigengesetzlichkeit und der sich daraus ergebenden Harmonie im Bereich der Naturwelt hielt man auch eine Harmonie im gesellschaftlichen Bereich für realisierbar. Als Voraussetzung dafür sah man die Schaffung eines entsprechenden individuellen Freiheitsraumes an, so daß sich die gesellschaftlichen Kräfte über Prozesse der Anziehung und Abstoßung ungehindert auf die prästabilierte Harmonie hin orientieren könnten.

Vor dem Hintergrund des übernommenen naturwissenschaftlichen Weltbildes läßt sich das klassische Modell insgesamt durch folgende zentralen Punkte charakterisieren [184, S. 18; 32, S. 303]:

(1) Die Wirtschaft stellt einen machtfreien Bereich dar (freie Konkurrenz), in dem die Wirtschaftssubjekte ihre Beziehungen durch Verträge frei gestalten können (Souveränität der Wirtschaftssubjekte);
(2) Die Wohlfahrt der Gesellschaft unterscheidet sich nicht von der Wohlfahrt der Individuen; das gesellschaftliche Interesse entspricht der Gesamtsumme der individuellen Interessen (Interessenharmonie);
(3) Das primäre Ziel der Unternehmen ist die Gewinnerzielung. Die Verfolgung von eigennützigen ökonomischen Zielen bewirkt über den Marktmechanismus auch eine Verbesserung des Gemeinwohls (Markt- bzw. Preismechanismus);
(4) Die erwerbswirtschaftliche Motivation der Unternehmer resultiert aus ihrem Eigentum an den Produktionsmitteln, mit dem eine Einheit von Risiko, Kontrolle und Gewinn (liberales Grundprinzip der Unternehmensordnung) gewährleistet wird. Der Kapitalbesitz legitimiert die Herrschaft im Unternehmen und ermöglicht damit die Ausrichtung der Unternehmensaktivitäten auf die Eigentümerinteressen (interessenmonistische Unternehmensordnung).

1.1.2 Vertreter des Modells in der Gegenwart

Die klassische Betrachtungsweise war nicht nur im 18. und 19. Jahrhundert von zentraler Bedeutung, sondern hat auch heute noch eine starke Ausstrahlung in Form des neoliberalen Gedankengutes. Zu den Vertretern dieser Sichtweise zählen heute u. a. Rostow, Hayek, Levitt und Friedman.

Nach Rostow besteht die Hauptaufgabe der Unternehmen in der Produktion von Gütern und dem Anbieten von Dienstleistungen zum niedrigstmöglichen Preis, wobei als Ziel die langfristige Gewinnmaximierung verfolgt werden soll. Er lehnt eine Verwendung von Unternehmensmitteln für soziale Aufgaben ab, weil das Management zu Entscheidungen darüber nicht legitimiert sei und früher oder später durch solche illegitimen Maßnahmen ein restriktives Eingreifen der Regierung in den Wirtschaftsbereich provozieren werde [228, S. 67]. Eine ähnliche Auffassung vertritt auch Hayek, der bei den negativen Auswirkungen der sozialen Verantwortung zwischen solchen kurzfristiger und langfristiger Art unterscheidet. Zu den kurzfristig auftretenden Folgen rechnet er die Machtausweitung des Managements auf kulturelle, politische und moralische Bereiche, während er langfristig aufgrund der Legitimationsproblematik ein zunehmendes Eingreifen der Regierung in Unternehmensangelegenheiten befürchtet. „Je mehr es akzeptiert wird, daß Unternehmen Dienste im öffentlichen Interesse erbringen sollten, umso überzeugender wird die Behauptung, daß die Regierung als berufener Vertreter des öffentlichen Interesses auch die Macht haben sollte, den Unternehmen darüber Vorschriften zu machen. Die Macht der Unternehmen, soziale Maßnahmen entsprechend ihren eigenen Wertvorstellungen zu ergreifen, wird nur in einer Übergangsphase bestehen. Der Preis, den sie bald für diese kurzlebige Freiheit bezahlen müßten, wäre, daß sie Anordnungen von der politischen Autorität entgegenzunehmen hätten, von der die Vertretung des öffentlichen Interesses erwartet wird" [275, S. 75]. Außerdem kritisieren Hayek und Rostow, daß die zusätzlichen Aufgaben einer unklar definierten sozialen Verantwortung das Management von der primären ökonomischen Unternehmensfunktion ablenken und damit zu einer Verschlechterung der wirtschaftlichen Unternehmenssituation führen werden.

Levitt, ein weiterer Vertreter des traditionellen Standpunkts, lehnt eine soziale Unternehmensverantwortung ab, weil diese den Unternehmen erlaubt, ihre Auffassungen in Bereichen zu diktieren, in denen sie grundsätzlich keine Kompetenz haben. Er sieht für den Fall einer allgemeinen Übernahme dieser Verantwortung die Entwicklung zu einer Gesellschaft voraus, in der die pluralistischen Kräfte zugunsten einer einzigen Kraft (Technostruktur) zurückgedrängt werden [169, S. 44].

Für Friedman schließlich, einen der bekanntesten Befürworter des wirtschaftlichen Liberalismus, stellt die Forderung nach sozialer Unternehmensverantwortung einen fundamentalen Angriff auf die Grundlagen einer freien Gesellschaft dar. Sozialverantwortliche Manager handeln seiner Ansicht nach gegen die Interessen der Unternehmenseigentümer (Aktionäre, Anteilseigner), weil sie deren Geld für selbst ausgewählte soziale Aufgaben ausgeben. Das bedeutet aber nach Friedman nichts anderes, als daß die Manager indirekt Steuern erheben und autonom darüber entscheiden, für welche Zwecke diese Steuern verwendet werden sollen [96, S. 143]. Die Erhebung und Verwendung von Steuern ist in einer demokratischen Gesellschaft jedoch ausschließlich Aufgabe des Staates, wobei durch konstitutionelle, parlamentarische und gerichtliche Kontrollvorkehrungen gewährleistet ist, daß Höhe und Verwendung der Steuern so weit wie möglich mit dem öffentlichen

Interesse übereinstimmen. Die Manager können aus ihrer Berufung (Selbsternennung bzw. direkte oder indirekte Bestellung durch die Aktionäre) nur das Recht herleiten, als Beauftragte die Interessen der Eigentümer zu vertreten nicht aber darüber entscheiden, wer, wie hoch und zu welchem Zweck besteuert werden soll. Wenn die Manager nun nach der Idee der sozialen Unternehmensverantwortung „Steuern auferlegen und mit den Steuergeldern ‚soziale' Ziele verfolgen sollen, dann muß es einen politischen Mechanismus geben, der die Richtlinien für die Besteuerung bestimmt und der mittels eines politischen Verfahrens die Ziele festsetzt, die erreicht werden sollen. Das ist der Grund, warum die Lehre von der ‚sozialen Verantwortung' im Grunde die sozialistische Ansicht beinhaltet, daß nämlich der politische Mechanismus – und nicht der Mechanismus des Marktes – geeignet ist, die Verteilung der knappen Mittel auf die verschiedenen Zwecke vorzunehmen" [97, S. 201].

Friedman lehnt als Vertreter des wirtschaftlichen Liberalismus den politischen Mechanismus ab, weil dieser seiner Auffassung nach zu einer Anpassung des einzelnen an das gesellschaftliche Ganze führt. Das politische Prinzip, das dem Marktmechanismus zugrunde liegt, sei dagegen die Freiwilligkeit. „Auf dem idealen freien Markt, der auf dem Privateigentum beruht, kann keiner den anderen zwingen; die ganze Zusammenarbeit ist freiwillig; alle Teilnehmer an dieser Zusammenarbeit haben einen Nutzen, oder aber sie nehmen nicht teil. Es gibt keinen ‚sozialen' Wert, keine ‚soziale' Verantwortung in irgendeinem anderen Sinne als den Wert und die Verantwortung für den einzelnen. Die menschliche Gesellschaft ist die Zusammenfassung von einzelnen und von unterschiedlichen Gruppen, die sich freiwillig zusammenschließen" [97, S. 201]. Nach Friedman hat die Unternehmung nur die Verantwortung unter Nutzung ihrer Ressourcen geschäftliche Aktivitäten durchzuführen, um ihre Gewinne zu erhöhen. „Das kann sie so lange tun, wie sie sich an die Spielregeln hält, d. h. solange sie, ohne zu täuschen oder zu betrügen, am offenen und freien Wettbewerb teilnimmt" [95, S. 133].

Zusammenfassend läßt sich feststellen, daß das auf Adam Smith zurückgehende klassische Modell und die neueren Auffassungen von Rostow, Hayek, Levitt und Friedman trotz einiger Unterschiede in der Argumentation in den Grundaussagen weitgehend übereinstimmen. Die Hauptaussage ist, daß die Rolle des Managements darin besteht, sich auf die ökonomische Funktion zu konzentrieren und als Beauftragter der Eigentümer die Unternehmensrendite zu maximieren. Jede Ablenkung des Managements von der primären ökonomischen Aufgabe auf eine gesellschaftsbezogene Verpflichtung hin kann nur dem Unternehmen und damit der Gesellschaft schaden.

1.2 Gegengewichtsprinzip (Theorie der „countervailing power")

Das Gegengewichtsprinzip ist eine weiterentwickelte Version des klassischen Modells. In beiden Modellen stützt sich die Argumentation auf einen Mechanismus, der auf dem Markt automatisch einen Ausgleich zwischen individuellen Einzelinteressen und gesellschaftlichem Gesamtinteresse herstellt. Im Unterschied zum klassischen Modell geht das Gegengewichtsprinzip aber davon aus, daß wirtschaftliche Macht immer eine Gegenmacht herruft, wodurch die originäre Macht gebunden und kontrolliert wird.

Ausgangspunkt der Überlegungen zum Gegengewichtsprinzip ist die Machtstruktur der Wirtschaft in den USA und anderen hochindustrialisierten Ländern. Die dort in Form von Zusammenschlüssen und Kooperationen feststellbaren Konzentrationstendenzen haben positive und negative Auswirkungen. Sie ermöglichen einerseits wirtschaftliche Innovation und technischen Fortschritt und führen andererseits zu zunehmenden Machtpositionen, mit denen die Entscheidungsmöglichkeiten anderer Wirtschaftssubjekte eingeschränkt werden. Aufgabe einer demokratischen Gesellschaftspolitik ist es u. a., die negativen Auswirkungen wirtschaftlicher Macht zu beseitigen. Als grundsätzliche Möglichkeiten bieten sich dazu die Machtauflösung und die Machtkompensierung an. Die erste Möglichkeit der Machtauflösung erscheint ungeeignet, weil damit auch die positiven Auswirkungen der Unternehmenskonzentration eliminiert werden. „Darüber hinaus besteht die Gefahr, daß zerschlagene Macht sich in anderer, legaler oder illegaler Form wieder neu bildet, die dann wesentlich schwieriger zu erfassen und unschädlich zu machen ist" [13, S. 42]. Als Möglichkeit verbleibt nach Auffassung der Vertreter des Gegengewichtsprinzips, die negativen Auswirkungen wirtschaftlicher Macht durch Bildung geeigneter Gegenmacht zu kompensieren.

Für den politischen Bereich ist die Möglichkeit, Macht durch entsprechende Gegenmacht zu beschränken und zu kontrollieren, bereits von Montesquieu gesehen worden. Galbraith hat diese Idee unter der Bezeichnung „Gegengewichtsprinzip" (Prinzip der gegengewichtigen Mächte) auf sein Modell der Wirtschaft übertragen und den überholten Preismechanismus des machtlosen Wettbewerbs bei vollkommener Konkurrenz (klassisches Modell) durch die mechanistische Version der gegengewichtigen Marktmacht ersetzt. Nach dem Gegengewichtsprinzip erzeugt wirtschaftliche Macht immer eine Gegenmacht, wodurch die originäre Macht kompensiert wird [99]. Die Entstehung der Gegenmacht erfolgt nach Galbraiths Auffassung zwangsläufig, da der ökonomisch schwächere Marktpartner zum Schutz gegen wirtschaftliche Übervorteilung stets die eigene Position verstärkt und damit seine Macht vergrößert. „Die Belohnung für die Bildung solcher ‚countervailing power' besteht darin, einen Teil des Gewinns des Marktpartners abzuzweigen, indem man ihn zwingt, seine Preise zu senken. Aber nicht nur das rationale Gewinnstreben oder die Gewinnmaximierung ist der Motor, der den Mechanismus der ‚countervailing power' dauernd in Bewegung hält, sondern auch die Notwendigkeit, sich zu behaupten, um überhaupt existieren zu können... Auf diese Weise entsteht selbständig ein Ausgleich von originärer Macht durch ‚countervailing power', indem die ursprüngliche Macht Kräfte erweckt, die zu ihrer eigenen Neutralisierung führen" [251, S. 160]. Zur empirischen Erhärtung dieses Prinzips verweist Galbraith besonders auf den Arbeitsmarkt und die Konzentration im Handel [99, S. 132]. Auf dem Arbeitsmarkt werden die Gewerkschaften heute in vielen Ländern als Gegenmacht zu den Arbeitgebern anerkannt und im Bereich des Handels haben die Einzelhändler durch Zusammenschluß zu Kettenläden, Versandgeschäften, Warenhäusern und Einzelhandelsgenossenschaften in zunehmendem Maße eine Gegenmacht zu der originären Macht der Konsumgüterhersteller aufbauen können.

Nach dem Gegengewichtsprinzip dienen die Unternehmen der Gesellschaft am besten, wenn sie einzig ihren eigenen Interessen nachgehen. Eine gesellschaftliche Unternehmensverantwortung ist also ebenso wie beim klassischen Modell nicht notwendig, weil der Ausgleich zwischen individuellen Interessen und gesellschaftlichem Gesamtinteresse automatisch hergestellt wird. Im Unterschied zum klassischen Modell ist der Interessenausgleich beim Gegengewichtsprinzip jedoch nicht mehr das Ergebnis ökonomischer Gesetze (Preismechanismus), sondern vielmehr Resultante verschiedener Machtkomponenten.

Dem Staat weist Galbraith die Aufgabe zu, alle schwachen Marktpartner, die nicht aus eigener Kraft heraus Gegenmacht entwickeln können, bei der Organisationsbildung zu unterstützen [99, S. 149]. Er sieht darin eine notwendige und anzustrebende Förderung des Machtausgleichs, betrachtet jedoch derartige Fälle einer mangelhaften Organisierbarkeit von Marktpartnern und der Notwendigkeit zu unterstützenden Maßnahmen des Staates als Ausnahme.

1.3 Kritik

Das Marktmodell zeichnet sich durch seine Klarheit und Widerspruchslosigkeit im Begründungszusammenhang aus, was ihm auch von seinen Kritikern einmütig bescheinigt wird [260, S. 119; 120, S. 166]. Allerdings ist mit der logischen Richtigkeit erst eines von den unter Punkt 4.4 in Teil I genannten drei Erfordernissen für eine Anwendung zur Gestaltung der gesellschaftspolitischen Wirklichkeit erfüllt. Unter empirischen und normativen Gesichtspunkten weist es jedoch erhebliche Schwächen auf. Es kann geradezu als typisches Beispiel für ein Modell angeführt werden, welches die logischen Gesichtspunkte besonders bewertet und dabei die empirische und normative Dimension aus den Augen verliert. So ist Kade bei einer Untersuchung der Ausgangssätze der klassischen Gleichgewichtsökonomie (Informationsaxiom, Rationalitätsaxiom und Reaktionsaxiom) zu dem Ergebnis gekommen, daß diese ganz spezielle Typen entscheidungslogischer Modelle bilden und sich aufgrund ihres rein logischen Charakters der generellen Falsifizierbarkeit entziehen [134, S. 156]. Diese Feststellung allein würde schon ausreichen, um das klassische Modell als nicht empirisch-gehaltvoll zu verwerfen. Die Kritik von Kade trifft aber nach Steinmann „noch nicht die ganze Fragwürdigkeit der neoklassischen Modellkonstruktion hinsichtlich ihrer Verwendbarkeit in der wirtschaftspolitischen Diskussion. Diese offenbart sich erst, wenn man sie im Lichte der Idee der positiven Rechtfertigung sieht“ [260, S. 119]. Auch für Albert besteht der Hauptmangel der neoklassischen Gleichgewichtsökonomie darin, daß sie die positive Rechtfertigungsstrategie im Sinne der klassischen Methodologie verwendet [8, S. 99]. Zum Nachweis der Berechtigung dieser Kritik sollen die drei genannten Hauptelemente der klassischen Theorie, nämlich die *Souveränität der Wirtschaftssubjekte,* die *Interessenharmonie* und der *Preismechanismus,* näher untersucht werden.

Das klassische Modell geht von der These aus, daß die Bedürfnisse und Interessen der Wirtschaftssubjekte (Produzenten und Konsumenten) sich objektiv in den jeweiligen Preisen widerspiegeln und damit Datencharakter für die ökonomische Argumentation haben. Verknüpft wird diese These der manifesten Bedürfnisse mit der *Idee der Souveränität und Freiheit der Wirtschaftssubjekte*, die allerdings nur rein formale Bedeutung hat, weil nicht nach den notwendigen materiellen Voraussetzungen für die Entfaltung individueller Freiheit gefragt wird.

Gegen die Vorstellung, daß die Preise ein Spiegelbild der individuellen Bedürfnisse darstellen und sich die verschiedenen Interessen am Unternehmen auf reine Marktrelationen reduzieren lassen, sprechen eine Vielzahl von Gründen, von denen hier nur einige in der gebotenen Kürze aufgeführt werden sollen [260, S. 120]:

– Es wird nur ein Teil der gesamten Bedürfnisstruktur eines Individuums –

wahrscheinlich nicht einmal der größere – in Kaufentscheidungen übersetzt und damit am Markt wirksam;

- Ein großer Teil der Käufe für den täglichen Bedarf erfolgt mehr oder weniger mechanisch, ohne daß ein bewußter Nutzenvergleich vorgenommen wird;
- Die Bedürfnisvorstellungen der Konsumenten sind häufig recht unklar und lassen sich deshalb leicht durch den Marktprozeß selbst formen;
- Wechselbeziehungen zwischen den Bedürfnisbereichen des Konsums und der Produktion, von denen Einflüsse auf die Bedürfnisstruktur ausgehen können, bleiben unberücksichtigt;
- Soziologische und sozialpsychologische Einflußfaktoren der Bedürfnisse, die sich aus der Zugehörigkeit zu einer Gruppe und den Beziehungen zwischen Referenzgruppen ergeben, bleiben unberücksichtigt.

Die Vernachlässigung dieser und weiterer Gesichtspunkte (z. B. kulturelle Einflußfaktoren sowie historisch vorgegebene Einkommensverteilung) machen „die These von der Gegebenheit der Bedürfnisse und Interessen der Konsumenten zu einer Fiktion, der außerhalb ihrer Rolle als Rechtfertigungsgrundlage in der ökonomischen Theorie keine Bedeutung zukommt“ [260, S. 120].

Auch die *Annahme einer Interessenharmonie*, das zweite Hauptelement des klassischen Modells, muß als eine Fiktion beurteilt werden. Entgegen der Vorstellung, das wahre Ziel jeder Gesellschaft sei in Form der Maximierung des Gemeinwohls unmittelbar gegeben, liegt das tatsächliche Ziel keineswegs immer offen zutage, sondern wird – sofern überhaupt ein gemeinsames Ziel existiert – erst durch einen Prozeß sozialer Konflikte geformt. Nach Dahrendorf sind soziale Konflikte nicht als gleichgewichtsstörende Elemente zu sehen, sondern ihre Aufgabe besteht vielmehr darin, den Wandel der Gesellschaft und ihrer Teile aufrechtzuerhalten und zu fördern. Diese positive Sicht der sozialen Spannungen und Konflikte geht mit dem automatisch funktionierenden Mechanismus des Interessenausgleichs verloren [65, S. 151].

Das dritte Hauptelement des klassischen Modells schließlich beruht auf dem Gedanken, es gäbe einen *idealen Markt- bzw. Preismechanismus*. Die Vorstellung von dem Unternehmer, der aufgrund der vorgegebenen Marktpreise und unter der Zielsetzung der Gewinnmaximierung die von der Gesellschaft benötigten Produkte in der „richtigen“ Menge und Qualität erzeugt, erscheint aus mehreren Gründen unrealistisch. Zunächst einmal ist die strenge Verfolgung der Gewinnmaximierung wegen der Unsicherheit und des Risikos der Entscheidungen, die sich aus der Zeitbezogenheit des Produktionsprozesses und der unvollkommenen Information ergeben, grundsätzlich nicht möglich. Weiterhin ist der Einfluß unternehmensexterner Gruppen und gesetzlicher Rahmenbestimmungen zu berücksichtigen, der die Unternehmen zu einem Abweichen vom Gewinnmaximierungsprinzip zwingt. Schließlich spricht auch die Machtstellung der Großunternehmen gegen die Vorstellung des mengenanpassenden Unternehmers und läßt die These vom idealen Preismechanismus zur Fiktion werden.

An dem Gegengewichtsprinzip sind unter empirischen Gesichtspunkten ferner noch die beiden Thesen von der zwangsläufigen Bildung der Gegenmacht und dem automatischen Interessenausgleich der gegengewichtigen Marktmächte zu kritisieren. Die *These von der zwangsläufigen Bildung der Gegenmacht* „übersieht, daß dafür gewisse Voraussetzungen gegeben sein müssen, die nicht auf allen Märkten vorhanden sind" [13, S. 45]. Unter den Interessengruppen gibt es einige, die wegen ihres niedrigen Organisationsstandes (z. B. Endverbraucher und Kleinaktionäre) keine wirksame Gegenkraft zur originären Unternehmensmacht ausüben können. Galbraith verweist in derartigen Fällen auf den Staat, der nach seiner Meinung die Organisationsbildung der schwachen Marktpartner bewußt zu fördern hat. Demgegenüber stellt Andreae richtig, daß die von Galbraith gegebenen Beispiele des Arbeitsmarktes und der Konzentration im Handel nicht verallgemeinert werden dürfen und die These von der zwangsläufigen Bildung der Gegenmacht in den meisten Fällen durch die Praxis widerlegt wird.

Die zweite *These vom automatischen Ausgleich der gegengewichtigen Marktmächte* im Sinne des Gemeinwohls ist als unrealistisch zu beurteilen, weil es zwar denkbar, aber praktisch nicht möglich ist, ein absolutes Gleichgewicht der Kräfte zu realisieren. „Wo sich gegengewichtige Marktmacht bildet, pflegen die Partner nach aller Erfahrung sich auf Kosten Dritter zu verständigen, die nicht in der Lage sind, ihrerseits wieder Gegenmacht gleicher oder ähnlicher Stärke aufzubauen" [287, S. 90]. Das Machtgefälle zwischen den verschiedenen Gruppen auf dem Markt bewirkt einen Ausgleich derart, daß die machtvoller vertretenen Gruppeninteressen die schwächer vertretenen in den Hintergrund drängen. Der Mechanismus des Interessen- und Machtausgleichs wird weiterhin bei Inflation oder inflationistischem Nachfragedruck außer Kraft gesetzt, wie auch Galbraith einschränkend selbst feststellt [99, S. 142]. Bei einer starken Nachfrage mit inflationären Tendenzen haben die Anbieter gegenüber den Nachfragern Machtvorteile und können die Preise erhöhen, ohne Absatzverluste befürchten zu müssen. In dieser Situation können die Unternehmen den Lohnforderungen der Gewerkschaften stattgeben, ohne erst lange verhandeln zu müssen, weil sie die

Möglichkeit haben, die Mehrkosten durch Preiserhöhungen auf die Verbraucher zu überwälzen.

Außerdem ist noch zu kritisieren, daß sich die Marktgegenmacht nur auf die Außenmacht der Unternehmen bezieht. „Weite Bereiche unternehmerischer Entscheidungen sind im Großunternehmen nicht oder nur noch sehr indirekt Markteinflüssen unterworfen (Forschung und Entwicklung, Investitionen, Finanzierung usw.). Wollte man Verbraucher, Arbeitnehmer, Kapitaleigner, die Gemeinschaft auf ihren unternehmensexternen Einfluß als Marktgegenmacht verweisen so würde man also einen großen Teil der Entscheidungen im Großunternehmen ihrer Einflußnahme entziehen" [260, S. 195].

Die bislang geübte Kritik an dem klassischen Modell und seinen neueren Ausprägungen ergab sich ausschließlich aus der empirischen Prüfung der Aussagen und richtete sich gegen deren empirische Gehaltlosigkeit bzw. Realitätsferne. Auch wenn das Modell damit bereits als empirisch unhaltbar zu verwerfen ist und für eine Anwendung zur Gestaltung der gesellschaftspolitischen Wirklichkeit nicht in Frage kommt, empfiehlt es sich, über die empirische Prüfung hinaus auch noch eine normative Prüfung zur Diskussion der ihm zugrundeliegenden Interessen vorzunehmen.

Die Vertreter des klassischen und neoklassischen Modells sowie des Gegengewichtsprinzips wollen die Einheit von Risiko, Kontrolle und Gewinn (liberales Grundprinzip der Unternehmensordnung) gewahrt wissen und sehen den Kapitalbesitz als einzige Legitimation für die Unternehmensleitung an. Es handelt sich dabei um eine normative, keineswegs zwangsläufig aus dem Eigentumsrecht folgende Wertung und Entscheidung, weil den Eigentümern außer dem Vermögensrecht auch das alleinige Recht auf Unternehmensleitung und -gewinne eingeräumt werden [56, S. 29].

Vergleichen wir das liberale Grundprinzip mit den in Teil I unter Punkt 4.2 aufgestellten demokratischen Grundnormen, so zeigen sich auf den ersten Blick bereits erhebliche Widersprüche. Insbesondere werden durch das klassische Modell die Grundsätze der Legitimation von Macht durch die Machtbetroffenen und der Freiheit der Individuen zur Selbstbestimmung verletzt. Das Vermögensrecht ist aufgrund dieser Kritik den Eigentümern nicht abzusprechen, wohl aber das alleinige Recht auf die Kontrolle und die Gewinne des Unternehmens. Zu einem ähnlichen Ergebnis kommt auch Heilbroner. Die Annahme, daß die Kapitaleigentümer „ein ‚Recht' am Gewinn der Gesellschaft haben, von dem sie schon Dividenden und neue Kapitalziehungsrechte kassiert haben, scheint sich auf eine wirklichkeitsfremde Eigentumsideologie zu gründen... Wenn irgendeine Gruppe das Recht haben sollte, über den Gewinn des Unternehmens für ‚soziale Zwecke‘ zu verfügen, so wären die Arbeiter, die Manager und die Öffentlichkeit eher dazu legitimiert als die Aktionäre“ [120, S. 168]. Würden die Kapitaleigentümer über die soziale Verantwortung der Unternehmen allein entscheiden, so hieße das, daß die Vermögenden in unserer Gesellschaft ein höheres Anrecht auf soziale Einsicht hätten, als die Manager, die Arbeitnehmer oder die Öffentlichkeit, die die Leistung gemeinsam erbracht haben.

Zusammenfassend läßt sich feststellen, daß das Marktmodell in seinen Ausprägungen des klassischen und neoklassischen Modells sowie des Gegengewichtsprinzips weder der empirischen Prüfung noch der normativen Prüfung hinsichtlich der demokratischen Grundprinzipien standhält. Unter empirischen Gesichtspunkten ist ihm Realitätsferne und unter normativen Gesichtspunkten eine einseitige Ausrichtung an den Eigentümerinteressen vorzuwerfen. Die Marktmacht wird – wenn überhaupt – nur unternehmensextern wirksam, so daß bestehende Machtpositionen innerhalb der Unternehmen nicht abgebaut, sondern vielmehr verfestigt werden.

Trotz dieser Ablehnung ist aber Galbraith als dem Begründer des ökonomischen Gegengewichtsprinzips das Verdienst einzuräumen, ökonomische Macht in der Wirtschaft überhaupt gesehen und in sein Modell einbezogen zu haben. „Er zeigt auf, daß unter gewissen Voraussetzungen und innerhalb gewisser Grenzen die Wirkungskraft gegengewichtiger Macht nicht abzuleugnen ist“ [13, S. 45].

2. Treuhändermodell

2.1 Ursprung und Bedeutung

Nach dem Treuhändermodell besteht die Aufgabe der Unternehmensführung darin, bei ihren Entscheidungen außer den Eigentümerinteressen auch die Interessen der Mitarbeiter, Kunden, Standortgemeinde und weiteren Öffentlichkeit zu berücksichtigen. Da die Interessen der verschiedenen Bezugsgruppen in der Regel konfligieren, muß das Management einen Ausgleich zwischen ihnen herstellen und dabei als Treuhänder für das Gemeinwohl fungieren. Die so getroffene gesellschaftsbezogene Entscheidung erfordert zu ihrer Umsetzung in entsprechende Unternehmensaktivitäten schließlich noch die Erwirtschaftung eines ausreichenden Gewinnes, wobei das Gewinnstreben Mittel zum Zweck der gesellschaftsverantwortlichen Unternehmensführung und nicht Selbstzweck sein soll. Insgesamt läßt sich das

Treuhändermodell somit durch drei Forderungen charakterisieren [263, S. 467]:

1) Die Manager haben bei ihren Entscheidungen die widerstreitenden Interessen aller Bezugsgruppen des Unternehmens (Kunden, Arbeitnehmer, Kapitaleigentümer, Gesellschaft) zu beachten und einen Ausgleich zwischen ihnen herzustellen;
2) Die Manager müssen einen ausreichenden Gewinn erwirtschaften, der die langfristige Existenz des Unternehmens sichert;
3) Das Gewinnstreben soll gegenüber der gesellschaftlichen Verantwortung Mittel zum Zweck und nicht Endziel der Unternehmensführung sein.

Mit den drei Forderungen appelliert das Treuhändermodell an das Gewissen der Manager ihre Macht in einer gesellschaftsverantwortlichen Art und Weise auszuüben und erwartet, daß diese auf den Appell hin als Treuhänder des öffentlichen Interesses handeln werden.

Das Treuhändermodell wurde in den USA bereits in den zwanziger Jahren aufgestellt [117, S. 95]. Anlaß dafür waren die zunehmenden Forderungen an die Unternehmen, angesichts ihrer Entwicklung zu immer größeren Einheiten auch eine wachsende Verantwortung gegenüber ihren gesellschaftlichen Bezugsgruppen zu übernehmen. Auf die Bedeutung des Managers als Treuhänder des öffentlichen Interesses verwies Brookings 1925: „Management is thus coming to occupy the position of trustee... This change is not yet complete. It is a trend rather than an accomplished fact, but it is a very promising trend" [44, S. 23]. Zwischen 1930 und 1950 geriet das Treuhändermodell infolge der Weltwirtschaftskrise und des zweiten Weltkrieges sowie deren Auswirkungen in Vergessenheit. Es wurde in den fünfziger Jahren von Bowen, Boulding und Berle [35; 34] wieder aufgegriffen und ist seitdem als „Idee der sozialen Unternehmensverantwortung" bekannt geworden. Die heutige Relevanz des Treuhändermodells wird deutlich durch die Veröffentlichungen der angesehenen amerikanischen Wirtschaftsvereinigung „Committee for Economic Development". Der moderne professionelle Manager betrachtet sich danach als ein Treuhänder, der die verschiedenen Interessen der gesellschaftlichen Bezugsgruppen im Gleichgewicht halten muß. „The chief executive of a large corporation has the problem of reconciling the demands of employees for more wages and improved benefit plans, customers for lower prices and greater values, vendors for higher prices, government for more taxes, stockholders for higher dividends and greater capital appreciation – all within a framework that will be constructive and acceptable to society" [62, S. 22]. Auch Schmalenbach weist in seinem Buch „Kostenrechnung und Preispolitik auf die gesellschaftsbezogene Aufgabenstellung der

Unternehmensleitung hin und räumt dem gemeinwirtschaftlichen Erfolg einen Vorrang gegenüber dem privatwirtschaftlichen Erfolg ein [230, S. 2]. Die beiden wichtigsten Ausprägungen zur Konkretisierung der Treuhänderidee, die sich im vergangenen Jahrzehnt herausgebildet haben, sollen nachfolgend im einzelnen dargestellt werden.

2.2 Ausprägungen in der Gegenwart

2.2.1 Idee der gesellschaftlichen Verantwortung der Unternehmensführung

Das plötzliche Aufkommen der Diskussion um die soziale Verantwortung der Unternehmen im vergangenen Jahrzehnt hat zahlreiche Autoren zu der Vermutung veranlaßt, die soziale Unternehmensidee stelle ein neues Phänomen dar, das den Unternehmen weitgehend unbekannt und auch wesensfremd sei [276, S. 76]. Tatsächlich handelt es sich dabei aber um keine neue Idee, sondern im wesentlichen nur um eine Neuauflage des altbekannten Treuhändermodells unter verändertem Namen. Die Idee der sozialen Verantwortung der Unternehmensführung fordert, daß die Unternehmensführung die unterschiedlichen Interessen der öffentlichen Bezugsgruppen berücksichtigen und sie in ihren Entscheidungen schiedsrichterlich zum Ausgleich bringen soll und zwar so, daß der gesellschaftliche Nutzen möglichst groß wird. Erklärtes Ziel ist dabei die Vermeidung von weiteren staatlichen Eingriffen in die Wirtschaft.

Sozialverantwortliches Verhalten entsprechend dieser Idee wird nicht selten mit der Spendentätigkeit für Wohltätigkeitszwecke verwechselt. So bemühen sich Unternehmen häufig erst um eine möglichst gute Erfüllung der ökonomischen Ziele und glauben danach beispielsweise durch Errichtung einer Stiftung, die soziale Aufgaben außerhalb des Unternehmens wahrnimmt, ihrer sozialen Verantwortung gegenüber der Gesellschaft gerecht werden zu können. Bei dieser Vorgehensweise wird übersehen, daß im Prozeß des Wirtschaftens soziale Probleme und Schäden entstehen, die in der Regel im nachhinein nicht mehr beseitigt werden können oder nur unter größeren ökonomischen Anstrengungen, als dies bei frühzeitiger Problemlösung möglich wäre. Die soziale Verantwortung im Sinne der Treuhänderidee ist deshalb grundsätzlich nicht als Aufgabe einer Stiftung oder als Nebenbeschäftigung des Managers losgelöst vom unternehmerischen Handeln zu verstehen [280, S. 38].

Die Idee der gesellschaftlichen Verantwortung versucht die sozialen Gesichtspunkte in den Prozeß der unternehmensinternen Entscheidungen (z. B. über Investitionen, neue Produkte und neue Fertigungsverfahren) zu integrieren. Sie besagt, daß die Führungskräfte bei den zu treffenden Entscheidungen außer den ökonomisch-technischen Interessen auch soziale Interessen der Angestellten, Verbraucher und weiteren Öffentlichkeit berücksichtigen müssen.

Grundsätzlich läßt sich die Idee der gesellschaftlichen Verantwortung auf drei verschiedenen Ebenen verfolgen, die in Abbildung 12 als konzentrische Kreise wiedergegeben sind [62, S. 15].

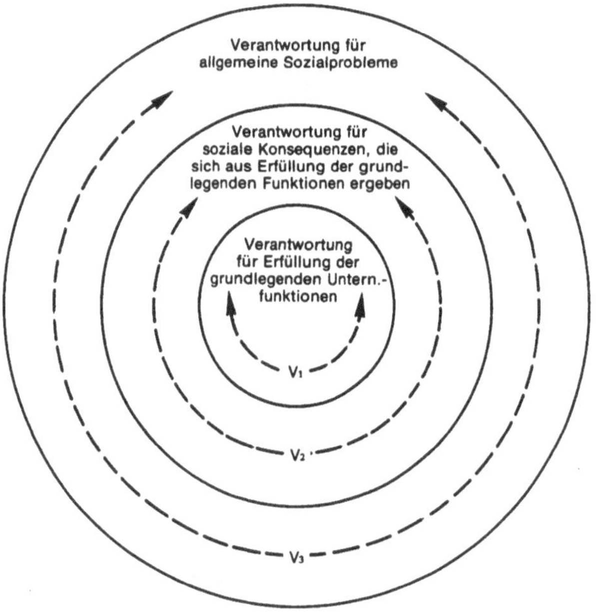

Abb. 12: Die drei grundsätzlichen Ebenen sozialer Verantwortung einer Unternehmung

Der *innere Kreis* repräsentiert die traditionelle Verantwortung für die Erfüllung der grundlegenden Unternehmensfunktionen wie Produktion, Finanzierung, Verkauf und Personalwesen und die Einhaltung der gesetzlichen Bestimmungen. Das Unternehmen ergreift hier nur solche sozialen Maßnahmen, an denen auch ein direktes ökonomisches Interesse besteht. Zu den Aufgaben zählen z. B. die Arbeitsplatzsicherung, die medizinische Versorgung der Betriebsangehörigen und die Unterlassung restriktiver Handelspraktiken.

Der *mittlere Kreis* beschreibt die erweiterte Verantwortung der Unternehmen, bei der Ausübung der grundlegenden Funktionen auch gleichzeitig die dabei auftretenden sozialen Aufgaben zu berücksichtigen. Die Unternehmen verpflichten sich, gesellschaftsschädigende Aktivitäten so weit wie möglich zu unterlassen und die sozialen Kosten nicht mehr auf die Allgemeinheit abzuwälzen, sondern diese zu reduzieren und als Verursacher selbst zu tragen (Internalisierung sozialer Kosten). Zu den Aufgaben gehören hier beispielsweise die Vermeidung schädlicher Produktionsauswirkungen, die Entwicklung und Verwendung von umweltschützenden Fertigungsprozessen sowie die Verhinderung von Arbeitsunfällen und Frühinvalidität.

Der *äußere Kreis* schließlich führt noch einen Schritt weiter. Er stellt die Verantwortung des Unternehmens dar, sich aktiv an der Problemlösung auch in den gesellschaftlichen Bereichen zu beteiligen, in denen kein ökonomisches Interesse oder eine Problemverursachung durch Unternehmensaktionen besteht. Diese weitreichende Verantwortung wird damit begründet, daß die Unternehmen in unserer Zeit große Sozialbereiche und -ressourcen kontrollieren und deshalb aufgrund ihrer staatsbürgerlichen Pflicht („corporate citizen") auch der Gesellschaft bei der Lösung allgemeiner sozialer Probleme helfen müssen. Beispiele sind die Beteiligung an der städtischen Sanierung und die Unterstützung von Minderheitsgruppen (Jugendliche, Vorbestrafte, Gastarbeiter, Umsiedler etc.).

Zur Dokumentation der Idee der gesellschaftlichen Verantwortung dienen die in jüngster Zeit bekanntgewordenen Verhaltenskodizes. Diese werden entweder von den einzelnen Großunternehmen selbst oder aber von übergeordneten Verbänden und Organisationen aufgestellt. Zu den bekanntesten internationalen Organisationen, die einen Verhaltenskodex aufgestellt haben bzw. noch an dessen Entwicklung arbeiten, zählen die Vereinten Nationen, die Organisation für wirtschaftliche Zusammenarbeit und Entwicklung (OECD-Kodex) sowie die Internationale Arbeitsorganisation (IAO) in Genf.[6] Sie wenden sich mit den Verhaltensrichtlinien vor allem an multinationale Unternehmen und fordern die Einordnung der Unternehmenspraxis in die Gegebenheiten der nationalen Gesellschaftsordnungen, die Abstimmung der Konzernstrategie auf die nationalen Tochtergesellschaften und eine ausreichende Publizität der internationalen Aktivitäten und Verflechtungen. Der in Europa wohl bekannteste und aktuellste Verhaltenskodex ist das „Davoser Manifest", das auf dem Europäischen Management-Sympo-

6 Einen tabellarischen Überblick über acht verschiedene Verhaltenskodizes gibt Plesser [215, S. 27].

Davoser Manifest

A. Berufliche Aufgabe der Unternehmensführung ist es, Kunden, Mitarbeitern, Geldgebern und der Gesellschaft zu dienen und deren widerstreitende Interessen zum Ausgleich zu bringen.

B. 1. Die Unternehmensführung muß den Kunden dienen. Sie muß die Bedürfnisse der Kunden bestmöglich befriedigen. Fairer Wettbewerb zwischen den Unternehmen, der größte Preiswürdigkeit, Qualität und Vielfalt der Produkte sichert, ist anzustreben.
Die Unternehmensführung muß versuchen, neue Ideen und technologischen Fortschritt in marktfähige Produkte und Dienstleistungen umzusetzen.

2. Die Unternehmensführung muß den Mitarbeitern dienen, denn Führung wird von den Mitarbeitern in einer freien Gesellschaft nur dann akzeptiert, wenn gleichzeitig ihre Interessen wahrgenommen werden.
Die Unternehmensführung muß darauf abzielen, die Arbeitsplätze zu sichern, das Realeinkommen zu steigern und zu einer Humanisierung der Arbeit beizutragen.

3. Die Unternehmensführung muß den Geldgebern dienen. Sie muß ihnen eine Verzinsung des eingesetzten Kapitals sichern, die höher ist als der Zinssatz auf Staatsanleihen. Diese höhere Verzinsung ist notwendig, weil eine Prämie für das höhere Risiko eingeschlossen werden muß. Die Unternehmungsführung ist Treuhänder der Geldgeber.

4. Die Unternehmensführung muß der Gesellschaft dienen.
Die Unternehmensführung muß für die zukünftigen Generationen eine lebenswerte Umwelt sichern.
Die Unternehmensführung muß das Wissen und die Mittel, die ihr anvertraut sind, zum Besten der Gesellschaft ausnutzen.
Sie muß der wissenschaftlichen Unternehmensführung neue Erkenntnisse erschließen und den technischen Fortschritt fördern. Sie muß sicherstellen, daß das Unternehmen durch seine Steuerkraft dem Gemeinwesen ermöglicht, seine Aufgabe zu erfüllen. Das Management soll sein Wissen und seine Erfahrungen in den Dienst der Gesellschaft stellen.

C. Die Dienstleistung der Unternehmensführung gegenüber Kunden, Mitarbeitern, Geldgebern und der Gesellschaft ist nur möglich, wenn die Existenz des Unternehmens langfristig gesichert ist. Hierzu sind ausreichende Unternehmensgewinne erforderlich. Der Unternehmensgewinn ist daher notwendiges Mittel, nicht aber Endziel der Unternehmensführung.

Abb. 13: Das Davoser Manifest [88, S. 9]

sium in Davos (Februar 1973) verabschiedet wurde. Sein Wortlaut ist in Abbildung 13 wiedergegeben.

Das Davoser Manifest will an die Stelle des Prinzips der Gewinn- und Rentabilitätsmaximierung, das an den Eigentümerinteressen orientiert ist, das Prinzip der gesellschaftlichen Verantwortung im Sinne einer dienenden und interessenausgleichenden Rolle der Unternehmensführung gegenüber den Bezugsgruppen des Unternehmens setzen. Die sozialen Zielsetzungen werden dabei nicht nur als Restriktionen unternehmerischer Tätigkeit, sondern vielmehr als primäre Ziele verstanden.

2.2.2 „Human Concept" nach Dawson

Das Human Concept als Unternehmungskonzeption [69; 70] geht von der Kritik am Marketing aus, wonach die Interessen der Marktpartner der Unternehmen durch das Marketing nicht ausreichend berücksichtigt werden. Die traditionelle Konsumorientierung des Marketing-Managements bleibt zwar die Basis der Gewinnerzielung, reicht aber nach Dawson nicht aus, um eine langfristige Existenzsicherung des Unternehmens zu gewährleisten. Darüber hinaus müssen auch humanitäre Ziele in das Zielsystem der Unternehmen aufgenommen werden. Dawson unterscheidet zwischen einem Umsystem I und einem Umsystem II, so daß sich insgesamt drei Orientierungssysteme für die sozialen Unternehmungsaktivitäten ergeben [248, S. 110]:

(1) das interne soziale System der Unternehmung;
(2) das Umsystem I, zu dem Dawson neben den Konsumenten auch Konkurrenten, Absatzmittler und Lieferanten (unmittelbare Kontrahenten) zählt;
(3) das Umsystem II, das den öffentlichen Bereich (öffentliche Meinung, Gesetzgebungskörperschaften, Kirchen, Gewerkschaften, etc.) darstellt.

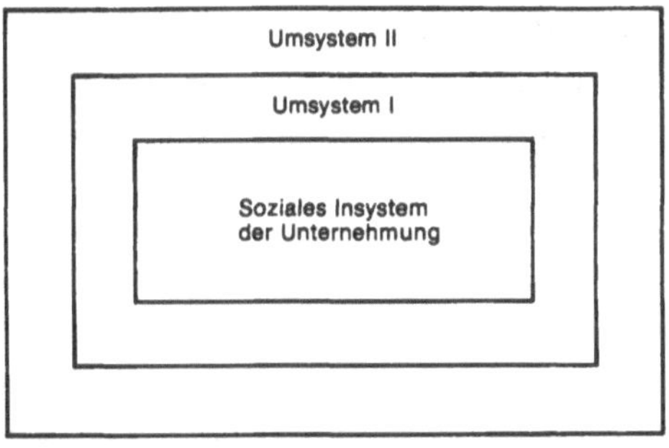

Abb. 14: Orientierungssysteme des „Human Concept" nach Dawson [248, S. 111]

Das Human Concept geht von einem umfassenden Wandel der öffentlichen Erwartungen und Forderungen gegenüber den Unternehmen aus und glaubt die langfristige Existenz der Unternehmen nur sichern zu können, wenn diese ein humanitäres Zielkonzept aufstellen und auf die genannten drei sozialen Systeme ausrichten. Damit weist das Human Concept nachdrücklich auf den Zusammenhang hin, „der zwischen der Berücksichtigung humanitärer Komponenten im Zielsystem der Unternehmung und ihrem langfristigen Überleben besteht" [221, S. 113]. In der Formulierung einer solchen Hypothese zeigt sich nach Raffée ein wesentlicher Unterschied zwischen diesem Ansatz und wirklichkeitsfremden moralischen Appellen („moral suasion").

2.3 Kritik

Das Treuhändermodell stellt das gesellschaftliche Verantwortungsbewußtsein in den Mittelpunkt seiner Betrachtungen und appelliert an das Gewissen der Manager, ihre Macht als Treuhänder des öffentlichen Interesses auszuüben. Die Manager sollen die unterschiedlichen Interessenlagen der gesellschaftlichen Bezugsgruppen des Unternehmens wahrnehmen und sie in ihren Entscheidungen derart schiedsrichterlich zum Ausgleich bringen, daß das Gemeinwohl vergrößert wird.

Das Treuhändermodell gibt keine Antwort auf die Frage nach dem Inhalt unternehmerischer Verantwortung. Als Auswahlkriterien für gesellschaftsbezogene Aktivitäten nennen die Vertreter des Modells Begriffe wie „öffentliches Interesse", „Gemeinwohl", „gesellschaftliche Wohlfahrt" oder „Nutzen der Ressourcen zum Besten der Gesellschaft". Durch die Unbestimmtheit dieser leerformelhaften Kriterien ist der Interpretationsspielraum für das Management unbegrenzt. Die Ableitung gesellschaftsbezogener Handlungsanweisungen ist zirkelhaft, da die Unternehmensleitung aus den Kriterien „Gemeinwohl" oder „öffentliches Interesse" das entnimmt, was vorher entsprechend ihrer Interessenlage hineinprojiziert wurde. Insgesamt sind die Auswahlkriterien derart gehaltleer formuliert, daß damit eine Festlegung des Inhalts gesellschaftlicher Unternehmensverantwortung nicht möglich ist.

Das Treuhändermodell läßt weiterhin offen, welche Interessen die Richtung unternehmenspolitischer Entscheidungen bestimmen sollen. Das Davoser Manifest weist zwar auf die vier Bezugsgruppen Kunden, Arbeitnehmer, Geldgeber und Gesellschaft hin. Es fehlt dabei aber die Angabe des Auswahlkriteriums, warum gerade diese vier Gruppen und nicht auch explizit z. B. Lieferanten oder Bürgerinitiativen ausgewählt worden sind. Außerdem fehlt eine periodische Erfassung der Interessenlagen der Bezugsgruppen, da diese sich nicht nur im Zeitablauf verändern, sondern häufig erst bei bestimmten Entscheidungen artikuliert werden [263, S. 469].

Die bisher geübte Kritik an dem Treuhändermodell bewegte sich auf der logisch-semantischen Ebene und richtete sich gegen die Leerformelhaftigkeit der Auswahlkritierien für gesellschaftsbezogene Handlungsanweisungen sowie die fehlenden Angaben zur Bestimmung der unternehmensrelevanten Interessengruppen. Darüber hinaus sollen die Aussagen des Modells auch einer empirischen Prüfung unterzogen werden, um ihre Realitätsentsprechung beurteilen zu können.

Die Umsetzung des Treuhändermodells in die Unternehmenspraxis erfordert nach der Festlegung der relevanten Bezugsgruppen noch Angaben über die Art der Interessenerfassung, die Lösung des Interessenkonfliktes in einem Kompromiß und schließlich die Integration dieses Kompromisses in die Unternehmensplanung in Form quantifizierter Ziele und Maßnahmen. „Wie der für die Interessenerfassung unverzichtbare Informationsfluß zwischen Unternehmensführung und Interessengruppen bewerkstelligt werden soll, bleibt im Davoser Manifest – wie auch im übrigen Schrifttum zur ‚Gesellschaftlichen Verantwortung der Unternehmensführung‘ – offen“ [263, S. 469]. Im Hinblick auf die Kompromißbildung und -anwendung läßt sich aus Leitsatz A des Davoser Manifestes entnehmen, daß die Unternehmensführung die eigeninterpretierten Fremdinteressen selbst gegeneinander abzuwägen hat, über den Kompromiß entscheidet und ihn in die Unternehmensplanung integriert. Die selbstinterpretierten Interessen werden allerdings nur in den seltensten Fällen mit denen der Anspruchsgruppen übereinstimmen; „denn für die Beurteilung, ob die eigeninterpretierten Interessenlagen den tatsächlichen Interessen der Bezugsgruppen entsprechen und ob der von der Unternehmensführung gewollte Kompromiß den Vorstellungen der Bezugsgruppen nahe kommt, fehlen der Unternehmensführung alle Maßstäbe“ [263, S. 469].

Das Treuhändermodell geht ferner davon aus, „daß ungleiche Machtkonzentrationen nicht bestehen, so daß das Management unbeeinflußt bzw. gleichermaßen beeinflußt von den verschiedenen gesellschaftlichen Bezugsgruppen seine Entscheidungen treffen kann“ [30, S. 37]. Diese Prämisse der symmetrischen Behandlung der Bezugsgruppen kann jedoch keine empirische Gültigkeit beanspruchen. Unter den Bedingungen der geltenden Unternehmensverfassung werden den einzelnen Bezugsgruppen des Unternehmens unterschiedliche Einflußmöglichkeiten eingeräumt. Während die Manager und Eigentümer im Normalfall einen dominierenden Einfluß auf die Unternehmenspolitik ausüben, werden die Forderungen der anderen Gruppen – wenn überhaupt – nur als Randbedingungen berücksichtigt [47, S. 98]. Die Annahme eines schiedsrichterlichen Ausgleichs mit gleicher Berücksichtigung aller Interessengruppen klammert „Macht" als Einflußgröße unternehmerischer Entscheidungen aus und ist damit als realitätsfern abzulehnen.

An dem Treuhändermodell ist schließlich noch zu kritisieren, daß es die im wesentlichen materialistische, gewinnorientierte Basis privatwirtschaftlicher Unternehmen ignoriert. Dem Modell liegt das Bild vom autonomen Menschen zugrunde, so daß den Managern bei entsprechendem Willen zugetraut wird, jederzeit sozialverantwortlich handeln zu können [268, S. 217]. Die Manager sind aber infolge historischer Traditionen und gegenwärtiger institutioneller Kräfte in ein System von Geschäftssitten und -werten eingeschlossen, das eine Sozialbetätigung weitgehend begrenzt [248, S. 112]. Wenn die gesellschaftsbezogene Erfolgsbeurteilung analog zur ökonomischen Leistungskontrolle vorwiegend in kurzen Zeitabständen (bis zu einem Jahr) vorgenommen wird, besteht die Tendenz, heutige Probleme in derselben Art und Weise wie in der Vergangenheit anzugehen. Das Management wird nur dann bereit sein, gesellschaftliche Gesichtspunkte in seine Überlegungen und Entscheidungen einzubeziehen, wenn dieses Verhalten, das sich häufig erst langfristig in positiven Zahlen auswirkt, auch in entsprechenden Zeiträumen beurteilt und honoriert wird [76, S. 136].

Nach der logischen und empirischen Überprüfung ist das Treuhändermodell unter normativen Gesichtspunkten zu untersuchen, um sein Verhältnis zu den postulierten demokratischen Grundnormen näher zu bestimmen. Als Grundlage dazu lassen sich vor allem folgende, zum Teil überlagernde Funktionen des Modells unterscheiden:

(1) Rechtfertigungsfunktion,
(2) Verschleierungs- und Verklärungsfunktion,
(3) Abschirmung gesellschaftlicher Alternativen.

Das Treuhändermodell erfüllt eine *Rechtfertigungsfunktion*, indem es die bestehenden Macht- und Herrschaftsverhältnisse im Unternehmen legitimiert und zu ihrer Stabilisierung beiträgt. Es stellt die Festlegung der gesellschaftsbezogenen Unternehmenspolitik in das freie Ermessen der Unternehmensleitung, da diese die Interessen der verschiedenen Bezugsgruppen selbst zu interpretieren, gegeneinander abzuwägen und über den Kompromiß zu entscheiden hat. Da die Machtpositionen der verschiedenen Anspruchsgruppen nicht erörtert und die Möglichkeiten zur Einbringung ihrer Ziele in das Zielsystem der Unternehmung nicht beleuchtet werden, ist das Treuhändermodell einseitig interessenbezogen. Es ist dazu geeignet, „der Unternehmerpraxis als Alibi und als eine zur Durchsetzung eigener Interessen brauchbare Schlichtungs- (Kompromißfindungs-) Regel in der politischen Auseinandersetzung zu dienen" [92, S. 246]. Die freiwilligen gesellschaftsbezogenen Unternehmensleistungen verbessern zwar die Lebensbedingungen der betroffenen Gruppen, gefährden aber die Herrschaftsausübung von Management und Kapitalgebern nicht. Als Gegenleistung für die empfangenen Leistungen wird von den Bezugsgruppen ein loyales Verhalten gegenüber der bestehenden Eigentums- und Sozialordnung erwartet. „Freiwilligkeit der Leistung schafft also moralische und materielle Abhängigkeit der Empfänger, die dem mittelalterlichen Prinzip des Feudalismus entspricht" [268, S. 220].

Das Treuhändermodell hat ferner die Funktion, *die herrschenden Interessen* im Unternehmen *zu verschleiern* und die Unternehmenswirklichkeit zu verklären. Mit der Annahme einer symmetrischen Behandlung der Bezugsgruppen wird von den partikularen Interessen der Unternehmensleitung abgelenkt und vorgetäuscht, die traditionelle, interessenmonistische Unternehmensverfassung werde durch das Treuhändermodell in eine interessenpluralistische Form der Mitbeeinflussung umgewandelt. Die Bestimmung eines Kompromisses zwischen den Zielen der Anspruchsgruppen erfolgt aber nach dem Modell nicht durch demokratisches Bargaining, sondern als analytisch festgelegter Interessenausgleich durch das autonome Management. Damit unterstellt das Treuhändermodell, „daß Interessenkonflikte eine ‚richtige', analytisch von einem ‚Schiedsrichter' (dem Management) bestimmbare Lösung haben, während sie in Wirklichkeit nur durch politischen Konsensus bzw. Kompromiß zu lösen sind" [268, S. 219]. Die autonome Festlegung des Interessenausgleichs durch das Management wird kaum mit dem Kompromiß übereinstimmen, der auf politischem Wege zustande käme. Vielmehr unterliegt der Interessenausgleich im allgemeinen einer gewissen Parteilichkeit zugunsten mächtiger, einflußreicher Interessengruppen sowie PR-wirksamer Ziele.

Das Treuhändermodell dient schließlich der *Abschirmung gesellschaftlicher Alternativen*. Es hebt zwar das Großunternehmen aus dem Bereich des privaten Wirtschaftens heraus, indem es seinen interessenpluralistischen Charakter anerkennt, zieht aber daraus keine Konsequenzen in Richtung einer institutionellen Reform. „Weder wird eine Kontrolle aus dem politisch-staatlichen Bereich erwogen, im Gegenteil ein Verhalten der Unternehmensführung im Sinne gesellschaftlicher Verantwortung explizit als Alternative dazu begriffen, noch tritt die Idee einer Partizipation der machtunterworfenen Gruppen (Kunden, Arbeitnehmer, Geldgeber, Gesellschaft) an der Legitimation und Kontrolle von Führungsmacht im Großunternehmen überhaupt in den Gesichtskreis der Idee“ [260, S. 471]. Die Ausweitung der unternehmerischen Aktivitäten auf gesellschaftspolitische Aufgabenbereiche stellt eine Vergrößerung statt Verringerung staatlich nicht kontrollierter Macht dar. Es „liegt der Verdacht nahe, daß diejenigen, die eine hoheitlich-schiedsrichterliche Funktion im Prozeß des gesellschaftlichen Interessenausgleichs beanspruchen, gleichsam Gesetzgebung, Exekutive und Kontrolle in einer Hand vereinigen wollen“ [263, S. 470]. Das widerspricht aber den Grundsätzen der Legitimation von Macht durch die Machtbetroffenen und der Freiheit der Individuen zur Selbstbestimmung und steht damit im Gegensatz zum Demokratisierungsgedanken. Das Treuhändermodell trägt nicht dazu bei, daß die verschiedenen Bezugsgruppen des Unternehmens gleichen Einfluß auf die gesellschaftsrelevanten Unternehmensentscheidungen ausüben und baut bestehende faktische Machtpositionen nicht ab, sondern verfestigt sie vielmehr [30, S. 38].

Zusammenfassend läßt sich feststellen, daß das Treuhändermodell keiner der drei Überprüfungen standhält (logisch, empirisch, normativ). Auf der logischen Ebene richtet sich die Kritik gegen die Leerformelhaftigkeit der Auswahlkriterien für gesellschaftsbezogene Handlungsanweisungen sowie die fehlenden Angaben zur Bestimmung der unternehmensrelevanten Interessen. Unter empirischen Gesichtspunkten fällt vor allem die unrealistische Prämisse der symmetrischen Behandlung der Bezugsgruppen und die isolierte Betrachtung des Managers von den herrschenden Geschäftssitten und -werten (Bild vom autonomen Menschen) auf. Die normative Prüfung schließlich zeigt, daß das Treuhändermodell die bestehenden Macht- und Herrschaftsverhältnisse stabilisiert und verschleiert sowie Reformkonzepte zur Demokratisierung der Unternehmen verhindern kann.

Die geübte Kritik darf aber nicht zu einer Ablehnung von Managern führen, die freiwillig eine gesellschaftliche Verantwortung bei ihrer Arbeit übernehmen. „Denn wenn man für den Idealfall einer demokratischen Gesellschaftsordnung fordert, daß sich jedes Individuum seiner Verantwortung gegenüber der Gemeinschaft bewußt ist und dieses Bewußtsein zur Richtschnur seines Verhaltens erhebt, so sollte man eine Gruppe von Individuen nicht daran hindern wollen, dieses Ideal antizipativ zu approximieren“ [30, S. 38]. Bei dem gesellschaftlichen Verantwortungsbewußtsein der Manager handelt es sich um eine notwendige, aber nicht hinreichende Bedingung für eine gesellschaftsbezogene Unternehmenspolitik. Es wird darauf ankommen, dieses Verantwortungsbewußtsein um die institutionellen Voraussetzungen für eine demokratische Legitimation und Kontrolle des Managements zu ergänzen.

3. Idee der sozialen Partnerschaft

3.1 Ursprung und sozialethische Grundlagen

Die Idee der sozialen Partnerschaft will die Beziehungen der Menschen im Spannungsfeld verschiedenartiger Meinungen regeln, indem das feudalistische oder patriarchalische Ordnungsprinzip durch das Prinzip gleichwertiger Persönlichkeitsindividualität abgelöst wird. Für die Unternehmen wird daraus eine vertrauensvolle Zusammenarbeit zwischen Unternehmensleitung und Mitarbeitern abgeleitet, bei der allen Beteiligten ein Höchstmaß an Selbstentfaltung ermöglicht und durch eine entsprechende Mitverantwortung einer Fremdbestimmung entgegengewirkt werden soll [177, S. 88; 150, Sp. 1441].

Die Partnerschaftsidee geht zurück auf Nicklisch, der in zahlreichen Veröffentlichungen „Gemeinschaftsprobleme in der Betriebswirtschaft" behandelt hat. Der Begriff „Betriebsgemeinschaft" bedeutet nach Nicklisch, „daß Menschen, einheitlich verbunden, das Leben des Betriebes leisten, und daß der Mensch auf diese Weise aus dem Betriebsmechanismus einen Organismus macht. Die Menschen stehen mit ihren Rechten und Pflichten in ihm, und das Wohlergehen des Betriebes und ihr eigenes hängt davon ab, daß diese erfüllt werden" [202, S. 296]. Verstärkt wurde diese gemeinschaftsbezogene Betrachtungsweise durch Änderungen der Sozialstruktur während des zweiten Weltkrieges und in der nachfolgenden Wiederaufbauphase. Die „Schicksalsgemeinschaft" des Krieges und die „Schaffensgemeinschaft" der Wiederaufbauzeit ließen erstmals das Gefühl des „Aufeinanderangewiesenseins" und der Solidarität zwischen Arbeitgebern und Arbeitnehmern entstehen. Das Unternehmen wurde seitdem als Ort gesehen, an dem „viele Menschen aus ihrer gemeinsamen sozialen Situation, ihrem gemeinsamen Arbeitsleid, ihrer gemeinsamen Leistung auch eine gemeinsame Idee verbindet, die Erhaltung des Betriebes zur Existenzsicherung der Arbeitnehmer und Arbeitgeber. In dieser Version wird der Betrieb emotional als ‚Schicksalsgemeinschaft' gedeutet und die traditionellen Unternehmensziele als gemeinsame Interessen begründet" [252, S. 48]. Die Partnerschaftsidee baut somit nicht auf einer neuen theoretischen Grundidee auf, sondern versucht vielmehr „die normative Kraft des Faktischen für die Begründung partnerschaftlicher Zusammenarbeit auszunützen“ [252, S. 48].

Im wesentlichen ist die Idee der sozialen Partnerschaft jedoch eine Prinzipien-Ethik, so daß zu einer weitergehenden normativen Begründung noch auf die Prinzipien der katholischen und evangelischen Sozialethik zurückgegriffen wird. Ausgangspunkt der sozialethischen Argumentation ist die Erkenntnis, daß Arbeitgeber und Arbeitnehmer prinzipiell gleichwertig sind und ihre Personen- bzw. Menschenwürde eine partnerschaftliche Kooperation im Unternehmen erfordert [158, S. 493].

Die katholische Sozialethik leitet die Menschenwürde aus einem ewigen Naturrecht ab, das die Gesamtheit der konkreten Rechte umfaßt, die dem Menschen seinem Wesen nach zustehen [81]. Die Wesenseigentümlichkeit des Menschen kommt in seiner Person und dem darauf ausgerichteten Personenprinzip zum Ausdruck: „Der einzelne ist weder autonomes Individuum noch austauschbares Funktionselement im Kollektiv, sondern wesenhaft Mittelpunkt des Gesellschaftslebens“ [60, S. 102]. Das Ziel des Gemeinschaftslebens bildet danach die Wahrung, Entfaltung und Vervollkommnung der menschlichen Persönlichkeit.

Aus dem Personenprinzip folgen unmittelbar die Prinzipien der Solidarität und der Subsidiarität. Das Solidaritätsprinzip stellt auf die Sozialnatur des Menschen ab und besagt, daß die Menschen aufeinander angewiesen und deshalb auch zu solidarischem Handeln untereinander verpflichtet sind [51, S. 943]. Das Subsidiaritätsprinzip ist besonders auf die Individualnatur des Menschen ausgerichtet, indem es den Tätigkeits- und Verantwortungsbereich des einzelnen gegenüber den übergeordneten gesellschaftlichen Bereichen abgrenzt. Es besagt, daß jeweils die kleinere gesellschaftliche Einheit aktiv werden soll (Selbstverwaltungsprinzip), erst wenn sie ihre Aufgabe nicht bewältigen kann oder will, soll die größere Einheit eingreifen (Vorrang der engeren vor der umfassenderen Gemeinschaft) [122, S. 20]. Für die Befürworter der Partnerschaftsidee ist das Subsidiaritätsprinzip von Bedeutung, weil es ihrer Auffassung nach „zur Begründung einer vertraglichen Regelung des Partnerschaftsverhältnisses dient und damit zugleich eine Abwehr staatlicher Eingriffe durch Gesetz (z. B. paritätische Mitbestimmung) darstellt“ [252, S. 50].

„Die evangelische Sozialethik leitet die Personenwürde und die damit verbundenen Rechte... nicht aus einem ewigen Naturrecht ab, sondern aus dem Postulat der Bewährung des Menschen in der Welt“ [252, S. 50]. Die Hinnahme von Eigengesetzlichkeiten oder Anpassung an die sogenannten Sachgesetzlichkeiten wird abgelehnt mit der Forderung nach Übernahme einer mündigen Verantwortung zum gestaltenden Handeln in der Gesellschaft. Die Verantwortung wird dabei als Dienst am Nächsten begriffen. Entsprechend ist die „Partnerschaft" als zentraler Begriff der evangelischen Sozialethik in erster Linie nicht als Ordnungsprogramm zu verstehen, sondern vielmehr als Gebot der Nächstenliebe mit der Aufgabe, Entfaltungsmöglichkeiten und Eigenverantwortlichkeit des einzelnen zu fördern [259, S. 353].

3.2 Begriff und Bedeutung

Der Begriff der Partnerschaft läßt sich nach der „Arbeitsgemeinschaft zur Förderung der Partnerschaft in der Wirtschaft (AGP)" in folgender Weise definieren:

> „Betriebliche Partnerschaft ist eine vertraglich vereinbarte Form der Zusammenarbeit zwischen Unternehmensleitung und Mitarbeitern. Sie soll allen Beteiligten ein Höchstmaß an Selbstentfaltung ermöglichen und durch verschiedene Formen der Mitwirkung und Mitbestimmung bei entsprechender Mitverantwortung einer Fremdbestimmung entgegenwirken. Notwendiger Bestandteil dieser Partnerschaft ist die Beteiligung der Mitarbeiter am gemeinsam erwirtschafteten Erfolg, am Kapital des Unternehmens oder an beidem" [170, S. 1].

Diese Definition macht drei Hauptbestandteile (Komponenten) deutlich, ohne deren Existenz nicht von betrieblicher Partnerschaft gesprochen werden kann [177, S. 96]:

a) Vertrauensvolle Zusammenarbeit zwischen Unternehmensleitung und Mitarbeitern (sozialethische Komponente);
b) Vertragliche Beteiligung der Mitarbeiter am Betriebsergebnis (materielle Komponente);
c) Mitwirkung und Mitverantwortung der Mitarbeiter (partnerschaftliche Mitbestimmung).

Die genannten drei Komponenten der Partnerschaftsidee sollen nachfolgend im einzelnen dargestellt werden.

3.2.1 Sozialethische Komponente

Die sozialethische Komponente geht von dem Gedanken einer Betriebsgemeinschaft [201; 199] aus und fordert, daß der Zwiespalt zwischen Arbeitgeber und Arbeitnehmer bzw. Unternehmensleitung und Mitarbeitern durch eine von beiden Seiten bejahte Zusammenarbeit in ein mitmenschliches Verhältnis umgewandelt wird. Sie „bedingt damit einen Verzicht auf die willkürliche Ausübung unternehmerischer Macht und ersetzt diese durch eine besondere Fürsorge- und Treuepflicht" [177, S. 98]. Ein Eingriff in die Freiheitssphäre des einzelnen ist nur in Verfolgung des Betriebszwecks erlaubt.

Die Anpassung der Organisation an den Partnerschaftsgedanken wird charakterisiert „durch das Subsidiaritätsprinzip, das die Integration des Arbeitnehmers durch Übertragung weitgehendster Aufgaben- und Verantwortungsbereiche zu verwirklichen sucht. Der Arbeitnehmer erhält dadurch die Chance zur Stärkung und Entfaltung seiner Persönlichkeit, womit eine Linderung der Entfremdungssituation erreicht wird" [177, S. 99]. Für die Abgrenzung des Verantwortungsspielraumes des einzelnen gilt, daß die fachlichen und menschlichen Fähigkeiten des Betreffenden zu berücksichtigen sind. „Der organisatorische Betriebsablauf wird also im Partnerschaftsbetrieb soweit möglich mit den Anforderungen an die Person abgestimmt sein" [177, S. 100].

Die Delegation von Leitungsbefugnissen darf jedoch die persönliche Verantwortung der Unternehmer nicht in eine Kollektivverantwortung umwandeln, weil sonst ihr Persönlichkeitswert gemindert würde. Auch bleibt nach dem Partnerschaftskonzept „die letzte Entscheidungsfindung im wesentlichen dem Unternehmer vorbehalten... Die hierarchische Rangordnung ist jedoch ausschließlich aus den wirtschaftlichen Notwendigkeiten des Betriebes abgeleitet, d. h. die Weisungsbefugnis ergibt sich aus der Stellung des einzelnen am Arbeitsplatz" [177, S. 98].

3.2.2 Materielle Komponente

Die materielle Beteiligung stellt einen weiteren notwendigen Bestandteil der betrieblichen Partnerschaft dar. Sie ist unabdingbares Strukturelement der betrieblichen Partnerschaft, weil nur durch die Teilhabe der Arbeitnehmer an den sie betreffenden Vorgängen des Betriebsgeschehens die Integration des einzelnen erreicht werden kann. „Eine Partnerschaft ohne materielle Teilhabe wird langfristig unglaubwürdig und kann... zu Recht als ‚Schutzideologie' zur unternehmerischen Eigenfinanzierung apostrophiert werden" [177, S. 102].

Die Erfolgsbeteiligung stimuliert die Einsatzbereitschaft der Mitarbeiter und zeigt ihnen die quantifizierbaren Ergebnisse der Partnerschaft. Durch die unterschiedliche Höhe der Erfolgsanteile wird ihr Verständnis für das Wirtschaftsgeschehen insgesamt und die Aufgaben des Unternehmens speziell verbessert. Außerdem besteht die Möglichkeit, über eine vertragliche Regelung die Erfolgsanteile – ganz oder zu einem Teil – zum Aufbau einer Kapitalbeteiligung der Arbeitnehmer am arbeitgebenden Unternehmen zu verwenden. Die Mitarbeiter können dadurch zu Mitunternehmern mit allen Konsequenzen der Gewinn- und Verlustbeteiligung werden [150, Sp. 1446].

3.2.3 Partnerschaftliche Mitbestimmung

Als dritte Komponente wird von den Vertretern der Partnerschaftsidee die „individuelle“ bzw. partnerschaftliche Mitbestimmung genannt. Die vom Gesetzgeber und den Gewerkschaften verfolgte „repräsentative“ Mitbestimmung wird dagegen abgelehnt.[7] Sie vermag die Objektsituation des einzelnen Arbeitnehmers nicht abzubauen, weil „eine kleine geschlossene Personengruppe von Gewerkschaftsvorständen und Betriebsräten die Arbeitnehmervertreter auswählt und diese sich nur dieser eng begrenzten Gruppe gegenüber verantwortlich fühlt“ [177, S. 110]. Die Vorstellung der Fremdbestimmtheit bleibt vorhanden, wenn der einzelne Arbeitnehmer sein Mitbestimmungsrecht nicht persönlich ausüben kann, sondern es durch gesetzlichen Zwang an die Arbeitnehmerrepräsentanten delegieren muß.

Im Unterschied zur gesetzlichen Repräsentativmitbestimmung ist die Ausübung der individuellen bzw. partnerschaftlichen Mitbestimmung nicht allein auf die Arbeitnehmervertreter in den Unternehmensorganen beschränkt. Sie strebt durch Weckung und Pflege der Individualität des einzelnen Arbeitnehmers eine Stärkung der persönlichen Verantwortlichkeit an und will dies als „herabsteigende“ Mitbestimmung auf allen Ebenen der Hierarchie praktizieren. „Bei der partnerschaftlichen Mitbestimmung kommt es also primär nicht darauf an, Arbeitnehmervertreter in die Leitungsgremien zu entsenden, sondern vor allem den gesamten Betriebskomplex so überschaubar zu gliedern, daß jedem einzelnen an seinem Arbeitsplatz so viel Entscheidungsbefugnis und Entscheidungsfreiheit eingeräumt werden kann, wie er seinen Fähigkeiten entsprechend zu übernehmen in der Lage ist“ [177, S. 111]. Damit wird deutlich, daß die partnerschaftliche Mitbestimmung dem Human Relations-Konzept der „Delegation von Verantwortung“ entspricht.

Ein wesentliches Merkmal der partnerschaftlichen Mitbestimmung ist schließlich noch ihr Anti-Kampfcharakter. Die klassenkämpferischen Mittel des Streiks und der Aussperrung werden als unvereinbar mit der Partner-

[7] Eine Ausnahme unter den Vertretern der Partnerschaftskonzeption ist Vollmer. Er sieht auch eine „erweiterte institutionalisierte Mitbestimmung“ als wesentliches Element partnerschaftlicher Kooperation an [271, S. 36].

schaftsidee angesehen. Auch wird die Kontrolle des Unternehmens zur Verhinderung von Machtmißbrauch als Ausdruck des Mißtrauens gewertet und grundsätzlich abgelehnt, da diese dem Prinzip der gegenseitigen Anerkennung und der vertrauensvollen Zusammenarbeit widersprechen würde. Das Integrationsanliegen der Partnerschaftsidee schließt eine derartige vom Mißtrauen diktierte Kontrolle aus.

3.3 Kritik

Die Vertreter der Partnerschaftskonzeption gehen von dem Gedanken der Betriebsgemeinschaft aus und beziehen sich zur Begründung der Interessengemeinschaft von Unternehmensleitung und Mitarbeitern häufig auf die „Schicksalsgemeinschaft" während des zweiten Weltkrieges und die „Schaffensgemeinschaft" der Wiederaufbauzeit. Dieser induktive Schluß aus den in der Realität beobachteten Kooperationsformen auf eine Interessengemeinsamkeit und ein Sollen der „vertrauensvollen Zusammenarbeit" ist aber logisch nicht möglich; es handelt sich dabei offensichtlich um einen „naturalistischen Fehlschluß" [252, S. 57]. Eine derartige Begründungsstrategie deklariert das Faktische zur Norm und kann damit Reformkonzepte zur Demokratisierung der Unternehmen verhindern.

Auch die Ableitung der Partnerschaftsidee aus den Prinzipien der katholischen und evangelischen Sozialethik weist erhebliche Mängel auf. So ist die Begründung aus der katholischen Sozialethik zirkelhaft, da sie aus dem „Wesen des Menschen" oder dem „natürlichen Aufbau der Gesellschaft" das entnimmt, „was vorher entsprechend dem vertretenen Welt- und Menschenbild hineinprojiziert wurde" [252, S. 57]. Aus der evangelischen Sozialethik können ebenfalls kaum eindeutige Aussagen der Partnerschaftsidee abgeleitet werden. Die evangelische Grundeinstellung beschränkt sich im wesentlichen darauf, die Verantwortung des Menschen als Dienst am Nächsten zu begreifen. In konkreten Fragen dagegen neigen die Vertreter der evangelischen Sozialethik zu einem sehr divergierenden Denken. „Von einem evangelischen ‚Leitbild' kann insofern überhaupt nicht gesprochen werden. In den Stellungnahmen von evangelischen Theologen, Sozialwissenschaftlern und Praktikern der Sozialarbeit deuten sich in ordnungspolitischen Einzelfragen zwar hier und da gewisse Übereinstimmungen an, nirgendwo jedoch mit dem Anspruch, damit ein geschlossenes Ordnungsmodell zu verkünden" [60, S. 203]. Insgesamt sind die katholischen und evangelischen Sozialprinzipien derart allgemein formuliert, daß eine Ableitung konkreter Handlungsanweisungen für Unternehmensleitung und Mitarbeiter nicht möglich ist bzw. jede gewünschte Direktive abgeleitet werden kann [71, S. 333].

Es kann danach nicht weiter verwundern, daß auch die meisten Prinzipien der Partnerschaftsidee wie z. B. „vertrauensvolle Zusammenarbeit", „Betriebsgemeinschaft", „sozialer Friede" und „Gemeinwohl" nur einen sehr geringen Informations- und Anweisungsgehalt aufweisen. „Durch die systematische Unbestimmtheit dieser Prädikate ist der Interpretationsspielraum groß; dadurch wird eine sprachliche Immunisierung der Inhalte der Partnerschaftsidee gegen Kritik möglich, während die faktischen Möglichkeiten der Steuerung sozialer Prozesse kaum begrenzt werden" [252, S. 56].

Die bisher geübte Kritik an der Partnerschaftsidee bewegte sich auf logisch-semantischer Ebene und richtete sich gegen die Leerformelhaftigkeit ihrer Prinzipien und die Pseudo-Objektivität ihrer Begründungen. Einige Aussagen der Partnerschaftsidee lassen sich jedoch auch empirisch überprüfen. Dazu kann auf eine Untersuchung von Ballerstedt zurückgegriffen werden, in der vierzig Arbeiter eines Partnerschaftsbetriebes in Ahrensburg (Ahrensburger Modell) hinsichtlich ihrer betriebs- und gesellschaftsbezogenen Einstellungen und Verhaltensweisen befragt wurden [16, S. 28]. Es handelt sich dabei allerdings nur um einen relativ kleinen Stichprobenumfang, da Ballerstedt von etwa 400 Mitarbeitern des untersuchten Partnerschaftsbetriebes nur 40 Mitarbeiter aus dem Produktionsbereich befragte. Weiterhin handelte es sich nur um ein einzelnes Unternehmen unter mehr als vierhundert Partnerschaftsbetrieben in der BRD. Die Untersuchungsergebnisse können aber immerhin Anhaltspunkte für die empirische Prüfung der Partnerschaftsidee liefern. Im einzelnen hat Ballerstedt in seiner Analyse vor allem zwei Thesen der Partnerschaftsidee untersucht [16, S. 18]:

(1) *Gesellschaftsbezogene These:* Die betriebliche Partnerschaft führt zu einer Steigerung des Selbstwertgefühls der Arbeitnehmer und einer Aufwertung ihrer Position im gesellschaftlichen Orientierungsrahmen (Ver besserung der sozialen Stellung).
Zentrale Frage zur Überprüfung der These: Welche Wirkungen hat die Partnerschaftskonzeption auf das Gesellschaftsbild der Arbeitnehmer und ihre außerbetrieblichen Verhaltensweisen?

(2) *Betriebsbezogene These:* Die betriebliche Partnerschaft führt durch die Beteiligung der Arbeitnehmer am Unternehmenskapital und ihre Einbeziehung in die Entscheidungsinstanzen des Unternehmens zur Aufhebung ihrer Entfremdung sowie zu ihrer Selbstbestimmung und Selbstverwirklichung.

Zentrale Frage zur Überprüfung der These: Welche Wirkungen hat das Partnerschaftskonzept auf die betriebsbezogenen Einstellungen und Verhaltensweisen der Arbeitnehmer?

Zur ersten Frage nach dem Gesellschaftsbild der Arbeitnehmer stellt Ballerstedt fest, daß die befragten Arbeitnehmer im Partnerschaftsbetrieb sich nach wie vor zu den „kleinen Leuten" zählen und das Gefühl haben „denen da oben", den „verantwortlichen Herren in der Regierung" nahezu ausgeliefert zu sein oder von ihnen gelenkt und gesteuert zu werden. Die Mitbestimmung im Unternehmen stellen sie sich als „Demokratie der Stimme" im Sinne einer repräsentativen Kontrolle vor, nicht aber als „Demokratie der Persönlichkeit" wie von der Partnerschaftsidee angestrebt wird. „Im Bewußtsein dieser Arbeiter scheint ihr Selbstwertgefühl – zumindest bezogen auf die Obrigkeit – keinesfalls gestiegen zu sein; hier ist alles beim alten geblieben" [16, S. 81]. Auch im privaten Bereich der befragten Arbeiter ließen sich keine Änderungen feststellen. Sie pflegten in ihrer Freizeit fast keine sozialen Kontakte und konzentrierten sich im wesentlichen auf den Bereich der Familie. Als Erziehungsziele bleiben Ordnung, Ehrlichkeit, Gehorsamkeit und Anpassungsfähigkeit bestehen. Die Bedeutung einer guten Ausbildung wurde zwar grundsätzlich gesehen, aber weiterhin instrumentell auf die Arbeit bezogen und nicht als Eigenwert bezeichnet. Ballerstedt kommt damit insgesamt zu dem Schluß, daß die betriebliche Partnerschaft ihr humanitäres, gesellschaftliches Ziel, nämlich die Aufwertung des Selbstbewußtseins der Arbeitnehmer, nicht erreicht hat [16, S. 82].

Demgegenüber konnte Ballerstedt bei der Untersuchung der zweiten These eine Veränderung der betriebsbezogenen Einstellungen und Verhaltensweisen der Arbeitnehmer feststellen. Im einzelnen sind folgende Ergebnisse hervorzuheben [16, S. 85]:

a) Erhebliche Steigerung der Leistung und Leistungsmotivation, die bei den Partnerschaftsbetrieben einen höheren Gewinnanteil (gemessen am Unternehmensumsatz) hervorruft als bei den nichtpartnerschaftlich geführten Betrieben der gleichen Branche [113, S. 173; 105, S. 64].
b) Verstärkte Neigung der Arbeitnehmer in ökonomischen Kategorien, wie „Effizienz", „Produktivität" und „Leistungsfähigkeit" zu denken [91, S. 82].
c) Fehlende Bereitschaft, die eigenen Interessen im Ernstfall durch kollektive Streikmaßnahmen durchzusetzen; die Partnerschaft wird damit zu einer Art „Streikversicherung" für die Unternehmensleitung.
d) Hohe Zufriedenheit der Befragten mit ihrer Arbeit sowie das Gefühl, eine verantwortungsvolle und selbständige Tätigkeit auszuüben.

Es fällt bei den ersten drei aufgeführten Ergebnissen auf, daß dabei „vor allem jene Nebenziele realisiert wurden, die die Partnerschaftsideologen gerne verschweigen, da sie eindeutig den Unternehmerinteressen zuzuordnen sind“ [252, S. 61]. Insofern erscheint die Kritik von Staatz berechtigt, „daß die weitgehende Gewinn- und Kapitalbeteiligung des Modells das einzige Positivum für den Arbeitnehmer darstellt“ [252, S. 61]. Ballerstedt glaubt, daß die betriebliche Partnerschaft die Entfremdung des Arbeiters vom Produktionsprozeß nicht nur aufhebt, sondern sogar unmöglich macht, indem sie Rollennormen durchzusetzen versucht, die darauf angelegt sind, interessenblind zu machen [16, S. 87]. Will man trotz dieser Kritik die zweite These der Partnerschaftsidee nicht ablehnen, so sind zumindest Bedenken gegen ihre umfassende Gültigkeit zu erheben.

Insgesamt führt die empirische Überprüfung der Partnerschaftsidee durch Ballerstedt zu einer Falsifikation der gesellschaftsbezogenen These und der Erkenntnis, daß die betriebsbezogene These von der Aufhebung der Entfremdung des Arbeiters und der Herbeiführung seiner Selbstbestimmung sowie Selbstverwirklichung zumindest problematisch ist. Dieses empirische Ergebnis ist allerdings mit allen Einschränkungen zu sehen, „die sich bei derartigen Verallgemeinerungen auf der Grundlage einer sehr speziellen und zudem noch kleinen Untersuchung ergeben“ [16, S. 87].

Nach der logisch-semantischen und der empirischen Überprüfung soll die Partnerschaftsidee abschließend noch unter normativen Gesichtspunkten näher untersucht werden. Als Grundlage dazu lassen sich bei der Partnerschaftsidee vor allem folgende, zum Teil überlagernde Funktionen unterscheiden [252, S. 61]:

(1) Kognitiv-pragmatische Funktion,
(2) Rechtfertigungsfunktion,
(3) Verschleierungs- und Verklärungsfunktion,
(4) Abschirmung gesellschaftlicher Alternativen.

Die Partnerschaftsidee versucht durch eine Darstellung der Realität in ideologischen Aussagensystemen eine Einheit zwischen „Wertbild“ und „Weltbild“ herzustellen und damit den Bedürfnissen nach einem *kognitiven Bezugsrahmen* zu entsprechen. Dabei hält es Albert durchaus für möglich, daß Aussagensysteme, die in keiner Weise der Realität entsprechen, sich dennoch als außerordentlich stabil erweisen, wenn sie nur entsprechend sozial verankert bzw. institutionalisiert sind [7, S. 31]. Ballerstedt konnte in seiner Untersuchung nachweisen, daß beim Partnerschaftsunternehmen eine derartige soziale Verankerung durch Konformitätsdruck und durch Belohnungen materieller oder ideeller Art gegeben ist [16, S. 86]. Die Partnerschaftsideale werden damit zu einem „sozialen Tatbestand" mit normativem Charakter, der Sanktionen gegen Zweifler einschließt.

Die Partnerschaftsidee erfüllt ferner eine *Rechtfertigungsfunktion*, indem sie die bestehenden Macht- und Herrschaftsverhältnisse im Unternehmen legitimiert und zu ihrer Stabilisierung beiträgt. Sie geht dazu von der Fiktion der Interessengemeinsamkeit zwischen allen Beteiligten im Unternehmen aus und stellt den Mitarbeiter als individuelle Persönlichkeit heraus. Dadurch wird der Arbeitnehmer von seinen Gruppeninteressen losgelöst und als einzelner konfliktlos den Eigentümer- und Managementinteressen unterworfen, die häufig auch als „Sachzwänge" bzw. „wirtschaftliche Notwendigkeiten" deklariert werden. Außer der sozialethischen dient auch die materielle Komponente der Partnerschaftsidee zur Rechtfertigung bestehender Herrschaftsstrukturen. Die Gewinn- und Kapitalbeteiligung verbessert die materielle Lebenslage der Arbeitnehmer, gefährdet aber die Herrschaftsausübung der Unternehmer nicht, da die Arbeitnehmer „entweder nur Darlehensgeber sind... oder als Besitzer von Belegschaftsaktien genau wie die anderen Kleinaktionäre majorisiert werden" [200, S. 318]. Als Gegenleistung für die Erfolgsbeteiligung wird vom Arbeitnehmer ein loyales Verhalten gegenüber der bestehenden Eigentums- und Sozialordnung erwartet [93, S. 160].

Die Partnerschaftsidee hat weiterhin die *Funktion die herrschenden Interessen* im Unternehmen *zu verschleiern* und die Unternehmenswirklichkeit zu verklären. Mit Formulierungen wie „Allgemeininteresse" und „Konsumentensouveränität" wird von den partikularen Interessen der Unternehmensleitung und der Eigentümer abgelenkt und vorgetäuscht, der Interessenmonismus der traditionellen Unternehmensverfassung werde durch die Partnerschaft in eine interessenpluralistische Form der Mitwirkung und Mitbestimmung umgewandelt. Tatsächlich bleibt aber der Begriff „Allgemeininteresse" unverändert der einseitigen Interpretation der Unternehmensleitung vorbehalten. Eine Verklärung der Unternehmenswirklichkeit ist auch „in den Ausführungen zum Betriebsgemeinschaftsgedanken enthalten, der verschiedene soziomorphe Deutungen enthält, wie die der Betriebsfamilie oder die des Bootes, in dem Arbeitgeber und Arbeitnehmer sitzen. Mit diesen und anderen emotional besetzten Begriffen („vertrauensvolle Zusammenarbeit", „Stolz auf die gemeinsame Leistung", „Gleichwertigkeit von Kapital und Arbeit") wird eine idyllische und harmonische Ersatzwelt konstruiert... In sozialen Einstellungen wie Anerkennung der Persönlichkeit, in der Erzeugung von Zugehörigkeitsgefühlen, in Teilhabe an der Verantwortung und manchmal auch am Gewinn und künstlich differenzierten Aufstiegsmöglichkeiten soll jene Motivation erzeugt werden, die den betrieblichen Herrschaftskonflikt bereits an der Basis entschärft" [252, S. 68].

Als wichtigste Funktion der Partnerschaftsidee ist schließlich die *Abschirmung gesellschaftlicher Alternativen* zu nennen. Das Problem der Legitimation und Kontrolle von Macht wird nicht institutionell, sondern definitorisch gelöst: „In der Partnerschaft löst sich der gordische Knoten von selbst, da die Mitbestimmung hier nicht als Regulativ gegen Machtmißbrauch, sondern zur Statuierung einer betrieblichen Ordnung ausgeübt wird, die auf gegenseitiger Anerkennung und vertrauensvoller Zusammenarbeit beruht" [177, S. 115]. Das Partnerschaftskonzept belohnt das bedingungslose Vertrauen und wertet es als Tugend, während Kontrolle und kritisches Denken als Mißtrauen und dem Charakter der Unternehmung als unangemessen diffamiert wird. Die Mittel zur Konfliktaustragung (Streik und Aussperrung) werden kurzerhand als systemwidrig abgelehnt. Der Verweis auf die Norm der „vertrauensvollen Zusammenarbeit" bleibt für die Unternehmensleitung ohne Verbindlichkeit, da ein Kompromiß zwischen Machtausübenden und Machtbetroffenen nicht vorgesehen ist und die letzte Entscheidung weiter bei der Unternehmensleitung liegt. Das widerspricht aber dem Grundsatz der Legitimation von Macht durch die Machtbetroffenen und steht damit im Gegensatz zum Demokratisierungsgedanken.

Zusammenfassend gilt, daß die Partnerschaftsidee keiner der drei Überprüfungen (logisch, empirisch, normativ) standhält. Ihr sind Mängel im Begründungszusammenhang, Realitätsferne und einseitige Ausrichtung an den Leitungsinteressen vorzuwerfen. Die Interessenverkürzung wird besonders auch dadurch deutlich, daß die Abhängigkeiten des Unternehmens von der „Außenwelt" ignoriert werden. Der ausschließlich unternehmensintern orientierte Lösungsansatz kann zu Lasten anderer Gesellschaftsmitglieder (Verbraucher, Händler etc.) gehen und läßt sich damit nicht mit dem vielpropagierten „Allgemeininteresse" bzw. „Gemeinwohl" in Einklang bringen.

4. Koalitionsmodell

4.1 Ursprung und Bedeutung

Nach dem Koalitionsmodell stellt die Unternehmung eine Koalition aller an ihr partizipierenden Gruppen dar, die eigenständige Ziele verfolgen und im Rahmen von Verhandlungsprozessen (bargaining processes) das Zielsystem der Unternehmung gleichberechtigt untereinander aushandeln. Dabei sollen

Ausgleichszahlungen (side payments), die in monetären oder nichtmonetären Leistungen bestehen können, bestimmte Gruppen zur Modifizierung ihrer ursprünglichen Zielvorstellungen veranlassen und die Aufstellung einer gemeinsamen Zielfunktion ermöglichen [63; 179].

Ausgangspunkt für die Entwicklung des Koalitionsmodells war das 1938 von Barnard veröffentlichte Buch „The Functions of the Executive" [18], in dem der Autor die Unternehmung als Koalition ihrer Mitglieder sah und besonders die Teilnahmeentscheidung der Koalitionsmitglieder sowie die Gleichgewichtsbedingungen zwischen den von der Unternehmung angebotenen Anreizen und den von den Mitgliedern bereitgestellten Beiträgen (inducement – contribution – balance) analysierte. Erweitert wurde diese Betrachtung durch March und Simon, die über die Teilnahmeentscheidung der Organisationsmitglieder hinaus auch deren Entscheidungen zu produktiven Beitragsleistungen näher untersuchten. Ihre Ausführungen zur Anreiz-Beitrags-Theorie lassen sich wie folgt zusammenfassen:

(1) „Eine Organisation besteht aus einem System sich wechselseitig beeinflussender sozialer Verhaltensweisen von Personen, die wir die Teilnehmer der Organisation nennen.
(2) Jeder Teilnehmer und jede Gruppe von Teilnehmern erhält von der Organisation Anreize. Dafür leisten sie an die Organisation Beiträge.
(3) Jeder Teilnehmer wird seine Teilnahme an der Organisation nur so lange fortsetzen, als die ihm angebotenen Anreize so groß oder größer sind – gemessen im Lichte seiner Werte oder der ihm zur Verfügung stehenden Alternativen – als die von ihm geforderten Beiträge.
(4) Die Beiträge, die die verschiedenen Gruppen der Organisation leisten, sind die Quelle, der die Organisation die den Mitgliedern angebotenen Anreize entnimmt.
(5) Eine Organisation ist folglich nur so lange ‚solvent' und existenzfähig, als die Beiträge in genügendem Maße ausreichen, Anreize zu gewähren" [246, S. 381].

Das Koalitionsmodell baut auf den Anreiz-Beitrags-Überlegungen auf und stellt die Entscheidungsprozesse zwischen den an einer Organisation beteiligten Personen bzw. Personengruppen in den Mittelpunkt der Betrachtung. Die Mitglieder der Unternehmung bilden eine Koalition, die nicht a priori durch gemeinsame Zielvorstellungen zusammengehalten wird. Vielmehr verfolgen die einzelnen Mitglieder eigene Ziele und müssen darum bei Interessenkonflikten durch Verhandlungen und gegenseitigen Ausgleich die Unternehmensziele gemeinsam festlegen.

Das Koalitionsmodell faßt die Unternehmung auf als eine Koalition von

Individuen, die im allgemeinen in Gruppen (Subkoalitionen) organisiert sind. Die Bestimmung der Unternehmenszugehörigkeit der Individuen und ihrer Gruppen richtet sich danach, ob diese in der Unternehmung ein Instrument zur eigenen Zielerreichung sehen und den organisatorischen Entscheidungsprozeß bzw. die Entscheidungsprämissen der übrigen Koalitionsteilnehmer zu beeinflussen vermögen [47, S. 89; 104, S. 153]. Zu den grundsätzlichen Teilnehmergruppen der Koalition „Unternehmung" werden vor allem Kapitalgeber, Arbeitnehmer, Lieferanten, Kunden und staatliche Organe gezählt. Ein Ausschnitt aus den Anreiz- und Beitragsstrukturen dieser Gruppen ist in Abbildung 15 beispielhaft wiedergegeben. Die genannten „Teilnehmerkreise stellen jedoch keineswegs homogene Gruppen mit gleichen Bedürfnissen und Zielen sowie gleicher Beitritts- und Leistungsmotivation dar, sondern sind das Ergebnis einer Aggregation von solchen Teilnehmern, die dem materiellen Inhalt nach gleichartige Beitragsleistungen erbringen" [254, S. 380]. Weiterhin ist zu beachten, daß die Koalition ein offenes System dar-

Koalitionsteilnehmer / Anreize, Beiträge	Kapitalgeber	Arbeitnehmer	Lieferanten	Kunden	Staat
Anreize	Verzinsung des eingesetzten Kapitals	Lohneinkommen	Verkaufserlös der gelieferten Ware	Erwerb der Produkte	Steuereinnahmen, Arbeitsplätze
Beiträge	risikobehaftete Kapitalüberlassung	Überlassung der Arbeitskraft	Überlassung von Faktoren	Überlassung des Kaufpreises	Bereitstellung von Infrastruktur, Investitionsanreize
Anreize / Beiträge	Gewinn / Kapital × Zeit	Lohn / Arbeit × Zeit	Verkaufserlös / Liefermenge	Produktmenge / Kaufsumme	gesamtwirtschaftlicher Nutzen / gesamtwirtschaftliche Kosten

Abb. 15: Beispiel für Anreize und Beiträge verschiedener Interessengruppen der Unternehmenskoalition [243, S. 34]

stellt, dessen Zusammensetzung sich jederzeit durch Beitritt neuer Teilnehmer oder durch Ausscheiden alter Teilnehmer verändern kann.

Die Definition der Unternehmung als Koalitionsgebilde wirkt sich insbesondere auf die Bestimmung der Unternehmensziele aus. Cyert und March, die Hauptvertreter des Koalitionsmodells, interpretieren den Zielbildungsprozeß als einen umfassenden Verhandlungsprozeß, in dem die Konflikte zwischen den beteiligten Organisationsmitgliedern zum Ausgleich gebracht werden [63, S. 30]. Träger des Zielbildungsprozesses sind aber nur die aktiven Koalitionsteilnehmer, während die passiven Unternehmensmitglieder ihr Verhalten an die von den aktiven Mitgliedern ausgehandelten Ziele anpassen und ihre individuellen Forderungen ohne aktive Zielmitgestaltung hinreichend erfüllt sehen. Cyert und March konkretisieren den Verhandlungsprozeß zur Festlegung der Unternehmensziele durch drei Stufen [63, S. 29]:

(1) Durch globale Verhandlungen werden die allgemeinen Koalitionsbedingungen zwischen den Mitgliedern fixiert; das Ergebnis besteht in einem System von Beschränkungen, die das organisatorische Verhalten der Unternehmensmitglieder generell determinieren.

(2) Aus den allgemeinen Unternehmenszielen, werden operable Teilziele abgeleitet und den einzelnen Koalitionsmitgliedern zur Realisierung zugeordnet. Im Rahmen des „day-to-day bargaining“ erfolgt die Festlegung von Verhaltensnormen, die eine Verhaltenssteuerung und gegenseitige Kontrolle der Koalitionsmitglieder ermöglichen.

(3) Durch kontinuierliche Verhandlungsprozesse wird das Zielsystem der Unternehmung an die sich ändernde Umwelt und die sich wandelnden Forderungen der Koalitionsteilnehmer angepaßt. Lernprozesse und Erfahrungen bewirken Veränderungen der individuellen Zielvorstellungen und bilden ständige Impulse bei der organisatorischen Zielbildung.

Nach Cyert und March sind in den Unternehmen die Produktions-, Umsatz-, Marktanteil-, Lager- und Gewinnziele als grundsätzliche Zielgrößen vorgegeben, so daß nur die Anspruchsniveaus als variabel angesehen werden können [63, S. 40]. Der dreistufige Verhandlungsprozeß bezieht sich somit nicht auf die qualitativen Zielgrößen, „sondern lediglich auf die Aushandlung der quantitativen Ausprägung (Anspruchsniveaus) bereits festgelegter Ziele“ [47, S. 92].

Ein wesentlicher Bestandteil des Koalitionsmodells ist die Möglichkeit der Unternehmensmitglieder, ihre individuellen Ziele (Bedürfnisse) zu artikulieren und im Rahmen des Zielsetzungs- und laufenden Entscheidungsfindungsprozesses zu vertreten. Das Koalitionsmodell geht von einer prinzipiellen Gleichberechtigung aller Teilnehmer der Koalition aus und unterstellt eine symmetrische Behandlung der einzelnen Unternehmensmitglieder im Rahmen der bargaining-Prozesse [63, S. 29]. „Demgegenüber geht die traditionelle Unternehmenstheorie insofern von einer asymmetrischen Betrachtung der Mitglieder aus, als lediglich das Ziel des Unternehmers Entscheidungsprämisse für die delegierten Entscheidungen ist" [47, S. 96].

Ein Koalitionsgleichgewicht liegt nach Cyert und March vor, wenn die von der Unternehmung geleisteten Ausgleichszahlungen bzw. Anreize (z. B. Aufstiegschancen, Prestige, finanzielle Leistungen) größer oder mindestens gleich den von den Koalitionsteilnehmern erbrachten Beiträgen sind. Die Beurteilung der Höhe der Anreize und Beiträge hängt dabei von der subjektiven Nutzeneinschätzung des jeweiligen Teilnehmers aufgrund seines Anspruchsniveaus ab. Da das individuelle Anspruchsniveau die Eigenschaft hat, „sich mit fast jeder erbrachten Leistung des Handelnden zu verändern (i. d. R. wird der Handelnde nach Erfolgen sein Anspruchsniveau erhöhen, nach Mißerfolgen es senken), wird deutlich, wie schwierig es ist, zu einem totalen Systemgleichgewicht zu kommen. Dieses organisatorische Gesamtgleichgewicht ergibt sich aus der Summe aller individuellen Anreiz-Beitrags-Gleichgewichte" [254, S. 384].

4.2 Möglichkeiten der praktischen Berücksichtigung pluralistischer Interessen in betriebswirtschaftlichen Entscheidungsprozessen mit Hilfe des Koalitionsansatzes

4.2.1 Grundsätzliche Möglichkeiten zur Erweiterung gewinnorientierter Entscheidungsmodelle um gesellschaftsbezogene Ziele

Die Problemstellung der betriebswirtschaftlichen Entscheidungsmodelle besteht darin, aus einer Anzahl von Handlungsalternativen diejenige auszuwählen, die das vorgegebene Ziel bzw. die Zielfunktion am besten erfüllt. Jedes Entscheidungsmodell muß somit Informationen über die Ziele und das Entscheidungsfeld (Entscheidungsalternativen) enthalten [146; 121]. Die vollständige Formulierung der Ziele erfordert einerseits die Festlegung der angestrebten Sachverhalte und andererseits die Angabe von Präferenzen (Höhen-, Arten-, Zeit- und Risikopräferenz), so daß sich die unterschiedlichen Ergebnisausprägungen vergleichen lassen.

Nach Sieben ist die allgemeine Entscheidungstheorie weit genug angelegt, „um die unterschiedlichsten Interessen verschiedener Entscheidungsträger in den Zielplänen von Entscheidungsmodellen abzubilden" [241, S. 204]. Auch wenn die von der traditionellen Betriebswirtschaftslehre entwickelten Entscheidungsmodelle in der Mehrzahl der Fälle einseitig die Gewinn- bzw. Rentabilitätsmaximierung als Zielfunktion verfolgen, erlaube es der entscheidungsorientierte Ansatz grundsätzlich, die in der Realität anzutreffende Pluralität der Interessen in entsprechenden Modellen zu berücksichtigen. Einschränkend stellt Sieben jedoch fest, daß sich bei der Erweiterung vorhandener gewinnorientierter Entscheidungsmodelle um gesellschaftsbezogene Ziele (Einbeziehung der Interessen aller Koalitionsteilnehmer) Probleme der Ziel- und Entscheidungsfeldformulierung ergeben. Zu den Problemen der Zielformulierung zählen im einzelnen die geringe Operationalisierbarkeit der anzustrebenden gesellschaftsbezogenen Ergebnisse, ihre in vielen Fällen fehlende Monetarisierbarkeit oder Quantifizierbarkeit, die Zurechnungsproblematik (Zuordnung gesellschaftlicher Veränderungen auf Unternehmensmaßnahmen) und die Schwierigkeit der Zusammenfassung mehrerer Ziele zu einem einheitlichen Ziel zur Steuerung unternehmerischer Entscheidungen. Bei der Formulierung der Entscheidungsalternativen sind neben den gewinnorientierten Konsequenzen auch die Konsequenzen im Hinblick auf die übrigen in das jeweilige Zielsystem einbezogenen gesellschaftsbezogenen Ziele festzuhalten. „Aktionen oder Aktionsprogramme, die unter dem Gewinnziel interessant waren, können sich unter Berücksichtigung anderer Ziele von vornherein als uninteressant herausstellen, während Aktionen oder Aktionsprogramme, die unter dem Gewinnziel uninteressant waren, nunmehr interessante Alternativen sein können“ [242, S. 700]. Weiterhin ist zu erwarten, daß die Entscheidungsfelder infolge der verbundenen Erfüllung verschiedener Ziele durch dieselbe Aktion wesentlich komplexer werden als dies beim Gewinnziel der Fall ist.

4.2.2 Beispiel: Interessenpluralistisches Investitionsmodell nach Sieben, Goetzke

Sieben und Goetzke wollen mit ihrem Modellansatz „die Möglichkeit der Berücksichtigung pluralistischer Interessen in Investitionskalkülen demonstrieren“ [243, S. 34]. Zur besseren Anschaulichkeit ihres Modells unterstellen sie die Existenz vollkommener Information und betrachten die Totalplanungsperiode der Investition ohne zeitliche Differenzierung innerhalb der Totalperiode.

Das Entscheidungsproblem, das durch das Modell gelöst werden soll, beschreiben Sieben und Goetzke wie folgt: „Bei der Vornahme einer Investition stehen mehrere verschiedene Typen eines Aggregates zur Auswahl, von denen aus technischen Gründen nur eines aufgestellt werden kann. Es handelt sich um Aggregate, mit denen jeweils

- in einstufiger Produktion
- bei Verbrauch eines einzigen Betriebsstoffaktors R
- unter Bedienung durch menschliche Arbeitskräfte
- ein Produkt X

hergestellt werden kann" [243, S. 35]. Zur näheren Kennzeichnung und Unterscheidung der einzelnen Aggregate A_e wird im einzelnen auf folgende Koeffizienten verwiesen [241, S. 206]:

$\mu_e = \frac{r}{x}$	Konstanter Produktionskoeffizient μ_e, der den Faktorverbrauch r pro auf dem Aggregat e hergestellter Erzeugniseinheit angibt.
PQ_e	Aggregatspezifische Qualität der hergestellten Produkte
X_e^{max}	Maximal herstellbare Produktmenge auf dem Aggregat e in der Totalperiode
AQ_e	Arbeitsplatzqualität
$\sigma_e = \frac{u}{r}$	Abgaskoeffizient σ_e; Ausstoßmenge eines umweltbelastenden Abgases u pro verbrauchter Einheit des Faktors R.
$\lambda_e = \frac{L}{X}$	Arbeitsintensität des Produktionsverfahrens; die zur Herstellung einer Produkteinheit erforderliche Anzahl von Leistungseinheiten menschlicher Arbeit.

Nach der Skizzierung des Entscheidungsproblems und der Angabe der verwendeten Koeffizienten sind für das aufzustellende Entscheidungsmodell weiterhin noch die Ziele der verschiedenen Gruppen der Unternehmungskoalition zu beschreiben. Von den *Kapitalgebern* wird angenommen, daß diese an einer möglichst hohen Kapitalrendite

$$i = \frac{G}{P(A_e)} = \frac{\text{Gewinn aus dem Investitionsprojekt}}{\text{eingesetztes Kapital (= Preis des Aggregates)}}$$

interessiert sind und nur dann ihr Kapital zur Verfügung stellen, wenn eine Mindestverzinsung i^{min} garantiert ist. Die *Arbeitnehmer* interessieren sich für einen möglichst hohen Lohnsatz S pro Zeiteinheit und eine hohe Arbeitsplatzqualität AQ_e. Die Artenpräferenz gewichtet beide Arbeitnehmerziele gleich, so daß eine um eine Einheit verringerte Arbeitsqualität durch einen um eine Einheit erhöhten Lohnsatz ausgeglichen werden kann.

Die *Kundeninteressen* richten sich auf einen möglichst geringen Preis pro Produkteinheit P(X) und eine möglichst hohe Produktqualität PQ_e. Pro Qualitätsstufe PQ wird ein Höchstpreis $P(X)^{max}$ angenommen, den die Kunden pro Produkteinheit maximal zu zahlen bereit sind. Die *Lieferanten* des Betriebsstoffaktors R und des Aggregats A_e sind an möglichst hohen Preisen $P(R)$ und $P(A_e)$ interessiert; der *Staat* schließlich strebt eine möglichst geringe Umweltbelastung u an, die sich ergibt als Produkt aus dem aggregatspezifischen Abgaskoeffizienten σ_e und der verbrauchten Menge des Faktors R. Die im Modell unterstellten Interdependenzen zwischen den aggregatspezifischen Daten und den verschiedenen interessierenden Ergebnissen des Investitionsprojektes sind in Abbildung 16 noch einmal schematisch zusammengestellt.

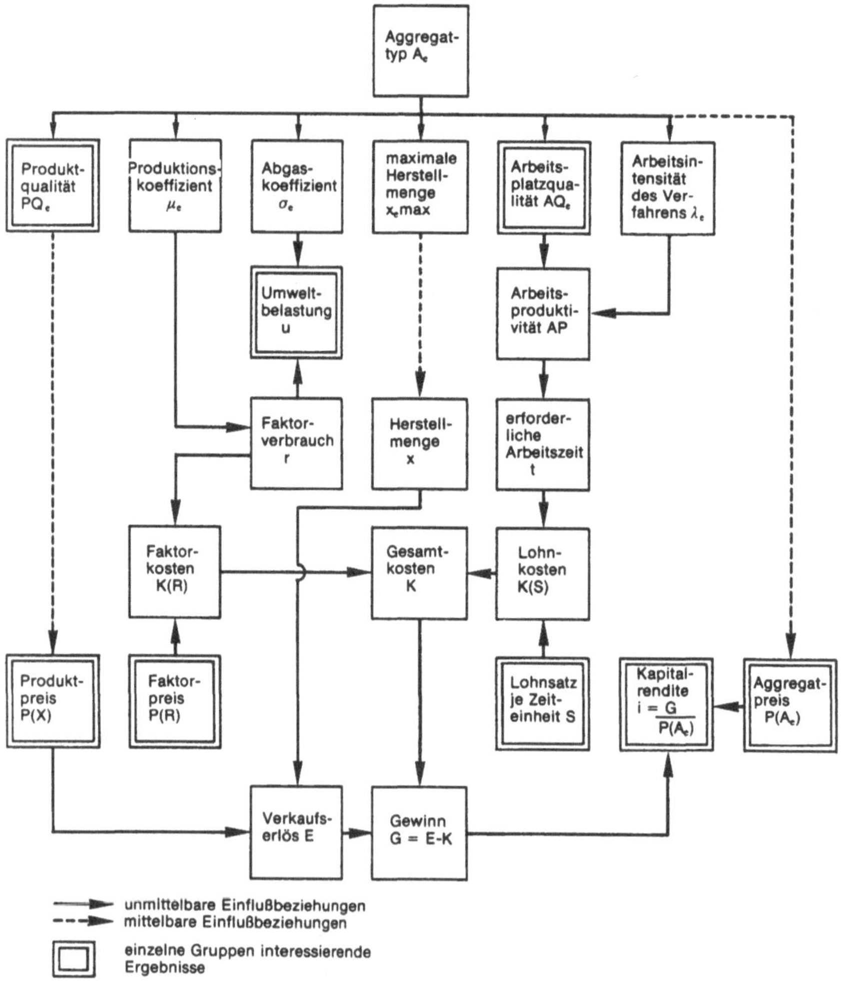

Abb. 16: Schematischer Überblick über die im Investitionsmodell von Sieben/Goetzke unterstellten Interdependenzen [243, S. 39]

Für die Zwecke dieser Betrachtung erscheint es ausreichend, den Lösungsweg zur Bestimmung des optimalen Investitionsprojektes lediglich in allgemeiner Form darzustellen und damit auf eine vollständige analytische Lösungsbeschreibung zu verzichten. Dic zur Auswahl stehenden Investitionsprojekte unterscheiden sich durch den Aggregattyp, die produzierte Menge, den Produktpreis und den Lohnsatz je Zeiteinheit, wobei jede Variation eines dieser Parameter zu einer neuen Alternative führt. Als Lösung kommen aus der Menge der möglichen Alternativen nur diejenigen in Betracht, welche die geforderten Mindestbedingungen der Koalitionsteilnehmer (z. B. Mindestverzinsung, maximaler Produktpreis, Höchstwerte der Umweltbelastung) erfüllen.

Nach Auswahl der zulässigen Alternativen hängt die Bestimmung des optimalen Investitionsprojektes davon ab, welchen Koalitionsteilnehmern eine über den Mindestanspruch hinausgehende Zielrealisation zugestanden werden soll. Verfolgt man ausschließlich die Ziele der Kapitaleigner und berücksichtigt nur die Mindest-Zielrealisationsniveaus der übrigen Koalitionsteilnehmer, so läßt sich die Zielfunktion des Modells wie folgt angeben [243, S. 43]:

$$\left.\begin{aligned} \max i &= \frac{\text{Gesamterlös} - \text{Lohnkosten} - \text{Faktorkosten}}{\text{Aggregatpreis}} \\ &= \frac{X_{qe} \cdot P_q - L_{je} \cdot AP_{je} \cdot X_{qe} \cdot \lambda_e - \mu \cdot X_{qe} \cdot P_r}{P_{A_e}} \end{aligned}\right\} \begin{array}{l} \text{unter der} \\ \text{Neben-} \\ \text{bedingung} \\ i \geq i^{\min} \end{array}$$

Eine derartige Ausrichtung der Zielfunktion an den Kapitaleignerinteressen entspricht den traditionellen Methoden der Investitionstheorie. Analoge Zielfunktionen lassen sich auch für die Arbeitnehmer, Kunden und Lieferanten aufstellen, wobei wie oben nur die Zielerfüllung für eine Gruppe maximiert wird, während die übrigen Koalitionsteilnehmer sich auf die jeweils geltenden Mindestzielrealisationsniveaus beschränken müssen. Sollen im Unterschied dazu die Interessen aller an der Koalition beteiligten Gruppen über das Mindestniveau hinaus verfolgt werden, stellt sich das Problem, „die Zielrealisation verschiedener Gruppen zueinander in Beziehung zu setzen, um sie vergleichbar und somit aggregierbar zu machen, was die Voraussetzung für die Ableitung einer – die Gewichtung der Gruppeninteressen berücksichtigenden – Optimallösung ist“ [241, S. 212]. Eine Analyse der Aufstellung derartiger Zielgewichtungen („Präferenzen höherer Ordnung“) fehlt in der Betriebswirtschaftslehre noch weitgehend und bedarf nach Sieben und Goetzke interdisziplinärer Forschungsanstrengungen, die betriebswirtschaftliche, volkswirtschaftliche, juristische, soziologische und sozialpsychologische Gesichtspunkte in die Betrachtung einbeziehen müssen.

Die Auswirkungen unterschiedlicher Gewichtungen der Gruppeninteressen auf die Bestimmung der optimalen Investitionsalternative veranschaulicht Abbildung 17. Dabei wird zur Vereinfachung der Zwei-Gruppen-Konflikt zwischen Arbeitnehmern und Kapitalgebern betrachtet und von Sieben und Goetzke der Versuch unternommen, „das Entscheidungsproblem formal darzustellen und zu lösen" [243, S. 48].

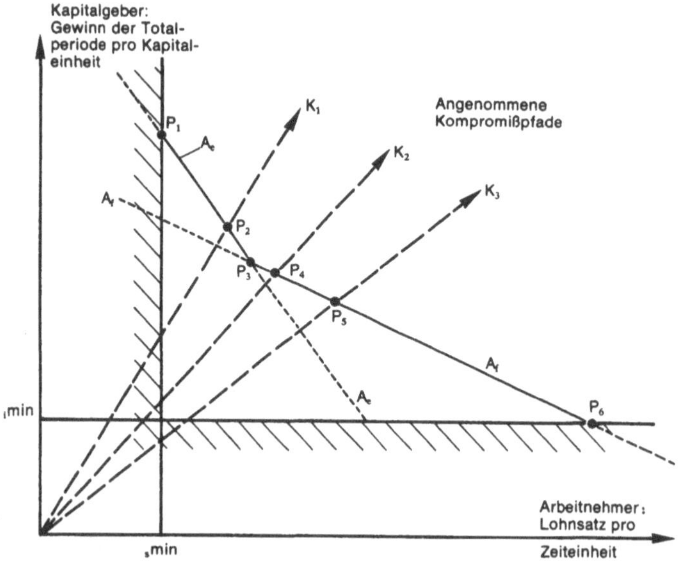

Abb. 17: Lösung des Verteilungskonflikts zwischen Arbeitnehmern und Kapitalgebern (Zwei-Gruppen-Konflikt) [241, S. 213]

Die Abbildung geht davon aus, daß aus der Sicht von Arbeitnehmern und Kapitalgebern nur die Aggregattypen A_e und A_f in Frage kommen, da diese sich bei der Maximierung der Zielerfüllung für jeweils eine der beiden Gruppen unter Berücksichtigung der Mindestbedingungen der anderen Koalitionsteilnehmer als beste erwiesen haben. Die mit A_e und A_f bezeichneten Linien enthalten die Alternativ- bzw. Verteilungspunkte, die durch eine Entscheidung zugunsten Aggregattyp A_e oder A_f „und Produktion an der jeweiligen Kapazitätsgrenze der Aggregate sowie bei Forderung des jeweils geltenden Marktpreises der Produkte erreichbar sind" [243, S. 48]. Unter der

Annahme schließlich, daß sich die beiden Gruppen auf einen „Kompromißpfad“ K_1, K_2 oder K_3 als Lösung des Interessenkonfliktes einigen, können die optimalen Lösungspunkte mit P_2, P_4 oder P_5 bestimmt werden. Zusammenfassend zählen Sieben und Goetzke zu den Vorteilen ihres interessenpluralistischen Modellansatzes, daß er die Diskussion im Rahmen des Verteilungskonfliktes objektiviert, die Bereitschaft der Beteiligten zu realistischen Forderungen vergrößert, die Kompromißfindung erleichtert und bei Verwendung in der Ausbildung zu einer realistischeren Einstellung zukünftiger Entscheidungsträger führen kann.

4.3 Kritik

Das von Cyert und March entwickelte Koalitionsmodell interpretiert die Unternehmung als Koalition von Individuen bzw. Gruppen, die eigenständige Ziele verfolgen und im Rahmen von Verhandlungsprozessen das Zielsystem der Unternehmung gemeinsam aushandeln. Die dabei vereinbarten Ausgleichszahlungen monetärer und nichtmonetärer Art (Aufstiegschancen, Statussymbole etc.) können nach Fäßler als „sichtbarer Ausdruck für den Zielkompromiß“ [89, S. 71] aufgefaßt werden.

Das Koalitionsmodell bleibt aber trotz seines angestrebten pluralistischen Ansatzes im Hinblick auf die Frage, welche Gruppen zur Unternehmenskoalition zu rechnen sind, sehr vage [261, S. 6]. Die Unternehmenszugehörigkeit der Individuen und ihrer Gruppen bestimmt sich nach dem Koalitionsmodell allgemein danach, ob diese in dem Unternehmen ein Instrument zur eigenen Zielerreichung sehen und den organisatorischen Entscheidungsprozeß zu beeinflussen vermögen. Beide Kriterien, die sich kurz mit „Interesse am Unternehmen“ und „Möglichkeit der Einflußnahme auf die Unternehmenspolitik“ beschreiben lassen, sind zu unbestimmt, als daß sie zur Abgrenzung eines umfassenden und ausschließlichen Katalogs von koalitionsrelevanten Gruppen herangezogen werden könnten. Angesichts der Vagheit und der Subjektivität des Merkmales „Interesse am Unternehmen“ sind dem Anspruch auf Koalitionszugehörigkeit keine Grenzen gesetzt [160, S. 61]. Das zweite Merkmal „Möglichkeit der Einflußnahme auf die Unternehmenspolitik“ ist auf die Registrierung faktischer Machtpositionen angelegt. Diese an den bestehenden Machtverhältnissen ansetzende Begründung der Koalitionszugehörigkeit ist abzulehnen, weil sie das Faktische zur Norm erklärt und damit Reformkonzepte zur Demokratisierung der Unternehmen verhindern kann. Insgesamt sind die beiden Teilnahmekriterien zu gehaltleer und unbestimmt, so daß eine Ableitung konkreter Angaben zur Unternehmenskoalition nicht möglich ist bzw. jede gewünschte Koalitionszusammensetzung abgeleitet werden kann.

Ein weiterer Mangel des Koalitionsmodells ist die fehlende Begründung dafür, warum es auf ein weitgehend durch die Markttheorie geprägtes Zielsystem zurückgreift. So werden Produktions-, Marktanteil-, Lager- und Gewinnziele als wesentliche und ständig vorhandene Zielgrößen der Unternehmen aufgefaßt, ohne zu erkennen, daß damit das qualitative Zielsystem der Unternehmen letztlich auf rein ökonomische Aussagen beschränkt und autonom vorgegeben wird, während die Koalitionsteilnehmer nur die quantitative Ausprägung der einzelnen Zielgrößen beeinflussen können. Die Übernahme des traditionellen Zielsystems läßt die Frage nach einer koalitions- bzw. gesellschaftsbezogenen Erfolgs- und Kostenrechnung gar nicht erst aufkommen. „Diese bei Cyert und March nicht begründete Einschränkung ihrer allgemeinen Aussagen weist deutlich hin auf die Interdependenzen zwischen Koalitionsteilnehmern, verfügbarem Instrumentarium zur Erfassung der Auswirkungen der Unternehmensaktivitäten und dem unternehmerischen Zielsystem. So führt etwa ein allein auf den Gewinn ausgerichtetes internes und externes Informationssystem zwangsläufig zu einer ganz bestimmten Koalitionsabgrenzung. Nur jene von unternehmerischen Aktivitäten betroffenen Personen oder Gruppen werden zu Koalitionsmitgliedern, die Einflußnahme auf die Erlös- und/oder Kostensituation des Unternehmens haben. Die Gestaltung des Informationssystems prägt einerseits die Koalition; andererseits stellen aber auch die Koalitionsmitglieder bestimmte Anforderungen und Erwartungen an das Informationssystem" [48, S. 230].

Schließlich ist die Begründung des Koalitionsmodells nicht zwingend, daß einige Koalitionsteilnehmer sich nur deshalb passiv beim Zielbildungsprozeß verhalten, weil sie ihre individuellen Forderungen hinreichend erfüllt sehen. Mit der zufriedenstellenden Erfüllung ihrer Forderungen wird nur eine Erklärungsgröße für das passive Verhalten gegeben. Unberücksichtigt bleibt, daß Passivität auch ihre Ursache in den fehlenden institutionellen Möglichkeiten der Koalitionsteilnehmer zur aktiven Beteiligung am Entscheidungsprozeß haben kann [47, S. 97].

Die bisher geübte Kritik an dem Koalitionsmodell bewegte sich auf der logisch-semantischen Ebene und richtete sich gegen die Leerformelhaftigkeit der Teilnahmekriterien, die fehlende Begründung für die Übernahme des traditionellen Zielsystems und die einseitige Erklärung des passiven Verhaltens von Koalitionsteilnehmern mit der hinreichenden Erfüllung ihrer individuellen Forderungen. Darüber hinaus sollen die Aussagen des Modells auch einer empirischen Prüfung unterzogen werden, um ihre Realitätsentsprechung beurteilen zu können.

Das Koalitionsmodell geht davon aus, daß die am Unternehmen beteiligten Personen oder Gruppen gleichberechtigt an der Zielsetzung und laufenden Entscheidungsfindung mitwirken können. Diese Prämisse der symmetrischen Behandlung der Koalitionsteilnehmer kann jedoch keine empirische Gültigkeit beanspruchen. Bereits der hierarchische Aufbau der Unternehmen verweist auf Einflußbeziehungen, die nicht mit der Annahme symmetrischer Einflußmöglichkeiten zu vereinbaren sind. Die Unternehmensleitung übt im Normalfall einen dominierenden Einfluß auf die unternehmensbezogenen Entscheidungsprozesse aus, während die Forderungen der anderen Unternehmensmitglieder nach Lohn, Dividende etc. als Randbedingungen vorgegeben sind. Auch die Möglichkeit der einzelnen Koalitionsteilnehmer, durch Zusammenschluß in Gruppen ihre Verhandlungsmacht (bargaining power) zu erhöhen und dadurch die Entscheidungen in ihrem Sinne zu beeinflussen, ist faktisch kaum gegeben. Beispielsweise kann der Betriebsrat, der eine von den Arbeitnehmern des Unternehmens gebildete Unterkoalition repräsentiert, nur in wenigen Teilbereichen mitentscheiden. Er leitet seine limitierte Verhandlungsmacht nicht aus der Verfügung über bestimmte Ressourcen oder der Unterkoalition ab, sondern ausschließlich aus dem Betriebsverfassungsgesetz und damit der Macht des Gesetzgebers. Bei der Mitbestimmung „beschränkt sich die Symmetrie im Aufsichtsrat nur auf das Zahlen- und Stimmenverhältnis der Arbeitnehmer- und Kapitalvertreter" [47, S. 102]. Eine Asymmetrie ergibt sich jedoch aus der häufig ungleichen Qualifikation von Kapital- und Arbeitnehmervertretern, dem beschränkten Einfluß des Aufsichtsrates auf die Unternehmenspolitik und dem unzureichenden Informationsfluß zwischen Belegschaft und Arbeitnehmervertretern. Die Prämisse der symmetrischen Behandlung der Koalitionsteilnehmer klammert allgemein „Macht" als Einflußgröße des organisatorischen Entscheidungsprozesses aus der Analyse des Unternehmensgeschehens aus und ist damit als realitätsfern abzulehnen.

Gegen die Modellkonzeption von Sieben/Goetzke ist einzuwenden, daß sie die pluralistische Zielfunktion mit einer Nutzenskala versieht und den Gesamtnutzen über die Integration der Höhen-, Arten-, Zeit- und Risikopräferenzen der Entscheidungsträger mit Hilfe von „Präferenzen höherer Ordnung" bestimmt. „Zwar läßt sich ex post immer eine Nutzenfunktion finden, die die getroffene Wahl rechtfertigt, ex ante jedoch sind die entsprechenden Bemühungen eindeutig als gescheitert anzusehen" [141, S. 73]. Empirische Untersuchungen haben dazu nachgewiesen, daß die Präferenzenordnungen sich in hohem Maße situativ ergeben und somit nicht antizipativ aufgestellt werden können [166, S. 90]. Insgesamt lassen es die Interdependenzen der einzelnen Präferenzen untereinander, die fehlende Transitivität und Konsistenz der unterstellten Präferenzordnungen sowie empirische Untersuchungen zur Konstruktion von Präferenzordnungen „als unrealistisch erscheinen, daß eine Nutzenskala entworfen wird, die als mehrdimensionale Zielfunktion angesehen werden kann“ [141, S. 73].

Weiterhin ist am Modell von Sieben/Goetzke die ausschließlich entscheidungslogische Vorgehensweise zu kritisieren. „Für jede Alternative wird die Zielrealisation einer Interessengruppe als residuale Größe unter Berücksichtigung der Mindestrealisationsniveaus der anderen Interessengruppen berechnet. Damit bleibt – unter Vernachlässigung der Nutzenproblematik – das Problem entscheidungslogisch im Rahmen, unter realistischen Gesichtspunkten aber ungelöst“ [141, S. 73].

Nach der logischen und empirischen Überprüfung sind das Koalitionsmodell und das davon ausgehende pluralistische Entscheidungsmodell weiterhin unter normativen Gesichtspunkten näher zu untersuchen. Als Grundlage dazu lassen sich beim Koalitionsmodell vor allem folgende, zum Teil überlagernde Funktionen unterscheiden:

(1) Rechtfertigungsfunktion,
(2) Verschleierungs- und Verklärungsfunktion,
(3) Abschirmung gesellschaftlicher Alternativen.

Das Koalitionsmodell erfüllt eine *Rechtfertigungsfunktion*, indem es die bestehenden Macht- und Herrschaftsverhältnisse im Unternehmen legitimiert und zu ihrer Stabilisierung beiträgt. Es geht von der Annahme der Unternehmung als Koalition gleichberechtigter Teilnehmer aus und stellt deren individuelle Ziele heraus. Da aber die Machtpositionen der Koalitionsteilnehmer nicht hinterfragt und die Möglichkeiten zur Einbringung ihrer Ziele in das Zielsystem der Unternehmung nicht näher beleuchtet werden, ist das Modell einseitig interessenbezogen. Die Ausgleichszahlungen monetärer und nichtmonetärer Art verbessern zwar die Lebenslage der Koalitionsteilnehmer, gefährden aber die Herrschaftsausübung von Management und Kapitalgebern nicht.

Das Koalitionsmodell hat ferner die *Funktion, die herrschenden Interessen* im Unternehmen *zu verschleiern* und die Unternehmenswirklichkeit zu verklären. Mit der Unterstellung symmetrischer Einflußmöglichkeiten der Koalitionsteilnehmer auf die organisatorischen Entscheidungsprozesse wird von den partikularen Interessen der Unternehmensleitung abgelenkt und vorgetäuscht, die traditionelle, interessenmonistische Unternehmensverfassung werde durch das Koalitionsmodell in eine interessenpluralistische Form der Mitwirkung und Mitbestimmung umgewandelt. Das Hauptproblem einer interessenpluralistischen Ausrichtung der Unternehmensentscheidungen besteht nicht, wie das Entscheidungsmodell von Sieben/Goetzke suggeriert, in der Wahl aus einer Vielzahl zulässiger Alternativen, sondern vielmehr in der Kompromißfindung zwischen den beteiligten Gruppen. Eine Analyse des politischen Verhandlungsprozesses zur Lösung des Verteilungskonfliktes unterbleibt jedoch in dem Koalitionsmodell ebenso wie in dem Entscheidungsmodell von Sieben/Goetzke. Die Folge davon ist, daß die bestehenden Machtverhältnisse verschleiert werden und die Unternehmensleitung eine unverändert dominierende Funktion bei der Ziel- und Entscheidungsfindung im Unternehmen ausüben kann.

Als wichtigste Funktion des Koalitionsmodells ist schließlich die *Abschirmung gesellschaftlicher Alternativen* zu nennen. Das Problem der Legitimation und Kontrolle der Macht wird nicht institutionell, sondern definitorisch durch den Begriff „Koalition" und die damit verbundene Vorstellung symmetrischer Einflußmöglichkeiten gelöst. Die Annahme der gleichberechtigten Mitwirkung aller Koalitionsteilnehmer am organisatorischen Entscheidungsprozeß ist nicht allein wegen ihrer Realitätsferne abzulehnen; darüber hinaus erscheint es auch unbillig, „allen Koalitionsteilnehmern das gleiche Mitentscheidungsrecht einzuräumen, wenn deren Beiträge und deren Bindungen an das System sehr unterschiedlich sind" [253, S. 3]. Das Koalitionsmodell läßt die entscheidende Frage unbeantwortet, wie die politischen Verhandlungsprozesse zwischen den Koalitionsteilnehmern so institutionalisiert werden können, daß die Teilnehmer symmetrisch oder ihren Beiträgen entsprechend ihre Geltungsansprüche einbringen und durchsetzen können. Ohne die Berücksichtigung der Durchsetzungsprobleme bleibt das Koalitionsmodell asymmetrisch zugunsten der herrschenden Interessen und schließt die Gruppen, die über keine ausreichenden Machtgrundlagen verfügen, von der Entscheidungsfindung im Unternehmen aus [261, S. 7]. Das widerspricht aber den Grundsätzen der Legitimation von Macht durch die Machtbetroffenen und der Freiheit der Individuen zur Selbstbestimmung und steht damit im Gegensatz zum Demokratisierungsgedanken. Das Koalitionsmodell trägt nicht dazu bei, daß die verschiedenen Subkoalitionen des Unternehmens an den Unternehmensentscheidungen beteiligt werden und baut bestehende Machtpositionen nicht ab, sondern verfestigt sie vielmehr.

Zusammenfassend läßt sich feststellen, daß das Koalitionsmodell keiner der Überprüfungen standhält (logisch, empirisch, normativ). Auf der logisch-semantischen Ebene richtet sich die Kritik vor allem gegen die Leerformelhaftigkeit der Kriterien für die Koalitionsteilnahme und die fehlende Begründung für die Übernahme der traditionellen Zielbereiche. Unter empirischen Gesichtspunkten fällt die realitätsferne Prämisse symmetrischer Einflußmöglichkeiten der Koalitionsteilnehmer und die Beschränkung der Konsensfindung auf ein ausschließlich formales und entscheidungslogisches Vorgehen auf. Die normative Prüfung hinsichtlich der demokratischen Grundprinzipien zeigt, daß das Koalitionsmodell die bestehenden Macht- und Herrschaftsverhältnisse im Unternehmen stabilisiert und verschleiert sowie Reformkonzepte zur Demokratisierung der Unternehmen verhindern kann.

Ungeschmälert bleibt aber von dieser Kritik das grundsätzliche Verdienst der Arbeit von Cyert und March, außer der Unternehmensleitung und den Kapitalgebern auch die anderen am Unternehmen beteiligten Gruppen zumindest formal mit in die Modellaussagen einbezogen zu haben. Damit wurde die Vorstellung von der Unternehmung als einheitliches willensbildendes Zentrum abgelöst und der Versuch unternommen, die Unternehmensziele nicht mehr aus einer vorgegebenen Gesamtaufgabe, sondern aus den Individualzielen der Koalitionsteilnehmer zu erklären.

5. Konzept gesellschaftsbezogener Rechnungslegung (Sozialbilanzkonzept)

5.1 Zielsetzung und Grundidee

Das Konzept gesellschaftsbezogener Rechnungslegung[8] fordert, daß die Unternehmen ihre Zielfunktion erweitern und zusätzlich zur Erstellung von Produkten und Dienstleistungen auch Verantwortung für die Lebensqualität der Menschen übernehmen. Dabei geht es nicht wie beim Treuhändermodell nur um einen Appell an die Unternehmensleitung, sondern es wird darüber hinaus angestrebt, in Analogie zur erwerbswirtschaftlichen Rechnungslegung eine gesellschaftsbezogene Erfolgs- und Bestandsrechnung aufzustellen. Die dadurch bereitgestellten Daten bilden die Grundlage für den Aufbau sowohl eines gesellschaftsorientierten Managementsystems als auch eines gesellschaftlichen Kontrollsystems. Allgemein verfolgt das Konzept gesellschaftsbezogener Rechnungslegung eine „Fortentwicklung der sozialen

[8] Dierkes spricht anstelle des „Konzepts gesellschaftsbezogener Rechnungslegung" auch vom „Konzept des humanen Kapitalismus" [76, S. 31].

Marktwirtschaft als System dezentraler, auf die Qualität des Lebens und nicht allein auf ökonomische Ziele ausgerichteter Entscheidungen" [75, S. 161].

Hinter dieser Zielsetzung der gesellschaftsbezogenen Rechnungslegung steht die Erkenntnis, daß die marktwirtschaftliche Wirtschaftsordnung nicht automatisch für soziale Gerechtigkeit und die Befriedigung gesamtgesellschaftlicher Bedürfnisse sorgt. Rationale Unternehmensentscheidungen führen nicht selten zu einer irrationalen Verschwendung natürlicher Ressourcen, einer Zerstörung der physischen Umwelt und zunehmender Entfremdung des arbeitenden Menschen. Die Ursache für die vielfachen negativen Auswirkungen ökonomischer Entscheidungen sehen die Befürworter der gesellschaftsbezogenen Rechnungslegung in einer Einseitigkeit der marktwirtschaftlichen Theorie, die das Unternehmen als rein ökonomische Institution versteht und deren Leistungen allein nach ökonomischen Kategorien wie Gewinn, Umsatz und Produktivität bewertet. Während die Unternehmen im ökonomischen Bereich für Erfolg oder Mißerfolg einzustehen haben, fehlt eine Bewertung und Überprüfung der Unternehmensentscheidungen im gesellschaftlichen Bereich [84, S. 15; 172, S. 509]. Gesellschaftsverantwortliche Unternehmen müssen sogar mit Sanktionen der Kapitaleigner rechnen, falls eine soziale Entscheidung finanzielle Einbußen oder Wettbewerbsnachteile bringt. Zur Behebung dieses Dilemmas schlägt das Konzept gesellschaftsbezogener Rechnungslegung die Entwicklung eines dem ökonomischen Bereich vergleichbaren gesellschaftsbezogenen Anreiz- und Kontrollsystems vor, das im wesentlichen drei Punkte umfaßt [76, S. 32]:

(1) Aufbau eines gesellschaftsbezogenen Rechnungswesens mit entsprechender Rechnungslegung und -prüfung;
(2) Entwicklung eines internen gesellschaftsbezogenen Managementsystems;
(3) Schaffung eines gesellschaftlichen Kontrollmechanismus auf der Grundlage externer Rechenschaftslegung.

Das gesellschaftsbezogene Rechnungswesen dient der Gewinnung von Daten über die wesentlichen gesellschaftlichen Auswirkungen der Unternehmenstätigkeiten. Es trägt dazu bei, die gesellschaftsbezogenen Unternehmensziele zu definieren, zu messen und sowohl in die Rechnungslegung über vergangene Perioden als auch in die Planungskalküle einzubeziehen. Die Bereitstellung einer derartigen Datenbasis durch das gesellschaftsbezogene Rechnungswesen ist wesentliche Voraussetzung für die Verwirklichung eines gesellschaftsbezogenen Managementsystems und eines gesellschaftlichen

Kontrollmechanismus, die beide in der nachstehenden Abbildung im Überblick wiedergegeben sind.

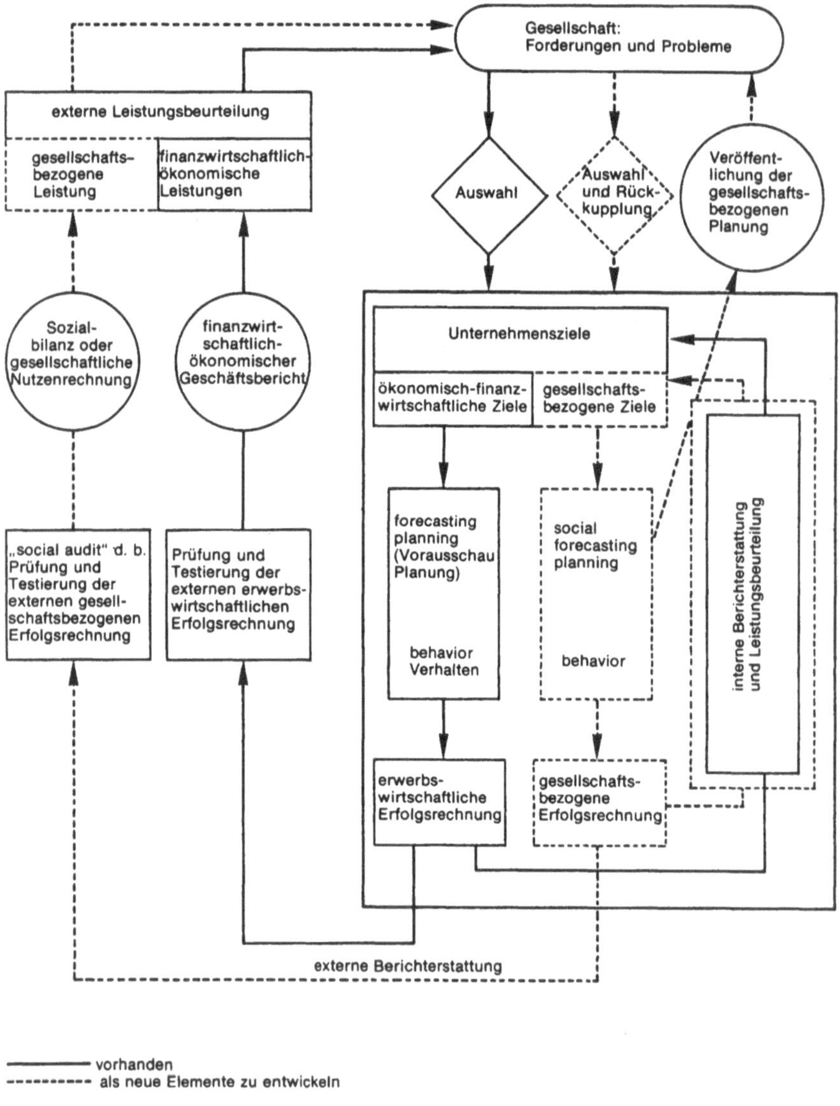

Abb. 18: Managementsystem und gesellschaftlicher Kontrollmechanismus bei mehrdimensionaler Zielfunktion [79, S. 310]

Zu den Vorteilen der vom Konzept gesellschaftsbezogener Rechnungslegung empfohlenen Vorgehensweise zählen seine Vertreter die dezentrale Lösung gesellschaftsbezogener Unternehmensaufgaben, mit der die Interessen einer speziellen Region oder einzelner sozialer Gruppen besser berücksichtigt werden können als dies bei mehr zentralisierten Entscheidungen der Fall wäre. Außerdem braucht die Motivation der Entscheidungsträger und ihr Entscheidungskalkül nicht verändert zu werden. Die Erfolgsindikatoren bleiben unverändert erhalten, da das gesellschaftsbezogene Rechnungswesen eine weitgehende Integration von ökonomischen Zielen wie Gewinn, Umsatz oder Marktanteil mit den verschiedenen Dimensionen der gesellschaftlichen Verantwortung verspricht.

5.2 Hauptkomponenten des Konzepts

Zur Überprüfung, inwieweit die obengenannte gesellschaftsorientierte Zielerweiterung der Unternehmen mit dem Konzept der gesellschaftsbezogenen Rechnungslegung realisierbar ist, bedarf es einer Konkretisierung der Grundidee von der Entwicklung eines gesellschaftsbezogenen Anreiz- und Kontrollsystems. Dazu sollen nachfolgend die drei Hauptkomponenten des Konzepts, nämlich die gesellschaftsbezogene Berichterstattung, das gesellschaftsbezogene Managementsystem und der gesellschaftliche Kontrollmechanismus, näher untersucht werden.

5.2.1 Gesellschaftsbezogene Berichterstattung (Gesellschaftsbezogene Rechnungslegung)

Von den englischen Ausdrücken „social accounting“ und „socio-economic accounting“ ausgehend wird in der deutschen Literatur häufig vom gesellschaftsbezogenen Rechnungswesen gesprochen. Damit ist der Prozeß der Erhebung, Aufbereitung und Kommunikation von Daten über die gesellschaftlichen Auswirkungen der unternehmerischen Geschäftstätigkeit sowie etwaiger gesellschaftsbezogener Sonderprogramme (z. B. Spenden und andere philantropische Ausgaben) gemeint [76, S. 19]. Diese Definition erscheint jedoch wenig zweckmäßig. Die Anlehnung an das erwerbswirtschaftliche Rechnungswesen sollte nicht zu eng gesehen werden, „weil die Grundsätze ordnungsgemäßer Buchführung und die aggregierte Erfassung gesellschaftlicher Nutzen sich ausschließen, solange der Nutzen nicht verbindlich in kardinal gemessenen Geldeinheiten auszudrücken ist“ [42, S. 24]. Es erscheint darum geeigneter, allgemein von gesellschaftsbezogener Berichterstattung zu sprechen und diese nicht auf die Behandlung von Zahlen zu beschränken.

In der Reihenfolge steigenden Anspruchsniveaus lassen sich im wesentlichen folgende Formen gesellschaftsbezogener Berichterstattung unterscheiden:

(1) Technische Datenkonzepte,
(2) Sozialreport bzw. Sozialbericht,
(3) Gesellschaftsbezogene Leistungsrechnung (Nutzen-, Aufwandsrechnung),
(4) Human Resource Accounting,
(5) Sozialbilanz (integrierte Leistungs- und Belastungsrechnung),
(6) Corporate Social Audit.

Die *technischen Datenkonzepte* liefern technische Angaben über die durch Unternehmensaktivitäten bewirkte Umweltbelastung und stellen die ermittelten Istwerte den erwünschten und zulässigen Sollwerten gegenüber [180, S. 41; 118, S. 2265]. Darüber hinaus weisen sie auf die Wirkung von getroffenen oder geplanten Umweltschutzmaßnahmen zur Verbesserung der Ist-Situation hin. Die technischen Datenkonzepte haben insgesamt, wie auch Abbildung 19 verdeutlicht, den Charakter von Emissionsberichten.

Wirkungsweise und Ausprägung Schadstoff	Wirkungsweise	Meßwert (Ist)	Meßwert (Soll)	Über-Unterschreitung	Abwässerbelastung	Luftbelastung	Sonstige Belast.
Schadstoff 1 Schadstoff 2 . . . Schadstoff n							

Abb. 19: Grundschema eines technischen Datenkonzepts zur Umweltbelastung unternehmerischer Aktivitäten [49, S. 193]

Die technischen Datenkonzepte kennzeichnen verschiedene durch das Unternehmen verursachte chemisch-physikalische Umweltbelastungen (z. B. Schwefel-, Blei-, Stickstoff- oder Schwebstoffabscheidungen) und quantifizieren diese mit technischen Maßgrößen (z. B. mg/cm^3). Auf der Grundlage technischer Standards können dann Wirtschaftsprüfer unter Mitwirkung von Umweltsachverständigen die Daten prüfen und mit einem entsprechenden Vermerk versehen. In der Praxis haben die technischen Datenkonzepte allerdings bislang keine Bedeutung erlangt.

Beim *Sozialreport bzw. Sozialbericht* wird weitgehend auf die zahlenmäßige Erfassung von gesellschaftlichen Auswirkungen der Unternehmenstätigkeit verzichtet und die Darstellung in verbaler Form vorgenommen. Häufig hat dabei der Aspekt der innerbetrieblichen Information und Motivation Vorrang vor der Selbstdarstellung nach außen. Beispiele für derartige Sozialreports sind die Berichte der Firmen Bertelsmann, Bayer und Deutsche BP [90, S. 58].

Die *gesellschaftsbezogene Leistungs- oder Nutzenrechnung* ordnet den Aufwandspositionen der Gewinn- und Verlustrechnung verschiedene Beziehungsfelder der Unternehmung zu. Die Bewertung der Unternehmensleistungen erfolgt grundsätzlich inputorientiert durch die entstandenen Aufwendungen. Der gesellschaftliche Nutzen wird durch verbale Angabe der Verwendungsbereiche (z. B. Freizeitgestaltung) oder der Ziele (z. B. Hebung des Lebensstandards, Förderung der Motivation) dargestellt. Ergänzend werden in neueren gesellschaftlichen Nutzenrechnungen zusätzliche Erläuterungen zu den Aufwendungen gegeben, die teilweise die dahinter stehenden Maßnahmen erkennen lassen.

Unternehmensleistungen im Beziehungsfeld entsprechend der GuV-Rechnung	Erläuterungen	Gesellschaftlicher Nutzen
(1)	(2)	(3)
A) Unternehmen – Mitarbeiter B) Unternehmen – Gesellschaft C) Unternehmen – Kapitalgeber D) Unternehmen – Kunden	Teilweise Angaben von Einzelmaßnahmen, die zu den in Spalte (1) angeführten Aufwendungen führten	Verbale Angaben allgemeiner, nicht operabel definierbarer Zielgrößen (z. B. Steigerung der Lebensqualität) oder Angabe eines bestimmten Verwendungsbereichs (z. B. Freizeitgestaltung)

Abb. 20: Beispiel für das Schema einer gesellschaftsbezogenen Nutzenrechnung [49, S. 196]

Besondere Ausprägungen der gesellschaftsbezogenen Nutzenrechnung sind die Wertschöpfungsrechnung und die zielbezogene Berichterstattung (goal accounting and reporting). Die *Wertschöpfungsrechnung* ermittelt den Beitrag des Unternehmens zum Volkseinkommen, indem die Summe aller Einkommen der am Leistungsprozeß Beteiligten (Mitarbeiter, öffentliche Hand, Kapitalgeber, Unternehmen) gebildet wird [14]. Diese Rechnungsform stellt eine Umstellung der Gewinn- und Verlustrechnung dar, die an der Berechnungsmethode des Sozialproduktes ausgerichtet ist. „Der so ermittelte Beitrag zum Volkseinkommen sagt über den tatsächlichen Wohlfahrtsbeitrag nichts aus, da vor allem die den gesellschaftlichen Wohlstand verringernden sozialen Kosten nicht in Abzug gebracht werden" [49, S. 194]. Für die Wertschöpfungsrechnung als Maßstab zur Nutzenbestimmung gilt somit in gleicher Weise die im volkswirtschaftlichen Bereich am Sozialprodukt geübte Kritik.

Wertschöpfung an:	Position der Gewinn- u. Verlustrechnung	Positions Nr. nach § 157 AktG.
Mitarbeiter	Löhne, Gehälter, soziale Abgabe, Aufwendung für Altersversorgung	16–18
Öffentliche Hand	Steuern	24 a, 25 b
Kapitalgeber	Zinsen und ähnliche Aufwendungen, abgeführte Gewinne, Dividende	23 27 32
Unternehmen	Gewinn-/Verlustvortrag aus dem Vorjahr, Entnahmen aus offenen Rücklagen, Überschuß in offene Rücklagen	29 30 31
Wertschöpfung		

Abb. 21: Wertschöpfungsrechnung (Verwendungsrechnung) [15]

Der *Ansatz der zielbezogenen Berichterstattung* (goal accounting and reporting) ermittelt den gesellschaftlichen Erfolg an Hand der von dem Unternehmen festgelegten Ziele und mißt die entsprechenden Zielerreichungsgrade [74, S. 52]. Die Befürworter dieses Ansatzes haben allerdings bislang für die zentralen Probleme der Zielauswahl und der Zieloperationalisierung noch keine Lösungen angeboten. Entsprechend ist auch bei dem ersten praktischen Versuch der Deutschen Shell die Zielbezogenheit als wesentliches Element des Ansatzes faktisch nicht gegeben. Die von diesem Unternehmen vorgegebenen Ziele wie „Beachtung der Belange des Gemeinwohls", „Berücksichtigung der Mitarbeiterinteressen" und „marktgerechte Versorgung der Verbraucher" [73, S. 13] sind zu allgemein und gehaltleer, so daß sich fast jede Maßnahme und deren Ergebnis als erfolgswirksam auslegen läßt. Die zielorientierte Berichterstattung ist zum Scheitern verurteilt, solange es nicht gelingt, operational formulierte Ziele vorzugeben.

Das *Human Resource Accounting* erhebt einen weitergehenden Anspruch hinsichtlich der Erfassung sozialer bzw. humaner Werte. Es versucht, der zunehmenden Bedeutung der menschlichen Arbeitskraft gerecht zu werden, indem es „das betriebliche Humanvermögen als Investitionsobjekt begreift und dementsprechend eine Investitionsrechnung für dieses Humanvermögen erstellt" [90, S. 59]. Die durch Neueinstellungen oder Trainingsprogramme erwarteten Wertsteigerungen des Humanvermögens werden genauso erfaßt wie die durch Kündigungen, Veralterung des Wissens oder gesundheitsschädliche Einflüsse bewirkten Wertminderungen und „entsprechend ihrer Nutzenstiftung bzw. Nutzeneinbuße während der Abrechnungsperiode verrechnet bzw. abgeschrieben" [84, S. 26]. Eichhorn gibt aber zur exakten Fassung des Humanvermögens zu bedenken, daß die gegenwärtig verfügbaren Beurteilungsmaßstäbe zur Bewertung des Humanvermögens einer intersubjektiven Prüfung nicht standhalten, da viele subjektive Wertvorstellungen in die Betrachtung eingehen.

Die *Sozialbilanzen* „dienen als Abschlußkonten des gesellschaftsbezogenen Rechnungswesens. Wie die traditionelle Bilanz bestehen auch Sozialbilanzen aus zwei eng miteinander verknüpften Teilen: der Bestände- und der Erfolgsbilanz. Die Sozialerfolgsbilanz soll hierbei in Anlehnung an die finanzwirtschaftliche Erfolgsbilanz oder Gewinn- und Verlustrechnung die Gesamtheit der wesentlichen gesellschaftlichen Nutzen und Kosten einer Periode darstellen, während die Sozialbeständebilanz über die Verbindlichkeiten und Forderungen gegenüber den verschiedenen sozialen Gruppen jenseits der finanziellen Verbindlichkeiten und Forderungen berichten soll" [75, S. 165]. Eine Gegenüberstellung der Bestände- und Erfolgsbilanz als Abschlußkonten des erwerbswirtschaftlichen und gesellschaftsbezogenen Rechnungswesen ist in Abb. 22 wiedergegeben.

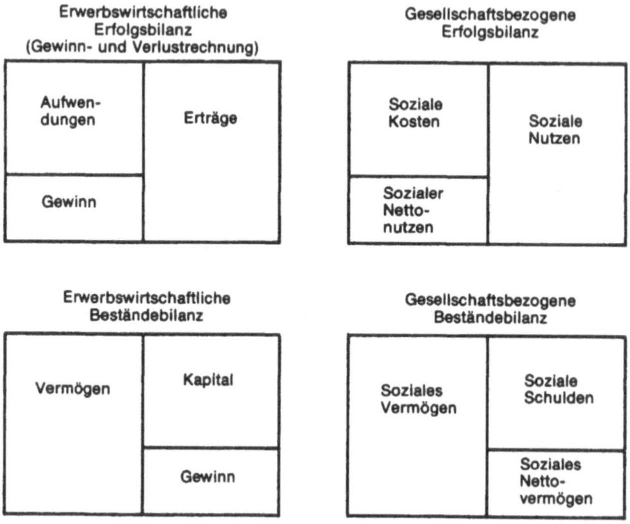

Abb. 22: Gegenüberstellung von erwerbswirtschaftlicher und gesellschaftsbezogener Erfolgs- und Beständebilanz [84, S. 94]

Eichhorn konkretisiert die einzelnen Posten in der gesellschaftsbezogenen Beständebilanz, indem er auf der Vermögensseite zwischen Humanvermögen, Gemeinvermögen und sozialen Nettoschulden unterscheidet und auf der Schuldenseite zwischen Humanschulden, Gemeinschulden und dem Saldo; er gibt dabei jedoch kaum Hinweise zur Operationalisierung dieser Begriffe.

Gesellschaftsbezogene Beständebilanz	
Soziales Vermögen	Soziale Schulden
I. Humanvermögen	I. Humanschulden
II. Gemeinvermögen in bezug auf	II. Gemeinschulden in bezug auf
1. Betriebsangehörige	1. Betriebsangehörige
2. Bevölkerung	2. Bevölkerung
3. Unternehmen	3. Unternehmen
4. Öffentliche Haushalte	4. Öffentliche Haushalte
III. Soziale Nettoschulden als Saldo	III. Soziales Nettovermögen als Saldo

Abb. 23: Die Positionen der gesellschaftsbezogenen Beständebilanz [84, S. 96]

Eine Verwendung des Begriffes Sozialbilanz für die in jüngster Zeit veröffentlichten gesellschaftsorientierten Berichte amerikanischer und deutscher Unternehmen hält Dierkes für wenig angemessen, weil damit Erwartungen im Hinblick auf eine Erfaßbarkeit gesellschaftsbezogener Daten geweckt werden, die bislang noch nicht erreichbar sind. In der voraussehbaren Zukunft dürften die Berichte der Unternehmen „noch aus einer Fülle von Einzelinformationen über die verschiedenen Dimensionen gesellschaftsrelevanten Unternehmungshandelns bestehen, die in verschiedensten Meßeinheiten erfaßt und berichtet werden" [76, S. 21].

„Den höchsten Anspruch an eine gesellschaftsbezogene Rechnungslegung stellt das Konzept des *Corporate Social Audit*" [90, S. 59]. Es strebt die Aufstellung allgemeingültiger und akzeptierter Standards für die gesellschaftsbezogene Rechnungslegung an, deren „Einhaltung analog zur heutigen Wirtschaftsprüfung extern geprüft und testiert wird" [84, S. 61]. Da selbstgewählte Maßstäbe von den Unternehmen zu Machtmißbrauch oder Manipulationen verwendet werden können, sollen die sozialen Standards im Sinne einer Objektivierung „weniger von den Unternehmen selbst als von externer Seite (z. B. Arbeitgeber-, Arbeitnehmer- und Verbraucherverbänden, Betriebsprüfungsgruppen der Finanzverwaltung, Umweltschutzbehörden und durch die gesetzgebenden Organe) entwickelt werden" [84, S. 63]. Die bislang verfügbaren Beurteilungsmaßstäbe lassen jedoch, wie Eichhorn einräumt, noch keine derartige Wirtschaftsprüfung zu und erlauben damit keine Bestätigung dafür, daß das gesellschaftsbezogene Rechnungswesen die bestehenden sozialrelevanten Zustände und Vorgänge zwischen dem Unternehmen und seiner Umwelt wirklichkeitsgetreu abbildet.

5.2.2 Gesellschaftsbezogenes Managementsystem

Für die organisierte und zielbewußte Durchsetzung einer gesellschaftsbezogenen Unternehmenspolitik ist die Entwicklung eines umfassenden Managementsystems erforderlich, das soweit als möglich auf dem bisherigen System aufbauen sollte, um die Anpassungsbereitschaft und -fähigkeit der Gesamtorganisation nicht zu überfordern. Im einzelnen ist zur Umgestaltung des traditionellen Managementsystems notwendig, daß außer dem obengenannten Aufbau einer gesellschaftsbezogenen Rechnungslegung noch Veränderungen in zweierlei Hinsicht vorgenommen werden [79, S. 312]:

a) Erweiterung der Unternehmensplanung um die gesellschaftliche Vorausschau und Analyse sozialer Nebenwirkungen (social forecasting, technology assessment);

b) Einbeziehung gesellschaftsbezogener Gesichtspunkte in das System interner Berichterstattung und Leistungsbeurteilung.

Die Unternehmensplanung muß um die Vorausschau gesellschaftlicher Entwicklungen (social forecasting) und um die Analyse sozialer Nebenwirkungen von getroffenen oder geplanten Unternehmensmaßnahmen (technology assessment) erweitert werden. Aufgabe der als *Social Forecasting* bezeichneten gesellschaftlichen Vorausschau ist es, „der Unternehmensleitung Informationen über aktuelle und wahrscheinliche Trends zu geben. Darüber hinaus gestattet sie einen Überblick über die Beziehungen des Unternehmens zu seiner sozialen Umwelt, d. h. sie zeigt, welche Aktivitäten des Unternehmens, Produktionsverfahren, Benutzung der Produkte, Personalpolitik, Standortwahl, in direkter oder indirekter Beziehung zu den einzelnen gesellschaftlichen Forderungen und Problemen stehen“ [79, S. 312]. In Ergänzung dazu versucht das *Technology Assessment*, die zukünftigen, wirtschaftlichen, politischen und sozialen Auswirkungen neuer Produkte und Technologien vorauszusagen [54; 203]. Auf der Grundlage der Ergebnisse beider Analysen werden anschließend die Schwerpunkte des gesellschaftsbezogenen Unternehmensprogramms für die nächste Leistungsperiode bestimmt und in Teilplänen präzisiert und operationalisiert.

Ein Großteil der Aufgaben einer gesellschaftsbezogenen Unternehmenspolitik kann nicht allein von der Unternehmensleitung oder zugeordneten Stabsfunktionen wahrgenommen werden, sondern stellt primär eine Aufgabe des gesamten Linien-Managements dar. „Dies gilt vor allem für solche Programme, die im wesentlichen nur durch Änderungen in den Einstellungen und Verhaltensweisen der entsprechenden Manager und ihrer Mitarbeiter erzielt werden können“ [76, S. 135]. Beispiele dafür sind Änderungen in den Führungsstilen und der Führungsorganisation als Bestandteil eines Programms zur Humanisierung der Arbeitswelt, Änderungen in den Marketingstrategien oder Programme zur Einstellung von Straffälligen und Drogenopfern. Damit das untere und mittlere Linien-Management diese neuen Aufgaben auch tatsächlich übernimmt, müssen seine Leistungen im sozialen Aufgabenbereich auch bei der Beurteilung am Ende der Periode und bei der Personalauswahl für weitere Führungspositionen entsprechend berücksichtigt werden. Die Notwendigkeit einer Einbeziehung gesellschaftsbezogener Ziele in das Leistungsbeurteilungssystem ergibt sich unmittelbar daraus, daß gesellschaftliche und ökonomische Unternehmensziele häufig miteinander in Konflikt stehen und die Mitarbeiter bei einer zu erwartenden Beurteilung ihrer Leistung nach ausschließlich ökonomischen Kriterien die Komponenten einer gesellschaftsbezogenen Unternehmenspolitik zurückstellen werden.

Die Integration gesellschaftsbezogener Ziele in die Leistungsbeurteilung der Manager kann jedoch, wie Dierkes ausführt, „nicht in sehr allgemeiner Form z. B. durch Einführung entsprechender Rubriken in den Leistungsbeurteilungsbogen erfolgen. Es ist vielmehr erforderlich, daß abgeleitet aus der operationalen Planung des Unternehmens, dem einzelnen Manager exakte Ziele für die gesellschaftlichen Aspekte seines Handelns in der nächsten Leistungsperiode vorgegeben werden, und daß er darüber informiert wird, welchen prozentualen Anteil die Erfüllung eines jeden einzelnen Zieles einschließlich der ökonomischen Vorgaben bei der Beurteilung seiner Gesamtleistung hat" [76, S. 137].

5.2.3 Gesellschaftlicher Kontrollmechanismus

Neben der Entwicklung einer gesellschaftsbezogenen Rechnungslegung und eines darauf aufbauenden Managementsystems ist die Schaffung eines gesellschaftlichen Kontrollmechanismus die dritte wesentliche Komponente des Konzepts gesellschaftsbezogener Rechnungslegung. Erklärtes Ziel ist es dabei, den Unternehmen zur besseren Orientierung einen dem ökonomischen Bereich (Marktmechanismus) vergleichbaren Feed-Back-Mechanismus in gesellschaftsbezogenen Fragen bereitzustellen. Außerdem soll über eine gesellschaftliche Kontrolle verhindert werden, daß von den Unternehmen durch die Verfolgung gesellschaftsbezogener Ziele zusätzliche unkontrollierte Machtpositionen errichtet werden.

Das Konzept gesellschaftsbezogener Rechnungslegung geht hierbei davon aus, „daß eine dem ökonomischen Bereich entsprechende externe Berichterstattung (Sozialbilanz) sowie die öffentliche Diskussion der gesellschaftsbezogenen Planungen des Unternehmens die Gesellschaft allgemein und die einzelnen Bezugsgruppen des Unternehmens (Arbeitnehmer, Abnehmer, Bürgerinitiativen, Umweltschutzgruppen, Gemeinderat, Eigentümer usw.) im besonderen mit den notwendigen Informationen ausstattet und es damit den Bezugsgruppen ermöglicht, die Feed-Back- und Kontrollfunktionen auszuüben" [75, S. 162]. Um sicherzustellen, daß die von den Unternehmen an die Öffentlichkeit gegebenen gesellschaftsbezogenen Daten auch glaubwürdig sind, muß die Einhaltung allgemeingültiger und akzeptierter Standards bei der gesellschaftsbezogenen Rechnungslegung analog zur heutigen Wirtschaftsprüfung extern geprüft und testiert werden.

Im Rahmen dieses Konzeptes sollen Änderungen des gesellschaftsbezogenen Unternehmensverhaltens durch gesellschaftlichen Druck immer dann herbeigeführt werden, wenn die Pläne und Entscheidungen des Unternehmens von der Allgemeinheit nicht gebilligt werden. Wesentlich für das Funktionieren dieses Systems gleichberechtigter Kräfte ist die Bereitschaft eines großen Teils der Bevölkerung, die Veränderungen der gesellschaftlichen Umwelt mitzugestalten. Die zunehmende Entwicklung von Bürgerinitiativen, Umwelt- und Konsumentenschutzgruppen sowie anderer Interessengemeinschaften sehen die Befürworter der gesellschaftsbezogenen Rechnungslegung als Hinweis für die Realisierbarkeit dezentraler Feed-Back- und Kontrollorganisationen, deren ausgeübter „Druck oft heute schon ausreicht, Unternehmungen zu Verhaltensänderungen zu veranlassen“ [75, S. 162].

Die gesellschaftsbezogene Rechnungslegung liefert nicht nur den verschiedenen Interessengruppen die notwendigen Informationen zur Ausübung ihrer Kontrollfunktion, sondern stellt nach Bartholomäi und Dierkes auch eine „realistische Basis für staatliche Korrekturen der Unternehmenspolitik“ dar [19, S. 285; 76, S. 61]. Ohne das Vorliegen gesellschaftsbezogener Daten wäre eine staatliche Bewertung und Rahmensteuerung von Unternehmensinvestitionen kaum möglich. Zu den Instrumenten für staatliche Korrekturen der Unternehmenspolitik zählen vor allem öffentliche Auflagen wie Verbote, Festlegung von Mindest- und Höchstwerten und entsprechende Anreize in Form von steuerlichen Vergünstigungen oder anderen Subventionen.

5.3 Kritik

Das Konzept der gesellschaftsbezogenen Rechnungslegung strebt in Analogie zur erwerbswirtschaftlichen Rechnungslegung die Aufstellung einer gesellschaftsbezogenen Erfolgs- und Bestandsrechnung an. Die dadurch bereitgestellten sozialen Daten bilden die Grundlage für die Verwirklichung des gesellschaftsbezogenen Managementsystems und des gesellschaftlichen Kontrollsystems. Das Konzept zeichnet sich insgesamt durch eine pragmatische Vorgehensweise aus, die sich um die organisierte Durchsetzung einer gesellschaftsbezogenen Unternehmenspolitik bemüht und der Öffentlichkeit eine Kontrollfunktion auf der Grundlage externer Rechenschaftslegung einräumen will. Angesichts dieser weitgesteckten Ziele des Sozialbilanzkonzepts, die vollständig nur durch die Sozialbilanz und das Corporate Social Audit erfüllt werden können, richtet sich die logische, empirische und normative Kritik vor allem gegen die anspruchsvolleren der unter 5.2.1 genannten Formen gesellschaftsbezogener Berichterstattung. Die sozio-technischen Datenkonzepte sind nicht Gegenstand der nachfolgenden Kritik am Sozialbilanzkonzept, da mit diesen das Ziel des Konzepts einer vollständigen Erfassung und Darstellung gesellschaftsbezogener Unternehmensmaßnahmen nicht verfolgt wird.

Das Konzept der gesellschaftsbezogenen Rechnungslegung gibt trotz der pragmatischen Vorgehensweise keine Antwort auf die Frage, welche Probleme für die Unternehmen gesellschaftsrelevant sind und in die Rechnungslegung aufgenommen werden sollen. Im erwerbswirtschaftlichen Rechnungswesen ist der Kreis der einzubeziehenden Aktivitäten (Geschäftsvorfälle) klar umrissen, da alle jene Aktivitäten zu berücksichtigen sind, die zu Aufwendungen bzw. Erträgen führen und sich letztlich in Zahlungsbewegungen dokumentieren. Im gesellschaftsbezogenen Rechnungswesen lassen sich die einzubeziehenden Aktivitäten nicht in gleicher Weise objektiv festlegen [206, S. 149]. Als Auswahlkriterium nennt Dierkes, „was von der Allgemeinheit als bedeutsam im Sinne der Erhöhung der Lebensqualität angesehen wird" [76, S. 34]. Andere Befürworter des Konzepts nennen als Kriterien entsprechende Begriffe wie Gemeinwohl, öffentliches Interesse oder gesellschaftliche Wohlfahrt. Durch die Unbestimmtheit dieser Auswahlkriterien ist der Interpretationsspielraum derart groß, daß die Inhalte des Konzepts gegen Kritik immunisiert werden und die Erfordernisse für eine demokratische Kontrolle der Steuerung sozialer Prozesse weitgehend unberücksichtigt bleiben. Die Ableitung der in das gesellschaftsbezogene Rechnungswesen einzubeziehenden Aktivitäten ist zirkelhaft, da sie aus den Kriterien „Gemeinwohl" oder „öffentliches Interesse" das entnimmt, was vorher entsprechend der speziellen Interessenlage der Unternehmensleitung hineinprojiziert wurde. Insgesamt sind die Auswahlkriterien derart gehaltleer formuliert, daß eine Ableitung konkreter Handlungsanweisungen für die Rechnungslegung nicht möglich ist bzw. jede gewünschte Direktive abgeleitet werden kann.

Ein weiterer Mangel des Konzepts besteht darin, von dem Vorliegen einer gesellschaftsbezogenen Berichterstattung auf ein erweitertes Zielsystem der Unternehmung und eine sozialverantwortliche Unternehmensleitung zu schließen.[9] Die in der Unternehmenspraxis realisierten Formen gesellschaftsbezogener Berichterstattung stellen die Aufwandspositionen der GuV-Rechnung nach Beziehungsfeldern zusammen und ordnen diesen verbal eine bestimmte Nutzenkategorie zu. Eine über die traditionelle Rechnungslegung hinausgehende Information erhält man, wird von der relativ willkürlichen Nutzenzuordnung abgesehen, durch eine derartige Berichter-

[9] Zu den Autoren, die die soziale Berichterstattung als Ausdruck einer gesellschaftsverantwortlichen Unternehmensleitung werten, zählen u. a. Mintrop und Hartmann [192; 112].

stattung nicht. „Was sich gegenüber der bisherigen Rechnungslegung geändert hat, ist die Darstellungsform der schon immer berücksichtigten Beziehungen zwischen der Unternehmung und ihrer Umwelt sowie die Interpretation der für die Leistungserstellung angefallenen Aufwendungen als gesellschaftsbezogene Leistung" [49, S. 202]. Die gesellschaftsbezogene Berichterstattung stellt ein informationspolitisches Instrumentarium für die Unternehmensleitung dar, mit dem Einfluß auf die politische Willensbildung genommen wird und Ansprüche der verschiedenen Bezugsgruppen an das Unternehmen reduziert oder vermieden werden sollen [49, S. 186; 161, S. 37].

Die bisher geübte Kritik an dem Konzept gesellschaftsbezogener Rechnungslegung bewegte sich auf der logisch-semantischen Ebene und richtete sich gegen die Leerformelhaftigkeit der Auswahlkriterien für die in das gesellschaftsbezogene Rechnungswesen einzubeziehenden Aktivitäten und den nicht zwingenden Schluß von der gesellschaftsbezogenen Berichterstattung auf ein erweitertes Zielsystem der Unternehmung. Darüber hinaus sollen die Aussagen des Konzepts auch einer empirischen Prüfung unterzogen werden, um ihre Realitätsentsprechung beurteilen zu können.

Das Konzept der gesellschaftsbezogenen Rechnungslegung strebt die rechnerische Erfassung und Darstellung sämtlicher gesellschaftlicher und physischer Umweltbedingungen eines Unternehmens und deren Zusammenfassung in einem Sozialsaldo an. Um diesem hohen Anspruch genügen zu können, müßten sich folgende drei Bedingungen erfüllen lassen [289, S. 172]:

a) Vollständigkeit der Rechnung,
b) Kardinale Messung von Individualnutzen und
c) Aggregation der Einzelnutzen.

Die Ermittlung eines glaubwürdigen Sozialsaldos setzt die *vollständige Erfassung* seiner Komponenten voraus, da jede Unvollständigkeit den Saldo positiv oder negativ verändern würde. Erhebliche Schwierigkeiten ergeben sich dabei im Hinblick auf die Frage, „wie weit die Auswirkungen der Unternehmenstätigkeit erfaßt werden sollen: Sollen nur die direkten Wirkungen auf die unmittelbar Betroffenen oder auch indirekte Wirkungen zweiten, dritten oder vierten Grades erfaßt werden? Es dürfte für die Gestaltung einer sozialen Rechnungslegung nicht unerheblich sein, ob z. B. lediglich der Grad der Arbeitszufriedenheit eines bestimmten Arbeitnehmers in die Rechnung einbezogen werden soll oder ob darüber hinaus auch die Auswirkungen seiner Arbeitszufriedenheit auf dessen Familie etc. in die Rechnung einbezogen werden sollen" [289, S. 173]. Ohne das Vorliegen allgemein akzeptierter Konventionen scheint die Vollständigkeit der sozialen Rechnungslegung nicht möglich zu sein.

Eine weitere Voraussetzung für die Ermittlung eines Sozialsaldos ist die *Meßbarkeit der Nutzen* unternehmerischer Maßnahmen für die betroffenen Individuen. Zur Erfassung der Auswirkungen bestimmter Aktivitäten können zwar betriebswirtschaftliche Sozialindikatoren herangezogen werden, wie z. B. Anteil der Auszubildenden oder der ausländischen Arbeitnehmer an den Gesamtbeschäftigten, Verunreinigung des Grundwassers und Verschmutzung der Luft. Die Messung der externen Effekte mit Hilfe der Sozialindikatoren sagt aber noch nichts über ihre gesellschaftliche Relevanz aus. Erst mit der Beurteilung der Auswirkungen durch die betroffenen Menschen können nähere Angaben zum Nutzen bzw. Schaden gemacht werden. Der einzelne ist allerdings bestenfalls in der Lage, unter Berücksichtigung seines Zielsystems und seines Entscheidungsfeldes eine Rangordnung zwischen den Zielerreichungsgraden anzugeben, die ihm alternative Aktivitäten versprechen (ordinale Nutzenmessung). Ihm ist es aber nicht möglich, „kardinale Meßziffern für den jeweiligen Zielerfüllungsgrad (Nutzen) anzugeben, die dann einen interpersonalen und intertemporären Nutzenvergleich gestatten könnten" [289, S. 174]. Die grundlegenden Methoden, mit denen gesellschaftliche Nutzen bzw. Schäden in monetärer Form gemessen werden können, fehlen gegenwärtig fast noch vollkommen und erscheinen auch in der Zukunft kaum realisierbar.

Schließlich wäre für die Ermittlung eines Sozialsaldos die *Existenz eines Bewertungs- oder Gewichtungssystems* notwendig, das die kardinal gemessenen Individualnutzen in Geldeinheiten ausdrückt und damit untereinander vergleichbar macht. Das dabei auftretende Problem der Abwägung sozialer Nutzen und Kosten gegeneinander erscheint kaum lösbar. Beispielsweise müßte im Fall der Stillegung eines Chemiewerkes der Nutzenentgang der arbeitslos gewordenen Arbeitnehmer mit dem Nutzenzugang für die übrigen Bewohner der Region verrechnet werden. Als Ergebnis der Überlegungen zu den drei Bedingungen der Vollständigkeit der Rechnung sowie der Meßbarkeit und Aggregierbarkeit der Einzelnutzen bleibt festzuhalten, daß die Analogie der sozialen Rechnungslegung zur erwerbswirtschaftlichen Rechnungslegung nicht aufrechtzuerhalten ist und ein glaubwürdiger Sozialsaldo nicht bestimmt werden kann. Die Ermittlung eines Sozialsaldos „täuscht hinsichtlich der Leistungserfassung eine Exaktheit vor, die auf Grund der Meß-, Bewertungs- und Aggregationsprobleme sozialer Nutzen und Kosten nicht gegeben ist. Aufgrund der ungelösten Probleme wird der Sozialsaldo beliebig manipulierbar und ist damit bei dem derzeitigen Diskussionsstand keine aussagefähige Kennziffer“ [49, S. 201].

Die Unzulänglichkeit bestehender Meßverfahren und -techniken für die Erfassung gesellschaftsbezogener Kosten und Nutzen wird von den Befürwortern des Konzepts gesellschaftsbezogener Rechnungslegung als Hauptproblem für die Realisierung ihres Konzepts angesehen. Die meisten Vertreter des Konzepts glauben aber, daß die Entwicklung der Sozialbilanzen sich erst im Anfangsstadium befindet und es nur eine Frage der Forschungsanstrengungen sei, bis umfassende Meßverfahren und -techniken auch für den gesellschaftsbezogenen Bereich zur Verfügung stehen. Diese Auffassung der Konzeptbefürworter geht nach Faltlhauser „von einem naiven Glauben offenbar unbegrenzter Systematisierbarkeit und Objektivierbarkeit von menschlichem Handeln und sozialen Zusammenhängen aus. Der Objektivierbarkeit und Meßbarkeit gesellschaftlicher Zusammenhänge ist jedoch ein sehr enger Rahmen gesetzt“ [90, S. 58]. Zur Beurteilung von Ausmaß und Gewicht sozialer Belastungen und positiver Wirkungen müssen Wertentscheidungen getroffen werden, die ständigen Umweltveränderungen und dem Wandel subjektiver Meinungen unterworfen sind. Es muß deshalb als eine Fehleinschätzung des tatsächlich Realisierbaren angesehen werden, daß die Sozialbilanzen über das gegenwärtige Anfangsstadium weit hinaus entwickelt werden können und umfassende Meßverfahren und -techniken in der Zukunft zu erwarten sind. Wissenschaftliche und praktische Bemühungen können zwar zu einer größeren Standardisierung und besseren Vergleichbarkeit führen, die Grenzen des Realisierbaren sind jedoch heute bereits in Umrissen erkennbar. Von den unter Punkt 5.2.1 aufgeführten Formen sozialer Berichterstattung scheinen nur die sozio-technischen Datenkonzepte, der Sozialreport und die gesellschaftsbezogene Leistungsrechnung ausbaufähig zu sein, während das Human Resource Accounting, die Sozialbilanz und das Corporate Social Audit auch in der Zukunft nicht verwirklicht werden dürften.

Angesichts der ungelösten Probleme bei der Erfassung und Messung der Nutzen behelfen sich die Unternehmen in ihrer gesellschaftsbezogenen Berichterstattung damit, daß sie die Nutzen sozialer Aktivitäten mit den dafür aufgewendeten Kosten gleichsetzen. Diese Form der indirekten Nutzenbewertung über Inputgrößen hat den Nachteil, daß soziale Aktivitäten, die gleichhohe Aufwendungen verursacht haben, gleich bewertet werden, obwohl die Nutzenstiftung in der Regel voneinander abweichen wird [206, S. 145]. Die Wirksamkeit des Mitteleinsatzes findet somit keine Berücksichtigung. Ein noch gravierenderer Nachteil der aufwandsorientierten Rechnung ist die fehlende Berücksichtigung der negativen Auswirkungen unternehmerischer Aktivitäten. So wird beispielsweise den Unternehmen der Mineralölindustrie, der chemischen Industrie und des Energiesektors, die in ihrer Berichterstattung hohe Aufwendungen für den Umweltschutz ausweisen,[10] ein entsprechend hoher Nutzen zugeordnet, ohne das besonders umweltschädigende Produktionsprogramm dieser Unternehmen in das Kalkül einzubeziehen. Hohe Umweltschutzaufwendungen sind nicht zwangsläufig ein Ausweis für eine entsprechend hohe Nutzenstiftung. Eine outputorientierte Bewertung müßte versuchen, auch die negativen Auswirkungen mit in die Rechnungslegung aufzunehmen und die Verbesserung des Produktionsprogramms zu erfassen.

Unter empirischen Gesichtspunkten ist schließlich noch der Vorschlag der gesellschaftsbezogenen Rechnungslegung zu kritisieren, daß die Öffentlichkeit Änderungen des Unternehmensverhaltens im Sinne eigener Vorstellungen durch gesellschaftlichen Druck herbeiführen soll. Die Ausübung von öffentlichem Druck stellt ein sehr grobes Korrekturinstrument dar, das meist nur in eklatanten Fällen unsozialen Unternehmensverhaltens und auch nur langfristig zur Wirkung kommt. Der öffentliche Druck ist bestenfalls geeignet, die Unternehmen zur Einführung einer gesellschaftsbezogenen Rechnungslegung zu bewegen, vermag aber nicht, die inhaltlichen und formalen Probleme dieser Berichterstattung zu lösen [167, S. 156]. Die Kontrolle der Unternehmenspolitik durch die öffentliche Meinung ist bei weitem nicht so wirksam, „wie eine institutionelle Absicherung der sozialen Unternehmenspolitik durch die Unternehmensorganisation selbst“ [238, S. 104]. Vor der Öffentlichkeit erscheint auch eine Unternehmensleitung als sozial, welche nur die eigenen Interessen verfolgt und durch eine einseitige Berichterstattung eine soziale Unternehmenspolitik vortäuscht.

In der Literatur werden im allgemeinen die technischen Realisierungsprobleme, vor allem die unzureichenden Meßtechniken und -verfahren, als Hauptmangel der gesellschaftsbezogenen Rechnungslegung hingestellt. Diese empirisch orientierte Kritik trifft aber noch nicht die ganze Fragwürdigkeit der unternehmerischen Bemühungen um die Aufstellung von Sozialbilanzen. Diese offenbart sich erst, wenn man berücksichtigt, daß die gesellschaftliche Verantwortung der Unternehmen ein Wahlproblem darstellt, das nicht allein technisch-ökonomisch, sondern auch politisch entschieden wer-

[10] Brockhoff stellt in einer Auswertung von Geschäftsberichten fest, daß die Domäne der Berichterstattung über den Umweltschutz in der chemischen Industrie liegt. Zum gleichen Ergebnis kommt auch die Enquete des Manager-Magazins über das soziale Engagement der deutschen Industrie [42, S. 48; 77, S. 122].

den muß [94, S. 253]. Das Konzept der gesellschaftsbezogenen Rechnungslegung soll deshalb noch unter normativen Gesichtspunkten näher untersucht werden. Als Grundlage dazu lassen sich vor allem folgende, zum Teil überlagernde Funktionen unterscheiden:

(1) Rechtfertigungsfunktion,
(2) Verschleierungs- und Verklärungsfunktion,
(3) Abschirmung gesellschaftlicher Alternativen.

Das Konzept der gesellschaftsbezogenen Rechnungslegung erfüllt eine *Rechtfertigungsfunktion*, indem es die bestehenden Macht- und Herrschaftsverhältnisse im Unternehmen legitimiert und zu ihrer Stabilisierung beiträgt. Es stellt die Festlegung der gesellschaftsbezogenen Unternehmensziele und die Gestaltung der gesellschaftsbezogenen Berichterstattung in das freie Ermessen der Unternehmensleitung. Die Unternehmensleitung soll wie beim Treuhändermodell im Sinne des öffentlichen Interesses handeln. Da aber die Machtpositionen der verschiedenen Interessengruppen nicht erörtert und die Möglichkeiten zur Einbringung ihrer Ziele in das Zielsystem der Unternehmung nicht beleuchtet werden, ist das Konzept einseitig interessenbezogen. Bei der Wahrnehmung der Fremdinteressen durch die Unternehmensleitung handelt es sich um selbstinterpretierte Interessen, die nur in den wenigsten Fällen mit denen der Anspruchsgruppen übereinstimmen werden.

Das Konzept der gesellschaftsbezogenen Rechnungslegung hat ferner die *Funktion, die herrschenden Interessen* im Unternehmen *zu verschleiern* und die Unternehmenswirklichkeit zu verklären. Die Unternehmensleitung wählt die Berichtsgebiete für die gesellschaftsbezogene Rechnungslegung im Hinblick darauf aus, daß vorrangig über solche Aktivitäten Rechenschaft abgelegt wird, mit denen sich das Unternehmen gesellschaftlich positiv darstellen kann. Die Berichterstattung unterstellt, daß nur positive Beziehungen existieren, während negative externe Effekte fast vollkommen unberücksichtigt bleiben. Die gesellschaftsbezogene Berichterstattung ist somit eindeutig ein Instrument der Public Relations. Mit den Begriffen „Sozialbilanzen" und „gesellschaftsbezogene Rechnungslegung" wird eine nicht vorhandene zahlenmäßige Exaktheit bzw. objektive Darstellung und eine nach dem heutigen Erkenntnisstand nicht zu verwirklichende Analogie zur erwerbswirtschaftlichen Rechnungslegung vorgetäuscht. Bauer und Fenn halten es für abwegig, gesellschaftliches Verhalten überhaupt auf eindimensionale Geldbeträge zurückzuführen. „Monetäre Maßstäbe sind sicher in vielen Bereichen von großem Nutzen; dieser Nutzen hat aber seine Grenzen. Wir halten es für einen grundlegenden Irrtum, gesellschaftliche Probleme mit Hilfe von Dollarmaßstäben erschöpfend darstellen zu wollen" [21, S. 43]. Insgesamt löst die Monetarisierung die gesellschaftspolitische Problematik nicht, sondern deklariert sie als Sachzwang und verschleiert die dahinter stehenden Interessen [161, S. 39; 149, S. 24].

Das Konzept der gesellschaftsbezogenen Rechnungslegung hat schließlich die *Funktion, gesellschaftliche Alternativen abzuschirmen*. Das Problem der Legitimation und Kontrolle von Macht wird nicht institutionell, sondern durch einen Appell an die Unternehmensleitung zur gesellschaftsverantwortlichen Führung der Geschäfte und zur gesellschaftsbezogenen Rechenschaftslegung zu lösen versucht. Den einzelnen Bezugsgruppen des Unternehmens werden jedoch unter der geltenden Unternehmensverfassung unterschiedliche Einflußmöglichkeiten eingeräumt. Es „besteht die Gefahr, daß die Auswahl der gesellschaftsbezogenen Ziele durch die Unternehmensleitung nicht danach geschieht, welche Probleme am wichtigsten sind, sondern danach, welche Gruppen den stärksten Druck auszuüben vermögen. Die Folge wäre, daß gerade unterprivilegierte Gruppen noch stärker in Bedrängnis gerieten" [167, S. 156]. Da den verschiedenen Bezugsgruppen somit kein gleicher Einfluß auf die gesellschaftsrelevanten Unternehmensentscheidungen eingeräumt und auch keine wirksame Kontrollfunktion zugestanden wird, widerspricht das Konzept gesellschaftsbezogener Rechnungslegung den Grundsätzen der Legitimation von Macht durch die Machtbetroffenen und der Freiheit der Individuen zur Selbstbestimmung und verletzt damit den Demokratisierungsgedanken.

Zusammenfassend läßt sich feststellen, daß das Konzept gesellschaftsbezogener Rechnungslegung keiner der drei Prüfungen (logisch, empirisch, normativ) standhält. Auf der logisch-semantischen Ebene richtet sich die Kritik vor allem gegen die Leerformelhaftigkeit der Kriterien für die in das gesellschaftsbezogene Rechnungswesen einzubeziehenden Aktivitäten und den nicht zwingenden Schluß von der gesellschaftsbezogenen Berichterstattung auf ein erweitertes Zielsystem der Unternehmung. Die empirische Kritik zeigt, daß Meßtechniken und -verfahren sowie allgemeingültige Beurteilungsmaßstäbe zur Erfassung gesellschaftsbezogener Daten fehlen und auch in der Zukunft nicht mit der Aufstellung umfassender Sozialbilanzen zu rechnen ist. Die normative Untersuchung hinsichtlich der demokratischen Grundprinzipien beleuchtet die Interessenproblematik der gesellschaftsbezogenen Rechnungslegung und macht deutlich, daß die leitenden Gruppen des Unternehmens die gesellschaftsrelevanten Ziele autonom festlegen und die Berichterstattung über die vorgenommenen Sozialmaßnahmen nach eigenen Vorstellungen gestalten. So gesehen sind die bisher mit großer Publizität veröffentlichten Sozialbilanzen nur ein willkommenes Public Relations-Instrument der Unternehmen, mit dem die Forderung, gesellschaftsbezogene Gesichtspunkte in unternehmerischen Entscheidungen stärker zu berücksichtigen, nicht durchgesetzt werden kann [278, S. 200].

Die geübte Kritik darf aber nicht dazu führen, die gesellschaftsbezogenen Effekte in der unternehmerischen Berichterstattung ganz zu vernachlässigen. Es wird vielmehr darauf ankommen, einen bescheideneren Weg als den des Sozialbilanzkonzepts einzuschlagen. Die Aufstellung eines Wirkungskatalogs unternehmerischer Aktivitäten, für dessen einzelne Positionen Ist-Werte bestimmter Sozialindikatoren auszuweisen sind, könnte die Einhaltung von Standardvorgaben (z. B. zulässige Luftbelastung) überprüfbar machen und den zwischenbetrieblichen Vergleich ermöglichen [48, S. 238]. In Frankreich gibt es in diese Richtung gehend bereits erste Gesetzesvorschläge, die sich allerdings noch auf das Beziehungsfeld Unternehmen-Mitarbeiter beschränken [43, S. 922; 231, S. 21].

6. Arbeitsorientierte Einzelwirtschaftslehre (AOEWL)

6.1 Ursprung und Zielsetzung

Das Konzept der arbeitsorientierten Einzelwirtschaftslehre (AOEWL) will „den Interessen der abhängig Beschäftigten in den verschiedenen Bereichen der Gesellschaft" zur Durchsetzung verhelfen und damit allgemein die Humanisierung der Gesellschaft fördern [218, S. 11]. Dies soll geschehen, indem wissenschaftlich abgesicherte Handlungsmöglichkeiten entwickelt werden, mit denen „die Bedingungen, unter denen der Einsatz von Arbeit bzw. Arbeitskraft erfolgt, zu verbessern sind" [156, S. 35]. Die sozio-ökonomische Lage der abhängig Beschäftigten wird damit nicht als endgültig und naturgesetzlich vorgegeben hingenommen, sondern es wird vielmehr versucht, die gegenwärtige Situation der abhängig Beschäftigten zu verbessern und zugleich die gesellschaftlichen Grundverhältnisse in Richtung auf die Emanzipation zu verändern [153, S. 195].

Nicht nur die Ausrichtung auf die Interessen der abhängig Beschäftigten weist der AOEWL eine Sonderstellung zu, auch ihre Entstehung verdient Aufmerksamkeit. Seit 1972 hat eine interdisziplinär zusammengesetzte Projektgruppe des Wirtschafts- und Sozialwissenschaftlichen Instituts des Deutschen Gewerkschaftsbundes (WSI) dieses neue Konzept entwickelt und 1973 der Öffentlichkeit vorgestellt. „Die Arbeit erfolgte also ganz außerhalb der üblicherweise in den Hochschulen geführten Grundlagendiskussion, von der sich die Verfasser der AOEWL offensichtlich keine hinreichende Vertretung ihres Anliegens versprochen haben" [272, S. 310]. Die herkömmliche Betriebswirtschaftslehre ist nach Ansicht der Autoren einseitig kapitalorientiert und wird den Belangen der Arbeitnehmer nicht ausreichend gerecht.

Die Distanz zur Betriebswirtschaftslehre kommt auch durch die gewählte Bezeichnung des Konzepts als „Arbeitsorientierte Einzelwirtschaftslehre" zum Ausdruck. Unter „Einzelwirtschaftslehre" wird dabei die „Lehre von autonomen wirtschaftlichen Entscheidungseinheiten zur Produktion und Verteilung von Gütern und Dienstleistungen verstanden" [218, S. 71]. Damit erfolgt eine Abgrenzung in dreifacher Hinsicht gegenüber:

- gesamtwirtschaftlichen Institutionen;
- der Betriebswirtschaftslehre, um die Inhalte des dogmengeschichtlich vorbelasteten Begriffs Betriebswirtschaftslehre durch den arbeitsorientierten Interessenansatz abzulösen;
- dem Begriff „Betrieb", der in Theorie und Praxis unterschiedlich verwendet wird und zu Mißverständnissen führen könnte.

Unter „arbeitsorientiert" wird die „Handlungsorientierung verstanden, die auf die Durchsetzung von Interessen der abhängig Beschäftigten in den verschiedenen Bereichen der Gesellschaft abzielt" [218, S. 11]. Demgegenüber bezeichnet der Begriff „kapitalorientiert" ein Handeln, das vorrangig auf das Kapitalverwertungsinteresse ausgerichtet ist. Die Widersprüche zwischen den arbeitsorientierten und kapitalorientierten Interessen wie auch zwischen den verschiedenen Interessen innerhalb der Gruppe der Arbeitnehmer werden im Konzept der AOEWL berücksichtigt, wobei grundsätzlich zwischen zwei Arten von Interessengegensätzen unterschieden wird. Während der grundlegende Konflikt zwischen arbeitsorientierten und kapitalorientierten Interessen auf unterschiedlichen sozioökonomischen Strukturen beruhe und langfristigen Charakter habe, entstünden gegensätzliche arbeitsorientierte Interessen allein aus dem demokratischen Willensbildungsprozeß innerhalb der großen Gruppe der abhängig Beschäftigten und seien nur kurzfristiger Art [154, S. 71]. Außer den genannten Gruppen der Kapitaleigner und Arbeitnehmer werden zwar auch weitere Interessengruppen, wie beispielsweise die Konsumenten und Umweltschützer, gesehen, diese seien aber nicht annähernd von gleichem Gewicht und würden von der Gruppe der Arbeitnehmer ohnehin mitvertreten. Für die Lösung des Interessenkonflikts zwischen den Arbeitnehmern als Produzenten und Verbrauchern verweist die Projektgruppe auf eine „umfassende demokratische Kontrolle, Abstimmung der verschiedenen Interessen... und... ein entsprechendes Maß an praktizierter Solidarität" [218, S. 190]. Dem eindimensionalen Kapitalinteresse wird das mehrdimensionale arbeitsorientierte Interesse gegenübergestellt, in dem die verschiedenen Interessen der abhängig Beschäftigten zusammenfließen.

6.2 Hauptkomponenten des Konzepts

6.2.1 Kritik an der herrschenden Betriebswirtschaftslehre

Die Vertreter der AOEWL kritisieren an der traditionellen Betriebswirtschaftslehre (BWL), daß diese ihre Aussagen durchweg auf kapitalorientierte Ziele beziehe und die Probleme des arbeitenden Menschen nur unzureichend berücksichtige. Die Entwicklung der deutschen Betriebswirtschaftslehre ist zwar in den letzten zehn Jahren durch eine Öffnung der geschlossenen Unternehmensmodelle und eine stärkere Untersuchung des menschlichen Verhaltens im Unternehmen gekennzeichnet, die dabei verwendeten entscheidungs- und systemwissenschaftlichen Ansätze verfolgen dabei aber vorrangig das Ziel, das menschliche Verhalten besser der Erfassung, Planung und Beeinflussung zugänglich zu machen. Den betriebswirtschaftlichen Koalitionsmodellen wird weiterhin entgegengehalten, daß sie die abhängig Beschäftigten lediglich formal berücksichtigen, ohne deren tatsächliches Machtpotential zur Einbringung arbeitsorientierter Ziele in die Unternehmenspolitik zu untersuchen und Gestaltungsempfehlungen daraus abzuleiten.

Die Vernachlässigung der Arbeitnehmerinteressen komme besonders darin zum Ausdruck, „daß sich die BWL nicht, oder wenn ja, dann nur am Rande mit Problemen befaßt hat, die sich unmittelbar aus einer Mitbestimmung in den Unternehmen ergeben" [153, S. 186]. Im Gegensatz dazu steht die rechtliche Mitbestimmungsentwicklung und die Praxis in verschiedenen mitbestimmten Unternehmen, die zum Teil erheblich über den Stand der Problembehandlung in der Betriebswirtschaftslehre hinausgegangen sind. Diese auffallende Vernachlässigung der Arbeitnehmerinteressen führt die Projektgruppe im wesentlichen auf folgende Ursachen zurück [218, S. 59]:

- Die BWL geht von empirisch vorfindbaren bzw. rentabilitätsorientierten Unternehmen aus, übernimmt ungefragt die unterschiedlich stark eingeengten Handlungsspielräume für die einzelnen Gruppen (positivistische Vorgehensweise) und läßt die unterschiedlichen Möglichkeiten und Machtpositionen der einzelnen Parteien unberücksichtigt.
- „Die BWL ist von ihren Grundlagen her auf das Ziel festgelegt, die Ratio-

nalität des eingesetzten Kapitals zu optimieren, und zwar unter den gesellschaftlich vorherrschenden Bedingungen des Privateigentums an Produktionsmitteln und der Legitimation der Verfügung aus dem Kapitaleigentum der marktwirtschaftlichen Steuerung der Produktion" [153, S. 187].

- Die BWL berücksichtigt arbeitsorientierte Ziele nur insoweit, als sie dem vorgegebenen kapitalorientierten Zielsystem entsprechen.
- Die BWL läßt die gesamtwirtschaftlichen Konsequenzen eines ausschließlich rentabilitätsorientierten Handelns weitgehend unberücksichtigt.

Die Einbeziehung anderer als kapitalorientierter Ziele in das unternehmerische Zielsystem wird von der Projektgruppe mit der Begründung abgelehnt, daß diese der Stabilisierung kapitalorientierter Herrschaftsinteressen durch Antizipation möglicher Konflikte diene. Die freiwilligen Sozialleistungen und mitarbeiterbezogenen Führungstechniken in den Unternehmen werden als Mittel zur stärkeren Integration der Beschäftigten in die Betriebshierarchie und zur besseren Planbarkeit des Betriebsgeschehens beurteilt. Als primäre Motivation der Unternehmen für Sozialinvestitionen sieht die Projektgruppe die Verhinderung einer zu großen „Fluktuation der Arbeitnehmer und damit eine Erleichterung der Personalplanung sowie eine Verminderung der Kosten" [218, S. 71]. Die Arbeitnehmerinteressen würden dabei – wenn überhaupt – nur sekundär und rudimentär erfüllt. Insgesamt sei die kapitalorientierte Sozialpolitik in ihrer Wirkung dazu geeignet, „die tatsächliche Soziallage des abhängigen Arbeitnehmers durch die Fiktion der Werksgemeinschaft zu verschleiern. Historisch entstand sie als Gegengewicht gegen gewerkschaftliche Bewußtseinsbildung, Solidarisierung und Mobilisierung. Ihre strategische Absicht ist der Abbau der Kampfbereitschaft der abhängig Beschäftigten und die Integration des Faktors Arbeit, die Formierung des ‚totalen Betriebs' als eines eigenen Kosmos, der immun gegen Einflüsse von außen ist, und schließlich die betriebsorientierte Motivation zu erhöhter Leistung" [218, S. 71].

Die von der AOEWL geübte Kritik wendet sich damit sowohl gegen die bestehende Unternehmenspraxis als auch gegen die sie beschreibende und durch Handlungsmodelle unterstützende Betriebswirtschaftslehre. Aus dieser Kritik ergibt sich die Forderung nach einem Zielsystem, das an den arbeitsorientierten Interessen ausgerichtet ist. Zur Konkretisierung dieser Forderung bedarf es eingehender Informationen über die einzel- und gesamtwirtschaftlichen Arbeitnehmerinteressen oder zumindest plausibler Annahmen über die Interessenbereiche und Interessenartikulation der abhängig Beschäftigten. Erst wenn die Arbeitnehmerinteressen in eindeutiger Form vorliegen, kann daran gegangen werden, den Inhalt der AOEWL im einzelnen zu bestimmen und Maßnahmen für die Durchsetzung des Konzepts in der Praxis zu treffen.

6.2.2 Einzel- und gesamtwirtschaftliche Arbeitnehmerinteressen

Orientierungsgröße für die einzel- und gesamtwirtschaftlichen Interessen der abhängig Beschäftigten ist die sogenannte „emanzipatorische Rationalität", die als Gegenstück zur kapitalorientierten Rationalität der Betriebswirtschaftslehre aufgestellt wird. Während die kapitalorientierte Rationalität eindimensional definiert ist und die eingesetzten Mittel und Ergebnisse des Wirtschaftsprozesses in monetären Größen mißt, umfaßt die emanzipatorische Rationalität das mehrdimensionale Spektrum der – auch über das Ökonomische hinausgehenden – Arbeitnehmerinteressen und ist dementsprechend außer mit quantitativen Größen auch mit qualitativen Faktoren zu präzisieren. Ziel der emanzipatorischen Rationalität ist es, die Bedingungen einzelwirtschaftlicher Produktion so zu verändern, daß auf der Grundlage einer demokratischen Willensbildung die Selbstbestimmung und Selbstverwirklichung aller Arbeitnehmer gewährleistet wird. Für die breite Durchsetzung dieser Rationalität reiche die enge Ausrichtung an ein individualistisches Konzept nicht aus, vielmehr bedürfe es eines kollektiv-solidarischen Konzepts der Emanzipation, um die sozioökonomische Lage aller Arbeitnehmer und nicht nur einiger weniger zu Lasten anderer zu verbessern [218, S. 96].

Die emanzipatorische Rationalität führt nach Auffassung der Projektgruppe zu einer Verbesserung der „Qualität des Lebens", da die Lebenslage der Arbeitnehmer untrennbar mit derjenigen der Gesamtbevölkerung verbunden ist und eine Verbesserung der Versorgungssituation aller abhängig Beschäftigten automatisch auch dem Gemeinwohl dient. Auf der Basis einer derart weitgefaßten emanzipatorischen Rationalität würden sich die Interessen der Arbeitnehmer unter den gegebenen gesellschaftlichen Strukturen ermitteln und danach unterscheiden lassen, ob sie auf einzelwirtschaftlicher oder gesamtwirtschaftlicher Ebene zu verwirklichen sind. Dabei könne es nicht um die vollständige Erfassung der Arbeitnehmerinteressen gehen, die letztlich erst im demokratischen Willensbildungsprozeß artikuliert werden, sondern nur um die Benennung von Bereichen, in denen die Bedingungen zur Durchsetzung der Arbeitnehmerinteressen verbessert werden müssen.

Im einzelwirtschaftlichen Bereich bezieht sich das arbeitsorientierte Interesse (siehe Abb. 24) im wesentlichen auf die drei Bereiche [218, S. 103]

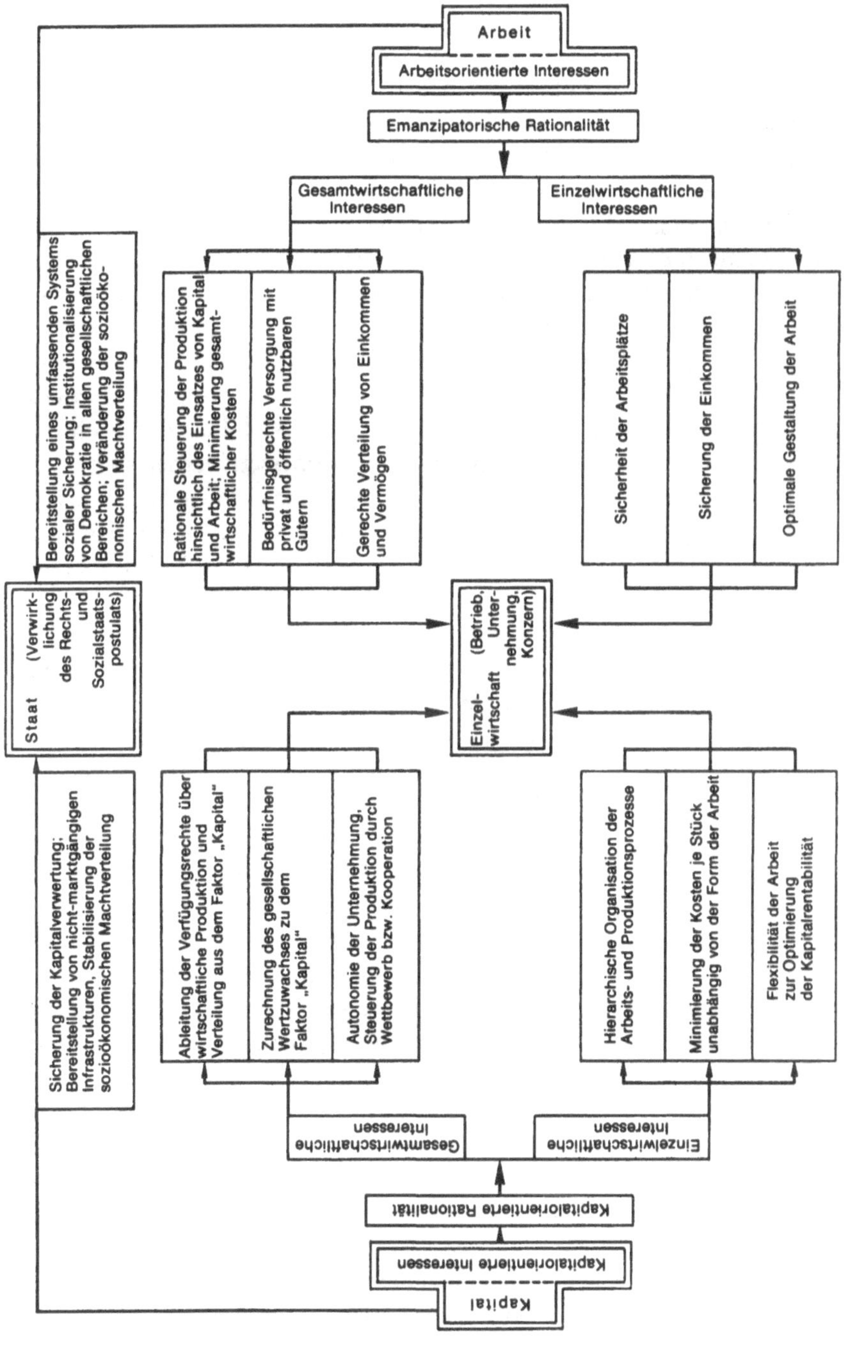

Abb. 24: Gegenüberstellung von arbeitsorientierten und kapitalorientierten Interessen im einzel- und gesamtwirtschaftlichen Bereich [218, S. 154]

(1) der Arbeitsplatzsicherheit,
(2) der Sicherung und Steigerung der Einkommen und
(3) der optimalen Gestaltung der Arbeit.

Bei der *Arbeitsplatzsicherheit* läßt sich zwischen einer absoluten Sicherheit unter Ausschluß jeglicher Arbeitsmobilität und einer relativen Sicherheit unter Einschluß beruflicher und zum Teil auch räumlicher Arbeitsmobilität unterscheiden. Angesichts einer sich laufend wandelnden Wirtschaft in den entwickelten Industriegesellschaften kann die Wahrung dieses Interesses nur über die relative Arbeitsplatzsicherheit angestrebt werden. Die Anpassungsprozesse sollen dabei nicht zwangsläufige Reaktionen auf gegebene Änderungen sein, sondern bedürfen vielmehr einer vorherigen Abstimmung der Interessen von Kapital und Arbeit, um eine den Arbeitnehmern akzeptable Regelung zu bewirken. Während die berufliche Mobilität durch entsprechende Aus- und Weiterbildungsprogramme verbessert werden sollte, stellt sich hinsichtlich der räumlichen Mobilität die grundsätzliche Frage, ob nicht zur Vermeidung hoher sozialer und individueller Kosten eine aktive Sanierung von arbeitspolitischen Problemregionen (Politik der Industrieansiedlung) durchgeführt werden kann.

Bei der *Sicherung und Steigerung der Einkommen* unterscheidet die Projektgruppe zwischen der Entstehung und der Verteilung der Wertschöpfung. Zu den Voraussetzungen für das Entstehen einer Wertschöpfung zählt sie die Sicherstellung der Wirtschaftlichkeit unter den Bedingungen emanzipatorischer Rationalität, die Erhaltung der Liquidität, die Zunahme der realen Arbeitsproduktivität und die Berücksichtigung sozialer Bedingungen bei Änderungen der Arbeitsplatzstruktur. „Im Zusammenhang mit der Verteilung der Wertschöpfung geht es zunächst um den Anteil der Arbeitnehmereinkommen an der einzelwirtschaftlichen Wertschöpfung und anschließend um dessen Verteilung auf die einzelnen Arbeitnehmer, jeweils durch eine aktive Tarifpolitik" [154, S. 85]. Die dabei auftretenden Interessenkonflikte innerhalb der Arbeitnehmerschaft (z. B. kurzfristige versus langfristige Einkommenssicherung, Gefahr des Betriebs- oder Branchenegoismus) sind durch einen demokratischen Willensbildungsprozeß zu lösen.

Das Interesse an *optimaler Arbeitsgestaltung* steht in direktem Zusammenhang mit der Diskussion um die „Humanisierung der Arbeit". Den Bemühungen um Schaffung humanerer Arbeitsbedingungen liegt die Zielsetzung zugrunde, die Entfaltungsmöglichkeiten für die abhängig Beschäftigten in ihrer Arbeitssphäre zu verbessern. Die Verwirklichung dieser Zielsetzung setzt voraus, „daß für die entscheidenden Dimensionen der Arbeit auf der Basis einer demokratisch-solidarischen Entscheidung festgelegt wird, welche ökonomischen, psychologischen, ergonomischen, sozialen und politischen Kriterien als Mindestbedingungen an jedem Arbeitsplatz erfüllt werden müssen. Darüber hinaus müssen institutionelle Bedingungen geschaffen werden, die sicherstellen, daß den besonderen Umständen verschiedener Arbeitssituationen Rechnung getragen wird... Die Arbeitsgestaltung in diesem Sinne beinhaltet eine bewußte, zielgerechte Verbesserung der Arbeitsbedingungen und die Anpassung der Arbeit an den Menschen, seine Bedürfnisse, Interessen und Fähigkeiten" [218, S. 117].

Die genannten einzelwirtschaftlichen Interessen lassen sich ohne Berücksichtigung gesamtwirtschaftlicher Variablen und Strukturen nicht realisieren. Deshalb ist es erforderlich, auch Arbeitnehmerinteressen auf gesamtwirtschaftlicher Ebene zu formulieren. Im einzelnen lassen sich drei gesamtwirtschaftliche arbeitsorientierte Interessen unterscheiden [154, S. 85]:

(1) Rationale Steuerung der Produktion hinsichtlich des Einsatzes von Kapital und Arbeit; Minimierung gesamtwirtschaftlicher Kosten;
(2) Bedürfnisgerechte Versorgung mit privat und öffentlich nutzbaren Gütern;
(3) Gerechte Verteilung von Einkommen und Vermögen.

Die arbeitsorientierten *Interessen hinsichtlich der Produktionssteuerung* beziehen sich zum einen auf den gesamtwirtschaftlichen Einsatz von Kapital und Arbeit und zum anderen auf eine möglichst verursachungsgerechte Zuordnung der von den Einzelwirtschaften hervorgerufenen gesellschaftlichen Folgekosten. Der Einsatz von Arbeit habe vor allem unter den Gesichtspunkten der Vollbeschäftigung, der Verbesserung der Qualität der Arbeit sowie einer gesamtwirtschaftlich erforderlichen Allokation der Arbeitskräfte (Steuerung der Arbeitsmarktstrukturen) zu erfolgen, während die Kapitalinteressen demgegenüber zurückstehen sollen und der Kapitaleinsatz auf die arbeitsorientierten Bedingungen abgestimmt werden müsse. Das zweite produktionsbezogene Interesse ist die Minimierung gesamtwirtschaftlicher Kosten. Nach dem gegenwärtig vorherrschenden ökonomischen Prinzip ist es gleichgültig, mit welchen Produkten einzelwirtschaftlich Gewinn erzielt und gesamtwirtschaftlich das Bruttosozialprodukt vermehrt wird. Die Produktion von schädlichen Produkten („bads" im Gegensatz zu „goods") kann rentabel sein und eröffnet sogar noch zusätzliche Gewinnmöglichkeiten bei Programmen zur Produktbeseitigung oder Aufhebung der verursachten Schäden (Produktion von „anti-bads"). Notwendig ist daher eine solche Veränderung in der Kostenerfassung, daß bei der Erstellung der Produkte „die gesellschaftlichen Folgekosten soweit als irgend möglich in die einzelwirtschaftliche Kalkulation mit einbezogen werden" [154, S. 87].

Für die *Sicherung einer bedürfnisgerechten Versorgung* mit privat und öffentlich nutzbaren Gütern ist eine gezielte gesamtwirtschaftliche Gestaltung des Produktionsprogramms notwendig, da die durch monetäre Vorgänge bzw. über den Markt austauschbaren Güter und Dienste zur Befriedigung der menschlichen Bedürfnisse nicht ausreichen. „Von ähnlicher Bedeutung sind die Bedingungen, unter denen sich die Gestaltung des gesamtwirtschaftlichen Produktionsprogramms vollzieht. Durch Warentests, Qualitäts- und Haltbarkeitskennzeichnungen, Maßnahmen gegen unlauteren Wettbewerb unter Einschluß der Verhinderung von Exzessen im Werbebereich sowie durch entsprechende organisatorische Bedingungen des Vertriebs von Gütern ist den hier zum Ausdruck kommenden Bedürfnissen Rechnung zu tragen" [154, S. 87].

Die *Einkommens- und Vermögensverteilungsinteressen* der Arbeitnehmer schließlich beziehen sich auf ihre Beteiligung an dem Ergebnis der volkswirtschaftlichen Wertschöpfung. Zur Verwirklichung einer gerechten Verteilung empfehlen sich Lösungen, „die einerseits den Arbeitnehmern eine direkte Einflußmöglichkeit auf das unternehmerische Investitionsverhalten einräumen und die andererseits geeignet sind, die Arbeitnehmer an den wachsenden Unternehmensgewinnen zu beteiligen. Ansätze in dieser Richtung bietet eine Kombination der Mitbestimmung mit einer überbetrieblichen Ertragsbeteiligung" [218, S. 152].

6.2.3 Umsetzung der AOEWL in der Praxis

Die AOEWL bleibt nicht bei der oben vorgenommenen Analyse von einzel- und gesamtwirtschaftlichen Arbeitnehmerzielen stehen, sondern versucht über diese programmatischen Aussagen hinaus auch praktisch umsetzbare Handlungsempfehlungen zu liefern, indem sie konkrete Entscheidungsbereiche und Strategien zur Durchsetzung der formulierten Interessen angibt und das dazu notwendige Instrumentarium bereitstellt. Die Mittel, mit denen eine Umorientierung des bestehenden kapitalbezogenen Entscheidungsinstrumentariums auf die Arbeitnehmerinteressen hin erreicht werden soll, lassen sich drei, untereinander in Beziehung stehenden Hauptbereichen zuordnen:

(1) Erweiterung der Kosten- und Leistungsrechnung des Unternehmens durch eine Neufassung des Kosten- und Ertragsbegriffs;
(2) Untersuchung der einzelnen Entscheidungsbereiche des Unternehmens hinsichtlich einer stufenweisen Durchsetzung von Arbeitnehmerinteressen;

(3) Lösung des gesamtwirtschaftlichen Koordinierungsproblems durch:
a) ökonomische, ökologische und soziale Indikatoren;
b) mehrstufige Mitbestimmung;
c) kollektive Vermögensfonds;
d) Sozialtechnologien (Investitionslenkung, Arbeitsmarktgestaltung).

Als Grundlage für die Umorientierung des kapitalorientierten Entscheidungsinstrumentariums dient eine *Neufassung des Kosten- und Ertragsbegriffs*. Dabei sollen alle von dem Unternehmen verursachten Kosten und erbrachten Leistungen einschließlich der sozialen Kosten und Erträge erfaßt und entscheidungsrelevant gemacht werden. Die sozialen Kosten und Erträge lassen sich hierbei vielfach nicht in monetären Größen darstellen, so daß als Maßstab auf ökonomische, ökologische und soziale Indikatoren zurückgegriffen werden muß [154, S. 88].

Die *Umsetzung von arbeitsorientierten Interessen* in der Unternehmung vollzieht sich innerhalb funktional abgegrenzter Entscheidungsbereiche. Die AOEWL unterscheidet dabei, wie in Abb. 25 wiedergegeben ist, zwischen den drei Ebenen der unmittelbaren Leistungserstellung und -verwertung (Beschaffung, Produktion, Absatz), der qualitativen und quantitativen Unternehmensgestaltung (Personalwirtschaft, Forschung und Entwicklung, Investitionen, Organisation) und der Planung, Kontrolle sowie Verteilung (Kosten und Preise, Finanzierung und Verteilung). Zur Entwicklung und Durchsetzung der arbeitsorientierten Interessen wird ein sechsstufiger Phasenaufbau von der Abgrenzung dieser Entscheidungsbereiche bis zur institutionellen Absicherung des eingesetzten Instrumentariums durchlaufen.

Die auf diese Weise gefundenen einzelwirtschaftlichen Ansätze bedürfen noch einer *Abstimmung mit den gesamtwirtschaftlichen Interessen* und Maßnahmen. Als Grundlage dazu empfiehlt die AOEWL ein System ökonomischer, ökologischer und sozialer Indikatoren, mit dem die gesamtgesellschaftlichen Konsequenzen einzelwirtschaftlichen Handelns berücksichtigt werden können. Weiterhin wird ein siebenstufiges Mitbestimmungssystem vorgeschlagen, das eine einzelwirtschaftliche Mitbestimmung [218, S. 270] am Arbeitsplatz, auf der Betriebs- und Unternehmensebene umfaßt und eine gesamtwirtschaftliche Mitbestimmung [218, S. 280] durch Wirtschafts- und Sozialräte in Region, Land, Bund und supranationalem Bereich vorsieht. „Neben der Mitbestimmung besteht durch den Aufbau von Kollektivfonds, die von Arbeitnehmern zu verwalten sind, die Möglichkeit der Einflußnahme auf einzelwirtschaftliche und darüber hinausgehende Entscheidungen im arbeitsorientierten Sinn“ [154, S. 96]. Schließlich sind für eine gesamtwirtschaftliche Koordinierung sogenannte Sozialtechnologien zur Lenkung der

Entscheidungsbereiche / Phasen der Entwicklung und Durchsetzung	Erste Ebene			Zweite Ebene				Dritte Ebene	
	Beschaffung	Produktion	Absatz	Personalwirtschaft	Forschung und Entwicklung	Investitionen	Organisation	Kosten und Preise	Finanzierung u. Verteilung
1. Abgrenzung des Entscheidungsbereichs									
2. Formulierung der Probleme des Entscheidungsbereichs im Hinblick auf arbeitsorientierte Interessen									
3. Wertung des vorhandenen Instrumentariums									
4. Umgestaltung des Instrumentariums im Hinblick auf arbeitsorientierte Interessen									
5. Integration des Instrumentariums und mögliche Zielkonflikte									
6. Entwicklung von institutionellen Grundlagen									

Abb. 25: Verfahrensschema zur Entwicklung und Durchsetzung arbeitsorientierter Interessen in den verschiedenen Entscheidungsbereichen der Unternehmen [218, S. 92]

Investitionen und zur Gestaltung des Arbeitsmarktes erforderlich. Dabei wird für die Investitionslenkung ein abgestuftes System vorgeschlagen, das zunächst auf den Koordinationsmechanismus monetärer Nachfrage zurückgreift, aber auf einer zweiten Ebene mit Auflagen und Geboten und – falls erforderlich – mit expliziter Planung der gesamtwirtschaftlichen Grundstrukturen arbeitet. Zur Gestaltung des Arbeitsmarktes wird auf eine integrierte Arbeitskräftepolitik verwiesen, die eine sektorale und regionale Entwicklungspolitik, eine Arbeitskräfteplanung sowie Maßnahmen zur Bildungs- und Berufsqualifikation, zum Schutz des Arbeitsplatzes und zur Sicherung des Einkommens umfaßt.

6.3 Kritik

Ausgangspunkt für die Betrachtungen der AOEWL ist die Kritik, daß die traditionelle Betriebswirtschaftslehre kapitalorientiert sei und die Probleme des arbeitenden Menschen weitgehend vernachlässige. Diese Beurteilung wird von nicht wenigen betriebswirtschaftlichen Fachvertretern geteilt, wenn auch Umfang, Ursachen und Überwindungsmöglichkeiten nicht einheitlich beurteilt werden [221, S. 116; 57, S. 12]. Die AOEWL leitet aus ihrer Kritik die Notwendigkeit ab, von wissenschaftlicher Seite her eine Änderung vorzunehmen und der kapitalorientierten Rationalität eine emanzipatorische Rationalität gegenüberzustellen.

Bei den Ausführungen zur AOEWL bleibt der wissenschaftstheoretische Ausgangspunkt im unklaren. Eine „Verdeutlichung müßte vor allem hinsichtlich des für die AOEWL zentralen Begriffs der „emanzipatorischen Rationalität" und dessen erkenntnistheoretischer Begründung und praktischer Umsetzungsmöglichkeit erfolgen" [272, S. 314]. Durch die Unbestimmtheit der „emanzipatorischen Rationalität" ist der Interpretationsspielraum derart groß, daß eine sprachliche Immunisierung der Inhalte der AOEWL gegen Kritik möglich wird und die Erfordernisse für eine demokratische Kontrolle der Steuerung sozialer Prozesse weitgehend unberücksichtigt bleiben. Die Ableitung der einzelwirtschaftlichen und gesamtwirtschaftlichen Arbeitnehmerinteressen ist zirkelhaft, da sie aus der „emanzipatorischen Rationalität" das entnimmt, was vorher entsprechend der speziellen Interessenlage der von den Gewerkschaften eingesetzten Projektgruppe hineinprojiziert wurde. Darüber hinaus ist es problematisch, „auch nur vorläufig gleichsam vom Schreibtisch aus Interessen anderer abzuleiten und zu bestimmen, weil die Gefahr besteht, daß dem jeweiligen Bewußtseinsstand und dem notwendigen Lernprozeß der Interessenbildung zu wenig Bedeutung beigemessen wird" [273, S. 200]. Ackermann kritisiert in diesem Zusammenhang den Erkenntnisanspruch, der mit der Ableitung der Arbeitnehmerinteressen verbunden wird, indem er auf die Tendenz hinweist, „den hinter diesen normativen Aussagen stehenden gesellschaftspolitischen Forderungen im Gewand wissenschaftlicher ‚Erkenntnis' der echten oder wahren Interessen der abhängig Beschäftigten einen besonderen Nachdruck zu verleihen" [1, S. 90]. Insgesamt ist das der AOEWL zugrundeliegende zentrale Prinzip der „emanzipatorischen Rationalität" derart gehaltleer formuliert, daß eine Ableitung konkreter Handlungsanweisungen nicht möglich ist bzw. jede gewünschte Direktive abgeleitet werden kann.

Ein weiterer Mangel der AOEWL ist die fehlende Begründung dafür, warum sie sich „überwiegend desselben konzeptionellen und begrifflichen... Instrumentariums bedient, wie die von ihr angegriffene sog. kapitalorientierte Betriebswirtschaftslehre" [257, S. 723]. So greift die AOEWL auf die betriebswirtschaftliche Funktionsgliederung und den Formalismus der Systemtheorie zurück, ohne zu erkennen, „daß die wissenschaftliche Terminologie bereits theoretisch determiniert ist und forschungsstrategische wie erkenntnistheoretische Akzente setzt. Die Werthaftigkeit der Systemsprache wird verkannt. Der mühsam herausgearbeitete Unterschied etwa zwischen den Faktoren ‚Arbeit' und ‚Betriebsmittel' wird durch deren systemanalytische Neufassung als Elemente wieder verwischt" [257, S. 723]. Koubek weist zwar demgegenüber darauf hin, daß niemals die Möglichkeit besteht, „einen Neubeginn in theoretischer Hinsicht auf unbeflecktem Boden zu beginnen" [155, S. 43]. Bei der unumgänglichen Verwendung der verschiedenen betriebswirtschaftlichen Begriffe bedarf es aber der Begründung, warum diese nicht ähnlich dem Kosten- und Leistungsbegriff auf die arbeitsorientierte Zielsetzung hin inhaltlich neu bestimmt bzw. erweitert werden.

Der AOEWL ist schließlich Inkonsistenz bei der Festlegung ihrer Position gegenüber dem Wettbewerbsprinzip und der zentralen Planung vorzuwerfen. Einerseits spricht sich die Projektgruppe für die Autonomie der Einzelwirtschaften aus, die zwar eingeschränkt, aber nicht beseitigt werden soll. In diesem Zusammenhang ist von „indirekten Steuerungsinstrumenten" und dem „Koordinationsmechanismus monetärer Nachfrage" die Rede. Andererseits wird für eine bedarfsgerechte Versorgung der Bevölkerung eine Planvorgabe durch übergeordnete Instanzen als notwendig angesehen. Die entscheidenden Plandaten zur Absatz-, Preis- und Investitionspolitik sollen den Unternehmen durch überbetriebliche Stellen vorgegeben werden, was, worauf Hax, Wächter und Raffée hinweisen [272, S. 314; 221, S. 117], im Widerspruch zu der propagierten dezentralen Planung durch autonome Unternehmen steht. Offenbar wurde von der Projektgruppe „lediglich ein Katalog von Forderungen zusammengestellt, von denen man annimmt, daß sie bei den ‚Interessenten' gut ankommen, ohne den Versuch, die inneren Widersprüche innerhalb dieses Katalogs auch nur zu erörtern" [116, S. 802].

Die bisherige Kritik an dem Konzept der AOEWL bewegte sich auf der logisch-semantischen Ebene und richtete sich gegen die Leerformelhaftigkeit der „emanzipatorischen Rationalität", die fehlende Begründung für die Verwendung des konzeptionellen und begrifflichen Instrumentariums der Betriebswirtschaftslehre und schließlich die inkonsistente Position gegenüber dem Wettbewerbsprinzip und der zentralen Planung. Darüber hinaus sollen die Aussagen der AOEWL auch einer empirischen Prüfung unterzogen werden, um ihre Realitätsentsprechung beurteilen zu können und sie gegebenenfalls zu falsifizieren.

Die AOEWL geht von dem Interessengegensatz zwischen Kapital und Arbeit als grundlegender Struktureigenschaft unserer Gesellschaft aus und versucht gegenüber den bislang vorherrschenden Kapitalinteressen die arbeitsorientierten Interessen als Hauptziele durchzusetzen. Mit der Vorstellung der sich polar gegenüberstehenden Interessen von Kapital und Arbeit wird die AOEWL jedoch der komplexen Realität nicht gerecht. Nach den Ergebnissen der neueren betriebswirtschaftlichen Forschungen sind die tatsächlichen Interessenlagen viel verzweigter. So sind bei der Gruppe der Kapitaleigner die Interessen der Großaktionäre oder Gesellschafter mit Großeinlagen von denen der Kleinaktionäre zu unterscheiden, während unter den Arbeitnehmern die Arbeiter, die nichtleitenden Angestellten und die leitenden Angestellten oftmals voneinander abweichende Ziele verfolgen. Es ist irreführend, wenn die AOEWL aufgrund der verschiedenen Interessen der abhängig Beschäftigten von einer mehrdimensionalen arbeitsorientierten Zielsetzung spricht und ihr das eindimensionale Kapitalinteresse gegenüberstellt, da dieses wegen der unterschiedlichen Interessenlagen von Klein- und Großaktionären mit gleichem Recht als mehrdimensional bezeichnet werden kann. Als weitere Bezugsgruppen der Unternehmen nennt die Betriebswirtschaftslehre unter anderem die Konsumenten, die Geschäftspartner sowie Kommune, Land und Bund, die bei der vereinfachten Darstellung vom Konflikt zwischen Kapital und Arbeit unberücksichtigt bleiben. Schließlich bestehen zwischen den Gruppen der Arbeitnehmer und Kapitaleigentümer auch teilweise Interessenübereinstimmungen. Diese beziehen sich auf das gemeinsame Interesse an der Erhaltung der Unternehmungen, an der Gewinnerzielung als „Voraussetzung der Verteilung sowie an befriedigenden Arbeitsbedingungen" [58, S. 35]. Insgesamt ist das Klischee vom Kapital-Arbeit-Konflikt zu undifferenziert und zu realitätsfern; es erscheint als Parole für den sozialen

Kampf geeigneter als für die theoretische Analyse der in der Realität bestehenden, vielfältigen Interessengruppen.

Außer der Verkürzung bestehender Interessen am Unternehmen auf den Konflikt zwischen Kapitaleigentümern und Arbeitnehmern ist auch die Vorstellung der AOEWL als unrealistisch zu beurteilen, daß gegensätzliche arbeitsorientierte Interessen grundsätzlich nur kurzfristiger Natur seien und allein aus dem demokratischen Willensbildungsprozeß innerhalb der großen Gruppe der Arbeitnehmer entstünden. Es handelt sich hierbei um eine harmonistische Fiktion, die durch empirische Gegenbeispiele falsifiziert werden kann. So lassen sich Arbeitnehmer- und Verbraucherinteressen auch langfristig nicht konfliktfrei befriedigen, wenn beispielsweise erhöhte Arbeitnehmereinkommen die Konsummöglichkeiten (z. B. aufgrund höherer Preise) vermindern und Arbeitnehmer und Konsumenten verschiedene Personen sind [221, S. 117].

Einen weiteren Mangel deckt die empirische Überprüfung der AOEWL im Hinblick auf die Praktikabilität der gesamtwirtschaftlichen Lenkung auf. Der Vorschlag, den Preismechanismus teilweise durch Indikatoren, kollektive Vermögensfonds und Sozialtechnologien (Investitionslenkung, Arbeitsmarktgestaltung) zu ersetzen, stellt eine Lösung des gesamtwirtschaftlichen Koordinierungsproblems dar, die nicht grundsätzlich den gesamtwirtschaftlichen Nutzen vergrößern muß. Es kann vielmehr als realistisch angenommen werden, daß „die Gewinn- und Kapitalorientierung der Unternehmungen in manchen Sektoren zu einer besseren Versorgung führt (und zwar auch unter dem Kriterium einer Verbesserung der Lebensqualität und der Ressourcenschonung) als behördliche Planung“ [221, S. 117]. Schließlich äußert Wächter Bedenken, ob der von der AOEWL vorgestellte Katalog der Arbeitnehmerinteressen „empirischer Erforschung standhält und den wissenschaftlichen Erkenntnissen anderer Sozialwissenschaften, besonders der Psychologie, Psychoanalyse und Anthropologie, entspricht“ [272, S. 314].

Nach der logischen und empirischen Überprüfung ist die AOEWL abschließend unter normativen Gesichtspunkten näher zu untersuchen. Dabei lassen sich drei Hauptpunkte der Kritik unterscheiden:

(1) Mit dem Begriff „emanzipatorische Rationalität“ werden die Partikularinteressen der Gewerkschaften als gesellschaftliches Gesamtinteresse ausgegeben (Verschleierungsfunktion);
(2) Die „kollektiv-solidarische Interessenorientierung“ führt zu einer Vernachlässigung der individuellen Interessen der Arbeitnehmer und ihrer Entscheidungsfreiheit in einem demokratischen Willensbildungsprozeß;
(3) Die Rolle der Gewerkschaften als Interessenvertreter der Arbeitnehmer

sowie das Problem der innergewerkschaftlichen Demokratie bleiben unproblematisiert.

Der von der AOEWL verwendete *Begriff der „emanzipatorischen Rationalität“* entspricht nicht dem von Habermas geprägten „emanzipatorischen Erkenntnisinteresse“ einer Wissenschaft, die Zwänge unabhängig von speziellen Interessenlagen aufzeigen will [108, S. 163]. Die AOEWL versucht nicht den kritikfähigen Konsens der Arbeitnehmer im Rahmen einer Diskussion herbeizuführen, sondern ist vielmehr in Verfolgung der selbst aufgestellten Interessen zweckrational und somit nicht „emanzipatorisch“ angelegt [140, S. 179]. Das Schlagwort von der „emanzipatorischen Rationalität“ ist dazu geeignet, klassenspezifisch formulierte Partikularinteressen als Interessen der Gesamtbevölkerung auszugeben und die AOEWL zu einer Universalwissenschaft oder Quasi-Heilslehre hochzustilisieren, mit der alle Gegenwartsprobleme (z. B. auch Umweltschutz- und Verbraucherschutzprobleme) gelöst werden können [57, S. 21].

Die AOEWL lehnt eine individualistische Interessenorientierung als eine „bürgerliche Emanzipation“ ab und fordert statt dessen eine *„kollektiv-solidarische Interessenorientierung“*, die auf die tatsächlichen (wohlverstandenen) Interessen der Arbeitnehmer ausgerichtet ist. Bei der Beantwortung der entscheidenden Frage, wie das kollektiv-solidarische Interesse der Arbeitnehmer bestimmt werden soll, wird stets auf die Formel „demokratische Interessenabstimmung“ ausgewichen, die das Problem jeweils nur verdeckt und allein nicht zur Lösung beiträgt [116, S. 804]. Die Einstellung der AOEWL zu möglichen Konflikten zwischen einzelnen arbeitsorientierten Interessen sowie zu der Selbst- und Mitbestimmung vermag jedoch dazu nähere Auskünfte zu liefern. Die AOEWL spricht zwar kurz von der Möglichkeit gegensätzlicher arbeitsorientierter Interessen, hält diese aber nur von kurzfristiger Dauer und ignoriert im übrigen das zentrale Problem der Konsensfindung. Durch die Selbst- und Mitbestimmung über die eigenen Arbeitsbedingungen sollen die Arbeitnehmer die Möglichkeit zur Selbstentfaltung erhalten, aber wiederum nur im Rahmen einer kollektiv-solidarischen Orientierung an den Interessen der abhängig Beschäftigten überhaupt. Die Arbeitnehmervertreter in den Mitbestimmungsorganen werden nicht den speziellen Interessen der unternehmensangehörigen Arbeitnehmer verpflichtet, sondern dem kollektiv-solidarischen Interesse, das von übergeordneten Institutionen (Gewerkschaften) aufgestellt wird und zu seiner Verwirklichung einer Veränderung von Motivation und Bewußtseinslage der abhängig Beschäftigten bedarf [218, S. 216]. Diese von der AOEWL vorgeschlagene Interessenausrichtung emanzipiert jedoch den Arbeitnehmer nicht, sondern unterwirft ihn zusätzlichen Bindungen und schränkt seine individuellen Entwicklungsmöglichkeiten ein [116, S. 804]. Gerade auf die Erhaltung des individuellen Entscheidungsspielraumes kommt es aber an, wenn der Grundsatz von der Freiheit der Individuen zur Selbstbestimmung nicht verletzt werden soll.

Schließlich stellt die AOEWL die *Gewerkschaften als* selbstverständliche *Interessenvertreter der Arbeitnehmer* hin, ohne die Vor- und Nachteile verschiedener Arten einer Vertretung und Durchsetzung von Arbeitnehmerinteressen zu diskutieren. Es unterbleibt ferner der Nachweis, wie das Problem der Legitimation und Kontrolle von Macht durch das Abstützen auf die deutsche Einheitsgewerkschaft gelöst wird und „inwieweit politische Idee und Wirklichkeit in der gewerkschaftlichen Interessenvertretung auseinanderklaffen bzw. angenähert werden können“ [92, S. 252]. Die AOEWL läßt geradezu den Eindruck entstehen, als diene sie dazu, „einer sich abzeichnenden Identitätskrise zwischen Gewerkschaften und Arbeitnehmern zu begegnen“ [139, S. 39]. Die Interessenartikulation wird nicht den Arbeitnehmern durch Sicherstellung demokratischer Entscheidungs- und Kontrollprozesse selbst überlassen, sondern von den Gewerkschaften durch Verordnung kollektiv-solidarischer, tatsächlicher (wohlverstandener) Interessen vorgenommen. Das widerspricht aber den Grundsätzen von der Freiheit der Individuen zur Selbstbestimmung und der Legitimation von Macht durch die Machtbetroffenen und läßt sich damit nicht mit dem Demokratisierungsgedanken in Einklang bringen.

Faßt man die Kritik zusammen, so wird deutlich, daß die AOEWL keiner der drei Prüfungen (logisch, empirisch, normativ) standhält. Auf der logisch-semantischen Ebene richtet sich die Kritik vor allem gegen die Leerformelhaftigkeit der „emanzipatorischen Rationalität“ und die fehlende Begründung für die Übernahme betriebswirtschaftlicher Begriffe und Funktionen. Unter empirischen Gesichtspunkten fällt die undifferenzierte Vorstellung vom Konflikt zwischen Kapital und Arbeit sowie die realitätsferne Annahme von der langfristigen Harmonie zwischen den arbeitsorientierten Interessen auf. Die normative Prüfung hinsichtlich der demokratischen Grundprinzipien zeigt, daß die arbeitsorientierten Interessen von den Gewerkschaften interpretiert und als kollektiv-solidarische Ziele ausgegeben werden, während die individuellen Interessen der Arbeitnehmer und ihre Entscheidungsfreiheit in einem demokratischen Willensbildungsprozeß weitgehend unberücksichtigt bleiben. Insofern wird die kritisierte Parteilichkeit der Betriebswirtschaftslehre nur durch eine neue, alternative Parteilichkeit ersetzt [270, S. 350].

Trotz dieser Ablehnung ist den Autoren der AOEWL das Verdienst einzuräumen, von der Kritik an der einseitigen Interessenausrichtung der Betriebswirtschaftslehre ausgehend ein Konzept entwickelt zu haben, das die Probleme der arbeitenden Menschen in den Mittelpunkt zu stellen versucht. Die Bedeutung der AOEWL in ihrer gegenwärtigen Fassung ist in der Stimulusfunktion zu sehen, den bislang vernachlässigten Arbeitnehmerinteressen und Mitbestimmungsproblemen in den Wirtschaftswissenschaften ein größeres Gewicht zu geben [1, S. 90; 139, S. 40]. Darüber hinaus könnte sie sich mit ihren Fragen nach Vorverständnis und Praxiswirkung der Betriebswirtschaftslehre belebend auf die methodologische Diskussion auswirken [273, S. 200].

III Entwicklung eines interessenpluralistischen Modells sozialer Unternehmensverantwortung

1. Auswahl von Elementen bestehender Modelle zur sozialen Unternehmensverantwortung als Grundlage für ein neues interessenpluralistisches Modell

Die in Teil II diskutierten Modelle machten deutlich, daß die gesellschaftliche Verantwortung der Unternehmen kein grundlegend neues Phänomen der letzten zehn Jahre darstellt, sondern vielmehr Ergebnis einer historischen Entwicklung ist, die sich sowohl innerhalb der Unternehmung als auch in ihrer Umwelt vollzogen hat [22, S. 61; 93, S. 163]. Angesichts dieses gesellschaftlich-historischen Prozesses soll bei der Konstruktion eines neuen Modells sozialer Unternehmensverantwortung versucht werden, so weit wie möglich auf den bestehenden Modellelementen aufzubauen, die aus der Kritik sich ergebenden Modifikationen und Ergänzungen vorzunehmen und damit einen Beitrag zur weiterführenden Diskussion um die soziale Unternehmensverantwortung und zur Modellweiterentwicklung zu leisten.

Sämtliche sechs obengenannten Modelle vermögen geeignete Elemente für das neu zu entwickelnde Modell der sozialen Unternehmensverantwortung beizusteuern. Das *Marktmodell* verfolgt in seiner, gegenüber der klassischen Theorie weiterentwickelten Form des Gegengewichtsprinzips das Ziel, die negativen Auswirkungen der Unternehmensmacht durch Bildung geeigneter Gegenmacht zu kompensieren. Es geht davon aus, daß wirtschaftliche Macht immer eine Gegenmacht hervorruft, wodurch die originäre Macht gebunden und kontrolliert wird. Die Annahme von der zwangsläufigen Gegenmachtbildung und dem automatischen Interessenausgleich zwischen den gegengewichtigen Marktmächten ist allerdings, wie die Kritik in Teil II unter Pkt. 1.3 ergeben hat, grundsätzlich abzulehnen. Verzichtet man jedoch beim Gegengewichtsprinzip auf die mechanistische Version, so bleibt eine Methode der Machtordnung zurück, deren Anwendung einen geeigneten Ansatz für die Bindung der Unternehmensmacht ergeben kann. Als kontrollierende Gegenmächte kommen die verschiedenen Bezugsgruppen des Unternehmens in Frage, wie z. B. die Arbeitnehmer, Kapitaleigentümer, Konsumenten und die Standortgemeinde. Wenn diese ihre Interessen nicht nur unternehmensextern, sondern auch unternehmensintern geltend machen wollen, müssen sie nach Steinmann „auf der Führungsebene in das Großunternehmen integriert und entsprechende Verfahrensweisen für ihre Interaktion untereinander und mit der Unternehmensleitung geschaffen werden“ [260, S. 197].

Das *Treuhändermodell* stellt das gesellschaftliche Verantwortungsbewußtsein in den Mittelpunkt seiner Betrachtungen und appelliert an das Gewissen der Manager, ihre Macht als Treuhänder des öffentlichen Interesses auszuüben. Wenn auch die Vorstellung abzulehnen ist, daß das einseitige Gewinnstreben der Unternehmen sich allein durch den Willen von gesellschaftsorientierten Managern in den Hintergrund rücken läßt, so muß die sozialethische Einstellung der Manager immerhin als notwendige Bedingung für ein gesellschaftsverantwortliches Unternehmensverhalten angesehen werden. Unter diesem Gesichtspunkt sind Bemühungen zu begrüßen, ein gesellschaftsbezogenes Ausbildungssystem für Führungskräfte einzurichten, eine Berufsethik für Manager zu entwickeln und Verfahren für die Auswahl sozialverantwortlicher Manager anzuwenden [260, S. 171].

Die *Idee der sozialen Partnerschaft* konkretisiert die gesellschaftliche Verantwortung der Unternehmen für den innerbetrieblichen Bereich. Sie räumt dem einzelnen Arbeitnehmer ein Mitwirkungsrecht an seinem Arbeitsplatz ein und will diese Form der individuellen Mitbestimmung auf allen Ebenen der Hierarchie praktizieren. Außerdem sieht die Partnerschaftsidee eine Erfolgs- und Kapitalbeteiligung der Mitarbeiter vor, wodurch deren Einsatzbereitschaft stimuliert und ihr Verständnis für die Aufgaben des Unternehmens verbessert werden soll. Der Partnerschaftsidee ist zwar insgesamt eine einseitige Ausrichtung an den Leitungsinteressen (Unternehmensleitung, Eigentümer) und ein ausschließlich unternehmensintern orientierter Lösungsansatz vorzuwerfen; geeignet erscheint es aber im Sinne der demokratischen Grundprinzipien, die Organisationsstruktur stärker auf die Einflußmöglichkeiten des einzelnen Unternehmensmitgliedes auszurichten [47, S. 155]. Neben der Erweiterung der Rechte des einzelnen am Arbeitsplatz wird es darauf ankommen, den Mitarbeitern auch auf den verschiedenen Organisationsebenen (Ebene der Arbeitsgruppe, Betriebs- und Unternehmensebene) entsprechende Rechte einzuräumen, wie sie gegenwärtig schon beim Betriebsrat und in der Unternehmensmitbestimmung vorhanden sind [170, S. 2]. Darüber hinaus wird das neu zu entwickelnde Modell aber auch die Interessen unternehmensexterner Gruppen bei der Unternehmensmitbestimmung berücksichtigen müssen.

Das *Koalitionsmodell* interpretiert die Unternehmung als eine Koalition aller an ihr partizipierenden Individuen bzw. Gruppen, die eigenständige

Ziele verfolgen und im Rahmen von Verhandlungsprozessen das Zielsystem der Unternehmung gleichberechtigt untereinander aushandeln. Monetäre und nichtmonetäre Ausgleichszahlungen sollen dabei bestimmte Gruppen zur Modifizierung ihrer ursprünglichen Zielvorstellungen veranlassen und die Aufstellung einer gemeinsamen Zielfunktion ermöglichen. Das Modell ist wegen der realitätsfernen Prämisse symmetrischer Einflußmöglichkeiten der Koalitionsteilnehmer und der Beschränkung der Konsensfindung auf ein ausschließlich formales und entscheidungslogisches Vorgehen als Ganzes abzulehnen. Gibt man jedoch die Annahme der symmetrischen Zielformulierung auf, so bleibt ein Ansatz übrig, der über die Erfassung von Beiträgen und Bindungen der Individuen Kriterien für das zu fordernde Ausmaß ihrer Beteiligung an der Entscheidungsfindung liefern kann. Die Indikatoren für das Ausmaß der Verbundenheit mit dem System „Unternehmung" lassen sich in Anlehnung an Staehle wie folgt angeben [253, S. 3]:

(1) aus der Sicht des Organisationsteilnehmers
- Anzahl der alternativen Koalierungsmöglichkeiten
- Streuung des Engagements auf mehrere Organisationen (Risikostreuung)
- Ausmaß des Engagements relativ zum verfügbaren Leistungspotential

(2) aus der Sicht der Organisation
- Höhe der vom Organisationsteilnehmer geleisteten Beiträge

(3) aus der Sicht beider
- Fristigkeit der Verträge
- Bedingungen der Vertragsauflösung

Die Verbundenheit des einzelnen mit einer Organisation und damit seine Abhängigkeit steigen mit abnehmender Zahl seiner Wahlmöglichkeiten (Koalierungsmöglichkeiten), die ihrerseits von individuell nicht beeinflußbaren Umständen wie der Rechts- und Wirtschaftsordnung (z. B. freie Marktwirtschaft, freie Wahl des Berufes und des Arbeitsplatzes), der Marktform (z. B. Oligopol, Monopol) und der Marktsituation (z. B. Arbeitslosigkeit, Kapitalmangel, Rohstoffknappheit) determiniert werden. Weiterhin steigt die Abhängigkeit des einzelnen von der Organisation mit sinkender Risikostreuung und wachsendem Beitrag relativ zum gesamten verfügbaren Leistungspotential (z. B. Arbeitskraft, Finanzkraft). Im Gegensatz zu dem Kapitalgeber, der sein gesamtes Kapital in eine Unternehmung investiert und deshalb mit dem Schicksal dieser Organisation hinsichtlich seines Kapitals aufs engste verbunden ist, verfügt derjenige, der sein Vermögen auf mehrere Unternehmungen verteilt und somit sein Kapitalverlustrisiko streut, über eine größere Unabhängigkeit. Schließlich hängt die Integration des Einzelnen in die Organisation von der absoluten Höhe der geleisteten Beiträge, der Fristigkeit der abgeschlossenen Verträge und den Bedingungen der Vertragsauflösung ab. Ausgehend von der Norm, daß ein Mitspracherecht der Koalitionsteilnehmer am Entscheidungsprozeß des Unternehmens in Abhängigkeit von dem Grad ihrer Verbundenheit mit dem Unternehmen und der Höhe ihrer Beiträge gewährt werden soll, können sämtliche hier herausgearbeiteten Kriterien Anhaltspunkte für das neuzuentwickelnde Modell liefern, in welchem Ausmaß „die einzelnen Gruppen von Organisationsteilnehmern an der Entscheidungsfindung beteiligt werden sollen" [253, S. 6].

Das *Konzept gesellschaftsbezogener Rechnungslegung* strebt in Analogie zur erwerbswirtschaftlichen Rechnungslegung die Aufstellung einer gesellschaftsbezogenen Erfolgs- und Bestandsrechnung an. Die interne Berichterstattung soll dabei dem Unternehmen zum Aufbau eines effizienten gesellschaftsbezogenen Managementsystems dienen und die externe Berichterstattung die Grundlage für ein gesellschaftliches Kontrollsystem bilden. Dieses Konzept einer vollständigen Erfassung der von einem Unternehmen verursachten gesellschaftlichen Nutzen und Schäden erscheint jedoch wegen der offenkundigen Unterschätzung der Meß- und Interessenprobleme nicht realisierbar. Wenn der hohe Anspruch der Entwicklung von umfassenden Sozialbilanzen aber aufgegeben wird, kann mit einfachen Formen gesellschaftsbezogener Rechnungslegung (sozio-technische Datenkonzepte, Sozialberichte, gesellschaftsbezogene Leistungsrechnung) zumindest die Transparenz im Unternehmen selbst und im Feld zwischen Unternehmen und Gesellschaft verbessert werden. Damit derartige Berichte nicht von den herrschenden Gruppen im Unternehmen gesteuert und als Public-Relations-Instrument für ihre Interessen mißbraucht werden, müßten die verschiedenen gesellschaftlichen Bezugsgruppen des Unternehmens allerdings an der Aufstellung der gesellschaftsbezogenen Berichterstattung mitwirken. Die externe Berichterstattung könnte dann dazu beitragen, die Gefahr zu mindern, daß die Auseinandersetzung der verschiedenen Mächte im Unternehmen (originäre wirtschaftliche Macht und institutionalisierte Gegenmächte) der kontrollierenden Wirkung der Öffentlichkeit entzogen wird. Der Zweck der externen Berichterstattung besteht darin, die Öffentlichkeit so über die Aktivitäten der verschiedenen Unternehmensorgane zu unterrichten, „daß die wirtschaftspolitisch relevante Willensbildung im Großunternehmen in ihren großen Zügen nachvollziehbar wird" [260, S. 294]. Erst dann öffnet sich das Unternehmen nach außen hin grundsätzlich einer Kritik und kann die öffentliche Meinung als grobes Regulativ der Unternehmensmacht wirksam werden.

Die *Arbeitsorientierte Einzelwirtschaftslehre* (AOEWL) schließlich stellt die Interessen der abhängig Beschäftigten in den Mittelpunkt der Betrachtung, versucht deren Arbeitsbedingungen zu verbessern und will damit zugleich die gesellschaftlichen Grundverhältnisse in Richtung auf die Emanzipation und Humanisierung verändern. Wenn auch das Konzept vor allem wegen der undifferenzierten Vorstellung vom Konflikt zwischen Kapital und Arbeit, der realitätsfernen Annahme von der langfristigen Harmonie zwischen den arbeitsorientierten Interessen und der einseitigen Festlegung der arbeitsorientierten Ziele durch die Gewerkschaften abzulehnen ist, so bleibt doch die zentrale Bedeutung der Arbeitnehmer für die Unternehmung festzuhalten. Das neu zu entwickelnde Modell wird die Interessen der Arbeitnehmer *in gleichem Ausmaß* wie die der Kapitalgeber berücksichtigen müssen.

Die bisherigen Ausführungen haben gezeigt, daß die bestehenden Modelle zur sozialen Verantwortung der Unternehmen bei aller Kritik an ihrer umfassenden Gültigkeit doch geeignete Bausteine für die Entwicklung eines neuen Modells enthalten. Zur Konstruktion dieses Modells bedarf es allerdings einer Konkretisierung der bislang nur in Umrissen angedeuteten Ansätze. Dazu sollen nachfolgend vor allem die Vorschläge des Gegengewichtsprinzips und der Partnerschaftsidee zur Lösung der Machtordnungsproblematik weiterentwickelt werden.

2. Notwendigkeit einer institutionellen Reform der Unternehmensordnung

Die Notwendigkeit zum Angehen gegen die Macht der Unternehmen ergibt sich aus den demokratischen Grundnormen, besonders den Prinzipien der Freiheit zur Selbstbestimmung und der Legitimation von Macht durch die Machtbetroffenen. Mit diesen Prinzipien sind ungeregelte Machtpositionen der Unternehmen unvereinbar. Als grundsätzliche Möglichkeiten zur Lösung des gesellschaftlichen Problems der Unternehmensmacht werden in der Diskussion vor allem die Beseitigung der Unternehmensmacht, die Übertragung der Unternehmensmacht auf sozialverantwortliche Manager und die Kontrolle der Unternehmensmacht genannt (vgl. Abb. 26). Der erste Vorschlag, die Macht der Großunternehmen zu beseitigen, erscheint ungeeignet, weil das Machtproblem weder durch Auflösung der Großunternehmen in kleine Unternehmenseinheiten noch durch deren Verstaatlichung in befriedigender Weise gelöst werden kann. Die Auflösung der Großunternehmen

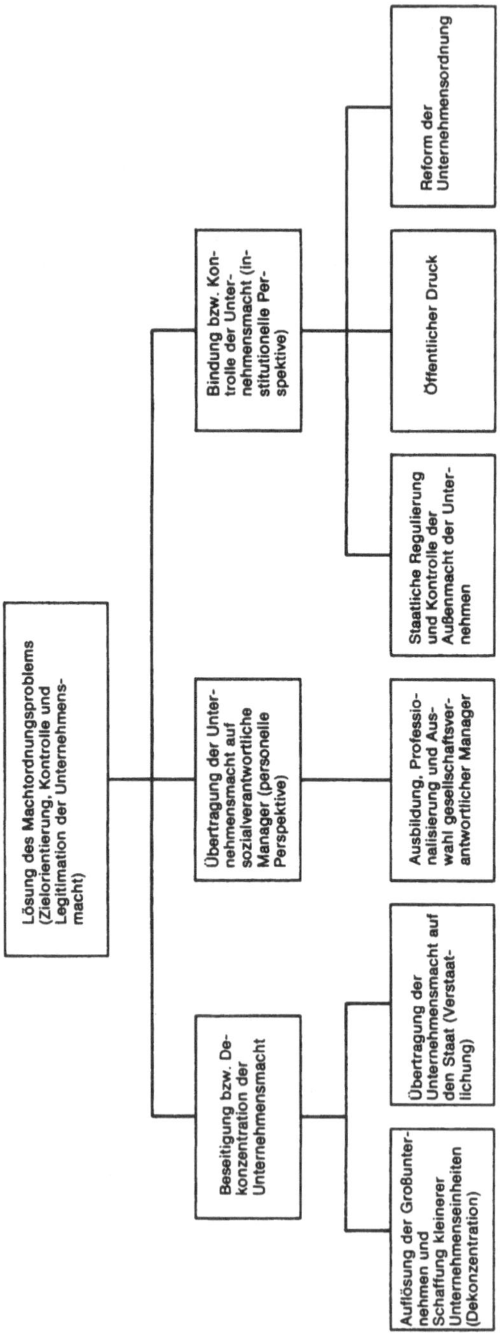

Abb. 26: Ansätze zur Lösung der Machtordnungsproblematik [260, S. 166]

eliminiert außer den negativen auch die positiven Auswirkungen der Unternehmenskonzentration (z. B. wirtschaftliche Innovation, technischer Fortschritt) und kann nicht verhindern, daß Macht sich wieder konzentriert, die dann wesentlich schwieriger zu erfassen und unter Kontrolle zu bringen ist.

Die Übertragung der Unternehmensmacht auf den Staat führt zu einer Vereinigung von politischer und wirtschaftlicher Macht in staatlicher Hand, mit der die Möglichkeiten der Machtkontrolle (Machtkontrollproblematik) erschwert werden und Probleme der Informationsbeschaffung und -verarbeitung entstehen, die zumindest zur Zeit noch nicht zu lösen sind (Lenkungsproblematik).

Nach Wegfall der ersten Möglichkeit lassen sich mit Popper zwei weitere Lösungsansätze zur Regelung der Machtordnungsproblematik angeben [216, S. 169]:

(1) Der personelle Ansatz versucht zu einer Lösung über die Ausbildung, Professionalisierung und Auswahl zukünftiger Machtinhaber zu kommen;
(2) Der institutionelle Ansatz will Machtmißbräuche durch institutionelle Kontrolle begrenzen.

Nach dem *personellen Ansatz*, der auch dem Treuhändermodell zugrundeliegt, geht es darum, die Unternehmensmacht in die Hände besonders qualifizierter und sozialverantwortlicher Manager zu legen. Angestrebt wird dies durch die Einrichtung geeigneter Ausbildungssysteme für Manager, durch deren Erfassung in einem Berufsstand mit hohem Berufsethos und durch Schaffung eines Auswahlverfahrens. Für sich allein ist der personelle Ansatz jedoch als unzureichend zu beurteilen, weil es keine idealen Methoden und Verfahrensweisen der Ausbildung, Bindung an ethische Standards und Auswahl von Managern gibt, die sicherstellen, daß wirklich nur die Qualifiziertesten und Verantwortungsbewußtesten die leitenden Positionen übernehmen. Darüber hinaus spricht gegen den personellen Ansatz, daß die Übernahme von Macht menschliche Verhaltensweisen verändern und damit die zuvor gebildete Beurteilung der Positionsanwärter hinfällig machen kann [152, S. 736]. Das gesellschaftliche Verantwortungsbewußtsein ist somit nur eine notwendige, aber nicht hinreichende Bedingung für eine befriedigende gesellschaftliche Machtordnung. „Dieses Verantwortungsbewußtsein muß ergänzt werden um die institutionellen Voraussetzungen für eine demokratische Legitimation und Kontrolle des Managements“ [30, S. 39].

Beim *institutionellen Ansatz* „wird mit der Möglichkeit gerechnet, daß schlechte oder inkompetente Personen Macht erwerben und mißbrauchen können und für derartige Fälle sollen geeignete Institutionen Sorge tragen, daß... kein zu großer Schaden entsteht" [260, S. 171]. Das Augenmerk liegt bewußt auf den negativen Aspekten der Macht. Es wird allerdings davon ausgegangen, daß die Mehrzahl der Machtinhaber kompetent und verantwortungsbewußt ist und Machtmißbräuche die Ausnahme bilden. Der institutionelle Ansatz erhebt darum nicht den Anspruch, auch dann noch schädliche Auswirkungen von Machtmißbräuchen begrenzen zu können, wenn diese in großem Maßstab auftreten [260, S. 471].

Als Möglichkeiten einer institutionellen Regelung der Unternehmensmacht bieten sich vor allem die staatliche Regulierung und Kontrolle unternehmerischer Außenmacht, der öffentliche Druck und die Reform der Unternehmensordnung an. Die *staatliche Regulierung und Kontrolle der Außenmacht der Unternehmen* hat für sich allein nur eine geringe praktische Bedeutung und Wirksamkeit, weil die ihr zur Verfügung stehenden Instrumente wie Gesetze, öffentliche Auflagen, Subventionen und die Rechtsprechung keine ausreichenden Mittel sind, die jeweilige Unternehmenssituation zu erfassen und davon ausgehend einen Interessenausgleich zwischen den verschiedenen Bezugsgruppen herbeizuführen. „Die Rechtsprechung wäre überfordert, wollte sie die unternehmerischen Entscheidungen auf einen ‚gerechten' Ausgleich der verschiedenen Unternehmensinteressen hin überprüfen" [260, S. 189]. Der staatlichen Regulierung und Kontrolle fehlt es an einem Kriterium, das als Maßstab für die Bewertung konkurrierender Interessen dienen könnte, so daß sich jede unternehmerische Entscheidung, wenn sie nicht gerade strafbar ist, in irgendeiner Form rechtfertigen läßt.

Die *Regulierung und Kontrolle der Unternehmen durch die Öffentlichkeit* setzt voraus, daß ihr sämtliche Informationen zugänglich gemacht werden, die für eine Beurteilung der unternehmerischen Zielfunktion und zur Ausübung der Kontrollfunktion erforderlich sind. Da es aber keine allgemeingültigen Beurteilungsmaßstäbe gibt, mit denen eine einseitige, an den Leitungsinteressen orientierte Berichterstattung der Unternehmen verhindert werden kann, ist die Grundlage für eine derartige Kontrolle der Unternehmen bereits in Frage gestellt. Darüber hinaus ist der „Umweg über die Öffentlichkeit" sehr viel weniger effizient als eine direkte Heranführung der Repräsentanten der verschiedenen Bezugsgruppen an die Entscheidungszentren des Unternehmens. „Das gilt für die vollständige und richtige Erfassung und Interpretation der relevanten Interessen ebenso wie für deren Umsetzung in eine operationale Zielfunktion, die weitgehend dem Ermessen der Unternehmensführung anheimgestellt bliebe. Die Verhinderung und Registrierung von Machtmißbräuchen sowie die Durchsetzung von Sanktionen wird schwierig und u. U. langwierig sein. Schließlich wird man sich mit einer Legitimation begnügen müssen, die auf eine mehr oder weniger umfassende und mehr oder weniger klar formulierte Anerkennung der Unternehmensführung durch die „öffentliche Meinung" hinausläuft" [260, S. 191].

Das Machtordnungsproblem (Zielorientierung, Kontrolle und Legitimation der Unternehmensmacht) kann allein weder durch staatliche Regulierung und Kontrolle unternehmerischer Außenmacht noch durch Einschaltung der Öffentlichkeit bei Ausweitung der Berichterstattung befriedigend gelöst werden. Eine brauchbare Lösung der Machtordnungsproblematik verspricht nur eine *Reform der Unternehmensordnung*, die durch die beiden obengenannten Verfahren staatlicher und öffentlicher Kontrolle ergänzt wird. Die heute kodifizierte Unternehmensordnung stellt den Niederschlag der Machtstruktur im 19. Jahrhundert dar und „regelt im wesentlichen nur die Rechte der Eigentümer und der Gläubiger im Unternehmen, nicht aber diejenigen der sonstigen im Unternehmen kooperierenden Interessengruppen" [164, S. 340]. Im Gesellschaftsrecht und in weiten Teilen der Betriebswirtschaftslehre zeigt sich das unter anderem an folgenden Punkten [56, S. 10; 195, S. 178]:

(a) Das Unternehmen wird primär als Gewinnerzielungssystem der Eigentümer verstanden;
(b) Als Gewinn wird nur das bezeichnet, was dem Eigentümer zukommt; die Löhne und Gehälter der Arbeitnehmer werden als Kosten aufgefaßt;
(c) Die Eigentümer haben über ihre Kapitaleinlage ein Vermögens-, Gewinn- und Stimmrecht;
(d) Hinweise auf die Machtstruktur im Unternehmen gibt häufig schon die Sprache, wenn Unternehmen und Gesellschafter in vielen Fällen nicht einmal begrifflich getrennt werden oder die „Mitbestimmung als Aufhebung der inneren Autonomie bezeichnet wird, obwohl das nicht die Autonomie der Institution betrifft, sondern die Autonomie der Gesellschafter zur alleinigen Leitung der Institution" [56, S. 11].

Eine Ausnahme von der interessenmonistischen Regelung bilden die Mitbestimmungsgesetze, die jedoch nur für Kapitalgesellschaften nicht aber auch für Personengesellschaften gelten und die Interessen unternehmensexterner Interessengruppen, wie z. B. der Verbraucher, nicht berücksichtigen. Insgesamt muß die bestehende Unternehmensordnung wegen ihrer einseitigen Ausrichtung an den Eigentümerinteressen als unzulänglich und dringend reformbedürftig angesehen werden. Sie bildet die zentrale Schwachstelle und stellt einen vielversprechenden Ansatzpunkt für eine interessenpluralistische Lösung des Machtordnungsproblems dar [278, S. 217].

Will man die verschiedenen Interessengruppen durch direkte Einwirkung auf die Entscheidungszentren des Unternehmens auf der Grundlage des Gegengewichtsprinzips gegen einen Machtmißbrauch schützen, so erfordert das ihre Vertretung in mindestens einem Unternehmensorgan und die Umgestaltung der Unternehmensordnung zu einer gegengewichtigen Machtordnung. Die Fragen, die für eine derartige Reform zu klären sind, sollen nachfolgend im einzelnen behandelt werden, wobei von dem Begriff der Unternehmensverfassung ausgegangen wird.

3. Begriff der Unternehmensverfassung

Der Begriff „Unternehmensverfassung" findet sich in der Literatur noch relativ selten und ist im Vergleich zur Staatsverfassung erst wenig analysiert worden. Häufig werden die Begriffe Unternehmensverfassung und Betriebsverfassung auch synonym verwendet, „obwohl damit betriebswirtschaftlich und vor allem auch in juristischer Betrachtungsweise völlig verschiedene Ebenen einer Betriebswirtschaft angesprochen werden" [178, Sp. 1967].

Bei der Unternehmensverfassung geht es ebenso wie bei der Staatsverfassung um die Regelung der Leitungs- und Kontrollstruktur einer Sozialinstitution (Unternehmen bzw. Staat) sowie die Festlegung der Grundrechte und -pflichten der in dieser Institution zusammenwirkenden Menschen und Gruppen, die unterschiedliche Interessenziele verfolgen. In Anlehnung an Wild kann die Unternehmensverfassung als eine in Gesetzen kodifizierte Grundordnung des wirtschaftlichen Zweckverbandes „Unternehmen" definiert werden, die im einzelnen Angaben macht über [285, S. 60]:

- die wichtigsten Organe des Unternehmens, ihre institutionelle Eingliederung, ihre Zusammensetzung und ihr Zusammenwirken;
- Legitimation und Zustandekommen, Aufgaben, Befugnisse und Verantwortung der Unternehmensorgane und ihrer Mitglieder;
- den Vollzug der Willensbildung und -durchsetzung;
- das Verhältnis des Unternehmens nach außen sowie
- die Rechte und Pflichten der Einzelmitglieder bzw. Mitgliedergruppen.

Die Unternehmensverfassung fixiert damit die grundsätzlichen Macht- und Herrschaftsverhältnisse im Unternehmen. Zu dem so geschaffenen „groben Machtraster" müssen formelle Regelungen für die Machtverteilung auf der Betriebsebene hinzutreten. Dies fällt in den Aufgabenbereich der Betriebsverfassung, die sich mit der Machtordnung der Betriebe als den arbeitstechnisch organisierten Einheiten in Unternehmen befaßt und für die Unternehmensmitglieder detaillierte Machtbereiche und -mittel festlegt [100; 83]. Die Betriebsverfassung übernimmt in Ergänzung zur Unternehmensverfassung die Aufgabe, hierarchische und prozessuale Strukturen zu schaffen, die ein geordnetes Erreichen der Unternehmensziele ermöglichen.

Aus der oben gegebenen Definition der Unternehmensverfassung wird ersichtlich, daß für ihre konkrete Ausgestaltung bzw. Reform eine Reihe von Fragen beantwortet werden müssen, von denen die wichtigsten nachstehend aufgeführt sind [115, S. 84]:

(1) *Mitbestimmungsinteressen:* Welche Interessengruppen sollen im Unternehmen mitbestimmungsberechtigt sein? Wessen Ziele sollen realisiert werden?

(2) *Mitbestimmungsorgane:* Welche Unternehmensorgane sollen interessenpluralistisch ausgerichtet werden?

(3) *Repräsentations- und Konstituierungsproblematik:* Welcher Personenkreis soll von wem legitimiert in den Mitbestimmungsorganen vertreten sein?

(4) *Konfliktlösung:* Welche Regelungen sollen für die Schaffung eines Interessenausgleichs getroffen werden?

Diese Fragen sind im Zeitablauf immer wieder neu zu stellen, um zu gewährleisten, daß die jeweils aktuellen Interessengruppen des Unternehmens auch erfaßt und die mit der bestehenden Unternehmensverfassung gewonnenen Erfahrungen in Verbesserungsvorschläge umgesetzt werden.

4. Grundprobleme bei der Reform der Unternehmensverfassung

4.1 Geltungsbereich der Unternehmensverfassung

Im Hinblick auf den Geltungsbereich der Unternehmensverfassung können, ohne an dieser Stelle bereits auf die verschiedenen Abgrenzungskriterien einzugehen, allgemein die Bereiche der Großunternehmen (mehr als 2000 Beschäftigte) sowie der Mittel- und Kleinunternehmen (weniger als 2000 Beschäftigte) unterschieden werden. Die Einführung einer Unternehmensverfassung, welche die Beteiligung mehrerer Interessengruppen am Entscheidungsprozeß im Unternehmen vorsieht, empfiehlt sich unseres Erachtens nur für den oben umrissenen Bereich der Großunternehmen. Das entspricht der Konzeption, daß der Grad rechtlicher Bindung von Unternehmensmacht von der Größe und der volkswirtschaftlichen Bedeutung der Unternehmen abhängen soll. „Je größer das Unternehmen, um so schärfer die Publizitätsvorschriften, um so größer und vielfältiger die Zahl der im Unternehmen vertretenen Interessen, um so zahlreicher die Unternehmensorgane und um so stärker eben auch die rechtliche Bindung der Unternehmensleitung!" [163, S. 141]. Demgegenüber betreffen die der gesellschaftspolitischen Ordnung bedürftigen Probleme bei mittleren und kleinen Unternehmen im wesentlichen nicht die Ebene des Unternehmens (wirtschaftlich-rechtliche Einheit), sondern die des Betriebes (technisch-organisatorische Einheit innerhalb des Unternehmens). „Je kleiner das Unternehmen, um so weniger bedarf die Unternehmensordnung einer rechtlichen Institutionalisierung; es handelt sich dann in erster Linie um Fragen... der Betriebsverfassung" [31, S. 168].

Für die Beschränkung einer pluralistischen Unternehmensverfassung auf Großunternehmen sprechen weiterhin ordnungspolitische und rechtliche Gesichtspunkte. Geht man von dem liberalen Grundprinzip aus, daß Chance und Risiko bzw. Kompetenz und Verantwortung kongruent sein müssen, erscheint es nicht zumutbar, den Unternehmenseigentümern eine unbeschränkte persönliche Haftung aufzubürden, wenn an den Entscheidungen im Unternehmen Interessengruppen beteiligt werden, die nicht ein entsprechendes Risiko tragen. Insofern spricht einiges dafür, „Vollhaftung und Mitbestimmung wirtschaftlich für unvereinbar zu erklären" [59, S. 134]. Da vollhaftende Eigentümer besonders im Bereich der Klein- und Mittelunternehmen auftreten, scheidet die Einführung einer interessenpluralistischen Unternehmensverfassung für diese Unternehmen wegen der damit verbundenen Kollision zwischen Vollhaftung und Mitbestimmung aus. Im Bereich der Großunternehmen sind die Einkommens- und Vermögensrisiken der meisten Eigentümer demgegenüber verhältnismäßig stark begrenzt. Das gilt einmal für Kapitalgesellschaften, bei denen die persönliche Haftung grundsätzlich auf die Kapitaleinlage beschränkt und in denen die Dividendenpolitik in der Regel von den kurzfristigen Gewinnschwankungen losgelöst ist. Das gilt darüber hinaus aber auch für alle Unternehmen, die eine große Anzahl von Arbeitnehmern beschäftigen und die bei unternehmensindividuellen Schwierigkeiten vom Staat zur Vermeidung von Arbeitslosigkeit unterstützt werden [85, S. 309]. Die Einführung einer pluralistischen Unternehmensverfassung dürfte darum im Bereich der Großunternehmen hinsichtlich des Prinzips der Übereinstimmung von Haftung und Entscheidungsbefugnis keine besonderen Schwierigkeiten bereiten. Außerdem werden durch die Beschränkung der pluralistischen Unternehmensverfassung auf die Großunternehmen auch rechtliche Bedenken gegen den sogenannten „mittelbaren Rechtsformzwang" abgeschwächt [283, S. 576]. Die Befürchtung des „mittelbaren Rechtsformzwanges" bringt zum Ausdruck, daß die Einführung einer pluralistischen Unternehmensverfassung zu einer Flucht der Gesellschafter aus der persönlichen Haftung und damit zu einer Umwandlung bestehender Personen- in Kapitalgesellschaften führen könnte, was nicht im Sinne einer praktizierten Rechtsformenvielfalt und innovationsfördernden Wirtschaftsordnung wäre. Diese Bedenken erscheinen für den Bereich der Großunternehmen jedoch weitgehend gegenstandslos, da die Großunternehmen im allgemeinen in der Rechtsform der Kapitalgesellschaft auftreten.

Darüber hinaus empfiehlt sich eine Beschränkung der pluralistischen Unternehmensverfassung auf die Großunternehmen aus pragmatischen Gründen, da die Einführung pluralistisch besetzter Mitbestimmungsorgane für Kleinunternehmen zu aufwendig wäre und deren Handlungsfähigkeit zu stark hemmen würde [162, S. 225]. Insgesamt erscheint eine interessenmonistische Ordnung in kleinen und mittleren Unternehmen unter gesamtgesellschaftlichen Gesichtspunkten vertretbar, obwohl die Schutzbedürftigkeit der Belegschaft in diesen Unternehmen häufig augenfälliger ist als in den Großunternehmen. Der Verzicht auf eine pluralistische Unternehmensverfassung bei kleinen und mittleren Unternehmen entspricht dem marktwirtschaftlich-dezentralen und damit auf Privatautonomie (Grundsatz der Freiheit zur Selbstbestimmung) beruhenden Wirtschaftssystem, in dem die freie Initiative des Einzelunternehmers als vorteilhaft für einen gesamtwirtschaftlichen Leistungswettbewerb angesehen wird [152, S. 733].

4.2 Auswahl der einzubeziehenden Interessengruppen (Mitbestimmungsinteressen)

Bei der Ausgestaltung der Unternehmensverfassung geht es zunächst um die Frage, welche Interessengruppen im Unternehmen vertreten sein sollen bzw. wie man das Unternehmen als „Sozialverband" abgrenzen soll. In der Literatur werden im wesentlichen drei Ansätze zur Abgrenzung des Unternehmensverbandes diskutiert [284, S. 403].

(1) Der Unternehmensverband soll alle Personen umfassen, die sich regelmäßig am betrieblichen Interaktionssystem beteiligen und damit eine aktive Rolle im Prozeß der Leistungserstellung spielen (Ansatz der Organisationssoziologie).

(2) Der Unternehmensverband ist als die Gesamtheit der Personen anzusehen, die auf den Entscheidungsprozeß im Unternehmen Einfluß nehmen.

(3) Der Unternehmensverband soll alle Personen umfassen, die langfristig von dem Unternehmen betroffen sind und deshalb ein dauerhaftes Interesse an ihm haben.

Die erste Möglichkeit zur Abgrenzung des Unternehmensverbandes erfaßt nur die am Unternehmensprozeß aktiv beteiligten Eigentümer-Unternehmer, Manager und Arbeitnehmer, während unternehmensexterne Gruppen, wie Konsumenten und dauerhaft betroffene Bürger der Standortgemeinde, unberücksichtigt bleiben. Der zweite Ansatz bezieht ein weiter gefaßtes Interessenspektrum ein. Nach ihm setzt sich der Unternehmensverband im wesentlichen aus einigen Kapitaleignern (herrschenden Gesellschaftern), wenigen Arbeitnehmern (leitenden Angestellten), Vertretern der Banken sowie zur Zeit für das Unternehmen wichtigen Kunden und Lieferanten zusammen. Der Unternehmensverband ist danach mit den herrschenden Interessen gleichzusetzen. Beide Ansätze bieten offensichtlich unter demokratischen Gesichtspunkten keine brauchbare Grenzziehung, da die Grundsätze der Legitimation der Unternehmensmacht durch die Machtbetroffenen und der Freiheit zur Selbstbestimmung für wichtige Interessengruppen, wie die Konsumenten oder die Bürger der Standortgemeinde, nicht erfüllt sind.

Im Hinblick auf die Verwirklichung demokratischer Grundprinzipien scheint nur der dritte Ansatz einer Abgrenzung des Unternehmensverbandes geeignet zu sein. Dabei werden allerdings nicht alle von dem Unternehmen betroffenen und an ihm interessierten Personen zum Unternehmensverband gerechnet. Um nicht die Handlungsfähigkeit des Führungssystems unnötig zu gefährden, wird der Unternehmensverband vielmehr auf den Personenkreis beschränkt, der langfristig vom Unternehmen betroffen ist und somit ein dauerhaftes Interesse am Unternehmensschicksal hat. Damit ist auch ein gewisser Grundkonsens aller Unternehmensbeteiligten gewährleistet, der im gemeinsamen Interesse am langfristigen Fortbestand des Unternehmens [187, S. 87] und an der Erzielung eines hohen Gewinns bzw. einer hohen Wertschöpfung [55, S. 92] zum Ausdruck kommt. Bei den zum Unternehmensverband zählenden Personen lassen sich allgemein zwei Arten von Gruppen unterscheiden:

(a) *Grundsätzlich auftretende Interessen, die bei allen Unternehmen nachweisbar sind:* Arbeitnehmerinteressen; Kapitaleignerinteressen; Interessen von Kommune, Land und Bund.

(b) *Unternehmensabhängig auftretende Interessen:* Konsumenteninteressen; Interessen von Bürgern der Standortgemeinde (z. B. Anwohner, Arbeitslose und Rentner); Interessen von Gläubigern, gewerblichen Abnehmern und Lieferanten.

Die *Arbeitnehmer* sind mit dem Unternehmen besonders eng verbunden. Ihre Interessenlage als Gruppe richtet sich „weit über den engen Rahmen des Arbeitsvertrages, die Festlegung der Entlohnung, die Regelung von Arbeitsbedingungen und -zeiten hinaus auf das Schicksal des Gesamtunternehmens; denn in welchen Entscheidungen der Unternehmensführung sich die wirtschaftliche Macht des Großunternehmens auch dokumentiert, ob es sich um Investitions-, Stillegungs-, Preisentscheidungen oder etwa die Gewinnverteilung handelt, immer werden Arbeitnehmer in mehr oder weniger großem Umfange berührt" [260, S. 177]. Den Arbeitnehmern des Unternehmens ist deshalb ein Mitbestimmungsrecht in der Unternehmensverfassung einzuräumen. Allerdings kann dieser Anspruch nicht auf die Arbeitnehmer schlechthin (Interessen der Arbeitnehmerschaft eines ganzen Volkes) ausgedehnt werden, da die Machtausübung des einzelnen Großunternehmens sich im wesentlichen nur gegenüber seinen eigenen Arbeitnehmern erstreckt nicht jedoch gegenüber der gesamten Arbeitnehmerschaft.

Zu der Gruppe der Arbeitnehmer werden nach dem Mitbestimmungsgesetz von 1976 im einzelnen die Arbeiter, die Angestellten (ohne Dispositionsbefugnis) und die leitenden Angestellten gezählt. Nach dem Angestelltenversicherungsgesetz (AVG § 3 I) und nach der Verkehrsanschauung besteht der Unterschied zwischen Arbeitern und Angestellten im wesentlichen darin, „daß der Angestellte überwiegend geistige, der Arbeiter überwiegend körperliche Arbeit leistet. Diese Einteilung wird auch in anderen Gesetzen und insbesondere in arbeitsrechtlich bedeutsamen Regelungen zugrunde gelegt" [46, S. 16]. Unter den leitenden Angestellten schließlich versteht das Betriebsverfassungsgesetz diejenigen Personen, die

„(1) zur selbständigen Einstellung und Entlassung von im Betrieb oder in der Betriebsabteilung beschäftigten Arbeitnehmern berechtigt sind oder
(2) Generalvollmacht oder Prokura haben oder
(3) im wesentlichen eigenverantwortlich Aufgaben wahrnehmen, die ihnen regelmäßig wegen deren Bedeutung für den Bestand und die Entwicklung des Betriebs im Hinblick auf besondere Erfahrungen und Kenntnisse übertragen werden" (BetrVG § 5 III).

Für die Vertretung der leitenden Angestellten auf der Arbeitnehmerseite des Aufsichtsorgans spricht, daß sie aufgrund ihrer Ausbildung, Tätigkeit und Managementerfahrung die Entscheidungsgrundlagen der Arbeitnehmerseite bereichern und so eine bessere Kontrolle des Vorstands ermöglichen können. Außerdem können ihre Eigeninteressen, die sich aus ihrer besonderen Stellung ergeben, nicht oder nur unbefriedigend von den Kapitalvertretern oder den übrigen Arbeitnehmervertretern wahrgenommen werden (Minderheitenschutz). Bei einer Nichtberücksichtigung der leitenden Angestellten in der Unternehmensverfassung ist zu befürchten, daß eine Verselbständigung von Entscheidungsmacht (Technostruktur) stattfindet, mit der die angestrebte Machtbalance zwischen den verschiedenen Interessengruppen zur Fiktion wird [115, S. 86].

Die Interessen der *Kapitaleigner* sind auf das Unternehmen als Leistungsgemeinschaft bezogen. Während die großen Kapitaleigner (Großaktionäre, Gesellschafter mit Großeinlagen bei OHG, KG und GmbH) wegen ihrer hohen und meist langfristig investierten Geldsummen auf das engste mit dem Unternehmen verbunden sind, ist die typische Interessenlage der kleinen Kapitaleigner weniger eindeutig. Sie sind wirtschaftlich eher als Darlehensgeber zu beurteilen und haben häufig nur ein geringes Interesse an der Wahrnehmung ihrer Mitgliedschaftsrechte. Im Einzelfall kann die Einlage für den kleinen Kapitaleigner jedoch in Relation zu seinem Vermögen so bedeutungsvoll sein, daß sich daraus ein intensives Interesse an der Entwicklung des Gesamtunternehmens ergibt.

Die *Interessen von Kommune, Land und Bund* sind darauf gerichtet, die Entscheidungen der Großunternehmen so weit wie möglich mit den allgemeinen politischen Anstrengungen zur Verbesserung der Lebensbedingungen abzustimmen und schädliche Auswirkungen auf die Lebensqualität in der Standortgemeinde bzw. in dem Standortland zu vermeiden. Die Vertreter von Kommune, Land und Bund bilden neben den Arbeitnehmern und Kapitaleignern eine dritte grundsätzlich auftretende Mitbestimmungsgruppe im Unternehmen, können aber nicht den Anspruch erheben, Träger des „Allgemeininteresses" zu sein und daraus einen Vorrang gegenüber den anderen Mitbestimmungsgruppen ableiten. Der Begriff „Allgemeininteresse" wird dabei als Synonym für „öffentliches Interesse", „öffentliches Wohl" und „Gemeinwohl" verwendet und bezeichnet die gemeinsamen oder mehrheitlich akzeptierten Ziele der Gesellschaft als Ganzes [208, S. 355]. Gegen den Anspruch einzelner Gruppen, Träger des „Allgemeininteresses" zu sein, ist einzuwenden, daß das „Allgemeininteresse nicht grundsätzlich mit einzelnen Gruppeninteressen übereinstimmen muß. Darüber hinaus können aus dem Begriff „Allgemeininteresse" einander widersprechende Unterbegriffe abgeleitet und damit unterschiedliche Handlungsanweisungen gewonnen werden. Wegen der schwierigen intersubjektiven Überprüfbarkeit und fehlenden Operationalisierung des Terminus „Allgemeininteresse" kann man davon ausgehen, daß es sich bei diesem Begriff um eine Leerformel handelt [226, S. 51; 147, S. 230].

Neben den genannten drei grundsätzlichen Mitbestimmungsinteressen sind in Abhängigkeit von der Unternehmenssituation auch die Interessen von Verbrauchern, Bürgern der Standortgemeinde sowie von Gläubigern, gewerblichen Abnehmern und Lieferanten zu berücksichtigen. Die *Verbraucherinteressen* richten sich auf eine „ausreichende und kontinuierliche Versorgung mit qualitativ befriedigenden und preiswerten Gütern und Dienstleistungen. Sie beziehen sich also auf die gesamte Leistungserstellung des Unternehmens und damit auf die ganze Unternehmensführung..." [260, S. 179]. Das Auftreten der Verbraucherinteressen kann als situationsabhängig angesehen werden, da nicht jede Branche Konsumenten als Direktabnehmer hat [268, S. 175]. Verbraucherinteressen können zwar auch auf konsumferne Industrien gerichtet sein; sie werden dort aber in aller Regel nicht das gleiche Gewicht haben wie die Verbraucherinteressen an konsumnahen Industrien. Für die Festlegung, ob die Verbraucher in der Unternehmensverfassung vertreten sein sollen oder nicht, empfiehlt es sich, branchenspezifische Regelungen zu treffen.

Außer den Verbrauchern können auch die *Bürger der Standortgemeinde* ein Mitbestimmungs- oder Mitwirkungsrecht erhalten, wenn sie langfristig vom Unternehmen betroffen sind und somit ein dauerhaftes Interesse an ihm haben. Zu denken wäre dabei an die Interessen von Arbeitslosen, Rentnern, Schülern und Studenten sowie an die Umweltschutzinteressen von Bürgern in der Umgebung großer Energieunternehmen oder Flughäfen.

Schließlich sind auch die *Interessen von Gläubigern, gewerblichen Abnehmern und Lieferanten* zu berücksichtigen, wenn das näher zu präzisierende Kriterium der Langfristigkeit ihrer Leistungsbeziehungen zum Unternehmen erfüllt ist. Die enge Bindung dieser Gruppen an das Großunternehmen dokumentiert sich in der Praxis in der Zusammensetzung des Aufsichtsrates, in dem nicht selten Kreditoren, Lieferanten und gewerbliche Abnehmer zu finden sind [213, S. 75; 31, S. 43].

Der Kreis der genannten notwendigen und möglichen Mitbestimmungsgruppen kann sich im Zeitablauf ändern. „Es gilt daher dauernd Ausschau zu halten nach neuen Interessengruppen, die in den Einflußbereich der wirtschaftlichen Macht des Großunternehmens geraten, um sie gegebenenfalls in der Unternehmensordnung zu berücksichtigen. Nur dadurch kann das Gesamtsystem offen gehalten und dynamisch gestaltet werden" [260, S. 182].

4.3 Festlegung der Mitbestimmungsorgane im Unternehmen

Bei der Diskussion der Frage, in welchen Unternehmensorganen die Mitbestimmungsinteressen vertreten sein sollen, empfiehlt es sich, von den Organen der Aktiengesellschaft auszugehen, da diese die am vollkommensten durchgebildete Rechtsform des geltenden Handels- und Gesellschaftsrechts darstellt. Analog zu den Organen Hauptversammlung, Aufsichtsrat und Vorstand der Aktiengesellschaft wird in zahlreichen Vorschlägen zur Unternehmensverfassung eine Unternehmensversammlung, ein Unternehmensrat und eine Unternehmensleitung vorgesehen [197, S. 63; 64, S. 136].

Weitgehende Übereinstimmung herrscht in der Literatur, daß die *Unternehmensleitung* von einer interessenpluralistischen Besetzung ausgenommen bleiben muß. „Als Exekutive unterliegt sie der Notwendigkeit einheitlicher Willensbildung, die schnell und effektiv sein muß, was... die Institutionalisierung von Interessengegensätzen verbietet" [64, S. 147]. Darüber hinaus umfaßt die Unternehmensführung Aufgaben, „die spezielle Fähigkeiten, eine fundierte Ausbildung und ständige berufsbegleitende Weiterbildung erfordern" [254, S. 383]. Für die Besetzung der Unternehmensleitung kommt es deshalb allein auf die fachliche und menschliche Qualifikation der Bewerber und nicht auf deren Zugehörigkeit zu einer bestimmten Interessengruppe an.

Die beiden verbleibenden Organe, Hauptversammlung und Aufsichtsrat bzw. Unternehmensversammlung und Unternehmensrat, kommen grundsätzlich für eine interessenpluralistische Ausgestaltung in Frage. Die *Hauptversammlung* der AG, die je nach der Zusammensetzung des Aktionärskreises von einer unbestimmten Zahl Stimmberechtigter besucht wird, muß dazu in eine Unternehmensversammlung mit einer fest bestimmten Zahl von Interessenvertretern umgewandelt werden, so daß das Stimmenverhältnis der Gruppen untereinander keinen Zufällen unterworfen ist. Außerdem sollte die Unternehmensversammlung eine bestimmte Gesamtgröße nicht überschreiten (z. B. 50 Mitglieder), damit „über wichtige Angelegenheiten des Unternehmens ein echter und ernsthafter Gedankenaustausch stattfinden kann" [197, S. 67]. Welche Aufgaben im einzelnen in den Zuständigkeitsbereich der Unternehmensversammlung fallen sollen, ist an dieser Stelle noch nicht zu erörtern; ihre zentrale Aufgabe besteht in jedem Fall darin, den in Anlehnung an den Aufsichtsrat geschaffenen Unternehmensrat zu wählen.

Der *Aufsichtsrat* wird im allgemeinen als das geeignetste Gremium zur pluralistischen Gestaltung und Kontrolle der Unternehmensentscheidungen angesehen [115, S. 87]. Dies ist vor allem darauf zurückzuführen, daß der

Aufsichtsrat im Vergleich zur Hauptversammlung flexibler handeln und damit offensichtliche Mißstände in der Leitung schneller abstellen kann. Zur Überprüfung, ob der Aufsichtsrat in der Unternehmenspraxis tatsächlich die Aufgaben wahrnehmen kann, die ihm zugeschrieben werden, sollen die nachfolgenden aufgeführten Einflußmöglichkeiten näher untersucht werden [40, S. 34]:

(1) Wahl des Vorstandes,
(2) Ex-Post-Kontrolle der Unternehmensleitung,
(3) Billigungsvorbehalt bei wichtigen Entscheidungen,
(4) Beratung des Vorstandes bei den laufenden Aufgaben der Unternehmensführung.

Im Aktiengesetz ist vorgesehen, daß der Vorstand allein vom Aufsichtsrat gewählt wird. In der Praxis findet der eigentliche Auswahlprozeß jedoch in der Regel nicht im Aufsichtsrat, sondern in informellen Vorgesprächen zwischen Mitgliedern des Aufsichtsrats und des Alt-Vorstandes bzw. der Gewerkschaften (Wahl des Arbeitsdirektors nach Montan-Mitbestimmungsgesetz) statt. Nach Abschluß dieser Vorgespräche wird dem Aufsichtsrat im allgemeinen nur ein einziger Kandidatenvorschlag für den vakanten Vorstandsposten unterbreitet. Die Folge ist eine Abwertung des Aufsichtsrats zu einem reinen Beschlußorgan, in dem nur noch über den vorgelegten Kandidatenvorschlag abgestimmt, nicht aber unter mehreren Alternativvorschlägen ausgewählt wird [220, S. 193]. Die *Wahl der* neuen *Vorstandsmitglieder* erfolgt somit weitgehend, wie Brinkmann-Herz feststellt, über eine Kooptation durch den alten Vorstand und im Sonderfall des Arbeitsdirektors (Montanmitbestimmung) durch die Entscheidung unternehmensexterner Gewerkschaftsfunktionäre [39, S. 78].

Die Aufsichtsratsmitglieder sind bei der *ex-post-Kontrolle*, die hauptsächlich im Zusammenhang mit dem Jahresabschluß und der Diskussion des Abschlußberichtes stattfindet, erst einmal darum bemüht, ihr Informationsdefizit gegenüber dem Vorstand aufzubessern. Sie nehmen die Untersuchungen der Unternehmensvorgänge als Nebenbeschäftigung vor und sind darauf angewiesen, daß der Vorstand ihnen sämtliche benötigten Informationen liefert. Bei ihren Untersuchungen in der Montanindustrie stellt Brinkmann-Herz eine unterschiedliche Informationsbereitschaft der Vorstände je nach Art der Daten fest [39, S. 78]. Während Tabellen und Statistiken über die Produktion, den Umsatz oder die Beschäftigungssituation in reichlichem Umfang weitergegeben werden, sind bestimmte Daten, wie Kostenanalysen, Zwischenbilanzen und Steuerbilanzen, nur sehr schwierig zu bekommen. Insgesamt beurteilt Brinkmann-Herz die Informationspraxis als unzureichend. Eine wirksame ex-post-Kontrolle durch den Aufsichtsrat wird damit erschwert.

Mit der Schaffung des Billigungsvorbehalts des Aufsichtsrats war die Intention des Gesetzgebers verbunden, die wichtigsten Unternehmensentscheidungen durch den Aufsichtsrat prüfen zu lassen, um Fehlentwicklungen zu vermeiden. In der Unternehmenspraxis kommt der *Billigungsvorbehalt* in dieser Form jedoch so gut wie nie zur Anwendung. Die Ursache dafür liegt in den unzureichenden Informationsgrundlagen des Aufsichtsrats, ohne die eine fundierte Prüfung nicht möglich ist. Der Aufsichtsrat kann zu einem anstehenden Unternehmensprojekt, das – wie z. B. ein größeres Investitionsvorhaben – vom Vorstand und seinen Stäben in mehreren Monaten entwickelt worden ist, kein abschließendes Urteil treffen. Ihm müßten vom Vorstand mehrere Alternativprojekte vorgelegt werden statt eines einzelnen bereits ausgewählten Projekts. Erst dann könnte der Aufsichtsrat tatsächlich beurteilen, ob es bessere Möglichkeiten gibt oder die vorgelegte Entscheidung in diesem Fall die günstigste ist. „Alles dies ist natürlich in der Aufsichtsratssitzung, in der das Projekt vorgelegt wird und in der darüber abgestimmt werden soll, nicht mehr möglich. Es wird auch von den Aufsichtsräten gar nicht erst versucht. Man hat eingesehen, daß ein derart arbeitsteiliger, komplizierter Entscheidungsprozeß nicht mit dem Vorbehalt des letzten Entschlusses zu lenken ist" [40, S. 127]. Eine Möglichkeit der Einflußnahme wäre nur gegeben, wenn der Aufsichtsrat bereits an der Formulierung der anstehenden Entscheidungen und der Unternehmenspolitik mitwirken könnte.

Die *Beratung des Vorstandes* durch Aufsichtsratsmitglieder bei der laufenden Geschäftsführung findet in der Regel in informellen Gesprächen statt. Die Aufsichtsratsmitglieder erhalten dadurch wichtige Informationen und können eigene Vorstellungen und Ziele vortragen. Ein wesentlicher Nachteil ist jedoch, daß sich die Einzelgespräche der Kontrolle durch die übrigen Aufsichtsratsmitglieder entziehen und damit zu einer Aufsplitterung des Aufsichtsrates führen. Die informelle Beratungstätigkeit schafft somit unstrukturierte und unkontrollierte Einflußbeziehungen und steht nach Brinkmann-Herz einer Demokratisierung der Entscheidungsvorgänge eher entgegen, als daß sie sie fördert [41, S. 83].

Faßt man die Untersuchungsergebnisse von Brinkmann-Herz zu den vier Einflußmöglichkeiten des Aufsichtsrates zusammen, so zeigt sich, daß der Aufsichtsrat in seiner jetzigen aktienrechtlichen Verfassung als Mitbestimmungsorgan ungeeignet ist. Besonders problematisch erscheint, daß die Unternehmensleitung „mit ihren hochqualifizierten Stäben durch ihre Vorbereitungspraxis immer mehr Entscheidungen irreversibel vorprogrammiert, längst bevor die Kontrollmechanismen des Aufsichtsorgans greifen können“ [115, S. 87]. Zur Lösung des Kontroll- und Mitbestimmungsproblems schlagen Steinmann und Haussmann die Einrichtung eines Unternehmensrates vor, dessen Kompetenzen im Vergleich zum Aufsichtsrat erweitert werden. Dabei ist grundsätzlich für zwei Punkte Sorge zu tragen. *Erstens* hat der Vorstand dem Unternehmensrat „in einem früheren Vorbereitungsstadium als bisher verschiedene Entscheidungsalternativen zu den strategisch wichtigen Fragen der Unternehmenspolitik zur Entscheidung vorzulegen“ [115, S. 87]. Dabei muß die Offenlegungspflicht nicht unbedingt durch die i. d. R. damit verbundenen größeren Planungsaufwendungen zu einer Verschlechterung der ökonomischen Unternehmenseffizienz führen, sondern kann auch die Effizienz des Unternehmens über eine erleichterte Durchsetzung der Unternehmensentscheidungen verbessern. *Zweitens* muß der Unternehmensrat zur besseren Lösung der Kontroll- und Mitbestimmungsproblematik professioneller arbeiten, indem die Aufsichtsratsmitglieder ihre Aufgaben nicht mehr als Nebenbeschäftigung, sondern als fulltime-Vertreter versehen und über hochqualifizierte Stäbe zur fachgerechten Beurteilung der Unternehmensvorgänge verfügen [20, S. 77].

4.4 Repräsentations- und Konstituierungsproblematik

Die Repräsentationsprobleme für die verschiedenen Mitbestimmungsinteressen im Unternehmen beziehen sich in ihren Grundzügen auf [260, S. 200]

- die Unabhängigkeit,
- die Art,
- den Umfang und
- die Qualifikation der Interessenrepräsentation.

Mit dem Merkmal der *Unabhängigkeit* ist die Forderung verbunden, daß jede Interessengruppe im Mitbestimmungsorgan unabhängig von den übrigen Interessengruppen vertreten wird. Dies liegt dann vor, wenn jede Interessengruppe aus ihrem Kreis eigene Repräsentanten in das Mitbestimmungsorgan entsenden kann und sich nicht durch Träger anderer Interessen mitvertreten lassen muß.[11] Nur bei Einhaltung dieser Forderung kann „eine Objektivierung des Interessenausgleichs im Rahmen einer institutionalisier-

[11] Die Beurteilung, ob eine Interessenvertretung als unabhängig zu bezeichnen ist, hängt maßgeblich von der Wahl der Systemgrenzen für die verschiedenen Gruppen ab.

ten und offenen Austragung des Interessenkonfliktes gelingen..." [260, S. 201]. Eine Anhäufung der Repräsentationsfunktionen in einer Person würde dagegen die Interessengegensätze verwischen und den Interessenausgleich dem subjektiven Ermessen des Repräsentanten überlassen.

Nach der *Art der Interessenrepräsentation* sind die gewählte und nichtgewählte Vertretung der Mitbestimmungsinteressen zu unterscheiden. Von einer gewählten Vertretung wird gesprochen, wenn der Repräsentant sein Mandat vom Votum der Mitglieder der jeweiligen Interessengruppe ableitet. Im anderen Fall liegt eine nichtgewählte Vertretung vor. Von beiden Vertretungsarten ist – soweit realisierbar – der gewählten Vertretung der Vorzug zu geben (Selbstbestimmungspostulat), weil sie den Repräsentanten eine stärkere Stellung gibt, eine leichtere Kommunikation mit den Mitgliedern der Interessengruppe ermöglicht und eine bessere Kontrolle der Repräsentanten erlaubt.

Nach dem *Umfang der Interessenrepräsentation* lassen sich weiterhin die Formen der Vollvertretung und der Teilvertretung unterscheiden. Bei der Vollvertretung sind Gruppenmitglieder und Interessenrepräsentanten identisch, während bei der Teilvertretung die Interessenrepräsentanten nur einen Teil aus dem Kreis der Interessengruppe bilden. Die Wirksamkeit der Vollvertretung ist offensichtlich größer, da sich die Kommunikation zwischen Mitgliedern und Repräsentanten und eine Kontrolle erübrigen. Allerdings kann die Vollvertretung nur für Interessengruppen mit kleiner Mitgliederzahl realisiert werden. Wenn dagegen der Mitgliederkreis einer Interessengruppe sehr groß ist, bleibt nur die Möglichkeit einer Teilvertretung, wobei durch eine demokratische Kontrolle einer Funktionärsherrschaft vorzubeugen ist.

Mit dem Problem der *Qualifikation* wird schließlich die Forderung angesprochen, durch Aus- und Weiterbildung die Vorbedingung einer charakterlichen und fachlichen Qualifikation für möglichst viele Gruppenmitglieder zu schaffen, so daß der Kreis der möglichen Interessenrepräsentanten nicht unnötig eingeengt wird. Stellt man nun die genannten vier Merkmale und ihre grundsätzlichen Ausprägungen zusammen, so lassen sich verschiedene Formen der Interessenrepräsentation im Unternehmen unterscheiden. Eine geeignete Repräsentationsform kann daraus nicht einheitlich für alle Interessengruppen bestimmt werden, sondern ist für die einzelnen Interessengruppen in Abhängigkeit von der speziellen Gruppensituation auszuwählen. Die Hauptschwierigkeit ergibt sich bei den Konsumenten, die im Vergleich zu den anderen behandelten Interessengruppen weniger leicht organisierbar sind. Allgemein wird die Auswahl möglicher und geeigneter Repräsentationsformen für die einzelnen Interessengruppen, ohne an dieser Stelle bereits auf die gruppenspezifischen Probleme näher einzugehen, von dem Organisationsgrad, der Mitgliederzahl und dem Vorhandensein einer demokratischen Organisationsstruktur abhängen.

Geht es bei der Repräsentationsproblematik um die Frage, in welcher Form die Interessengruppen in den Unternehmensorganen (Unternehmensversammlung, Unternehmensrat) vertreten sein sollen, so stellen sich im Rahmen der Konstituierungsproblematik die beiden folgenden Fragenkomplexe [260, S. 231]:

(1) Wieviele Repräsentanten soll jede Interessengruppe in die Unternehmensversammlung und/oder den Unternehmensrat entsenden und welche Gesamtgröße sollen diese Organe dementsprechend haben?

(2) Welche Organe bzw. Gremien sollen nach welchen Verfahren die Repräsentanten in den Mitbestimmungsorganen bestellen?

Für die Beantwortung der ersten Frage können die im Zusammenhang mit dem Koalitionsmodell entwickelten soziologischen (Verbundenheit) und Leistungs- (Beiträge der Interessengruppen) Kriterien als Entscheidungshilfe herangezogen werden. Ihre Anwendung auf die Gruppe der Arbeitnehmer macht deutlich, daß diese eine sehr enge Verbindung mit dem arbeitgebenden Unternehmen eingehen und sich somit in größter Abhängigkeit befinden.

Ausgehend von der Norm, daß ein Mitspracherecht der Koalitionsteilnehmer in Abhängigkeit vom Grad ihrer Verbundenheit mit dem Unternehmen und der Höhe ihrer Beiträge gewährt werden soll, muß den festen Mitarbeitern ein höheres Maß an Mitentscheidung zugebilligt werden „als solchen, die lediglich einfache, formlose Kaufverträge mit dem System Unternehmung oder dessen Vertriebsorganisation schließen (z. B. Kunde kauft einmal im Monat ein geringwertiges Produkt des Systems). Bestehen jedoch zwischen einem Kunden, um bei dieser Gruppe von Teilnehmern zu bleiben, und dem System langfristige Abnahmeverpflichtungen, dann existieren auch eine enge Verbindung mit und ein hohes Interesse an dem Schicksal dieses Systems..." [253, S. 4], was auf der Grundlage obengenannter Norm eine verstärkte Mitentscheidung rechtfertigt. Ähnliche Überlegungen lassen sich auch für die Gruppe der Kapitaleigner anstellen. Während die großen Kapitaleigner infolge ihrer hohen investierten Geldsummen auf das engste mit dem Unternehmen verbunden sind, ist bei den kleinen Kapitaleignern näher zu untersuchen, ob im Einzelfall die Einlage in Relation zu ihrem Vermögen so bedeutungsvoll ist, daß sich daraus ein intensives Interesse am Unternehmen ergibt. Aufgrund der engen Bindung von Kapitaleignern, Arbeitnehmern sowie von Kommune, Land und Bund an das System „Unternehmen" lassen sich für diese Interessen im allgemeinen Stimmenanteile in den Mitbestimmungsorganen rechtfertigen, die größer sind als die der anderen Interessengruppen (Konsumenten, Lieferanten, gewerbliche Abnehmer, Gläubiger etc.) [163, S. 143]. Insgesamt zeigen diese Ausführungen jedoch, daß die Kriterien der Systemverbundenheit und der Beitragsleistungen nur Anhaltspunkte für die gesuchten Stimmenanteile liefern können, da die genannten Kriterien zu unbestimmt und nicht operational genug sind.

Bei der Beantwortung der ersten Frage der Konstituierungsproblematik empfiehlt es sich, außer den Kriterien der Systemverbundenheit noch weitere Zweckmäßigkeitsgesichtspunkte zu beachten [260, S. 232]:

(a) Die Mitgliederzahl von Unternehmensversammlung und Unternehmensrat sollte nicht zu groß sein, um den soziologischen Bedingungen für eine effektive Zusammenarbeit zu entsprechen;

(b) Der Heterogenität der Interessenlagen (z. B. Arbeiter, Angestellte ohne Dispositionsbefugnis und leitende Angestellte bei den Arbeitnehmern oder Mehrheits- und Minderheitsaktionäre bei den Kapitaleignern) sollte bei der Besetzung der Interessenvertretung entsprochen werden;

(c) Mögliche qualitative Verbesserungen der Interessenvertretung sollten Berücksichtigung finden (z. B. Einbeziehung von Gewerkschaftsvertretern in den Kreis der Arbeitnehmerrepräsentanten, da die Gewerkschaftsvertreter i. d. R. gesamtwirtschaftliche Gesichtspunkte besser berücksichtigen können als die Belegschaftsmitglieder).

Die Gesichtspunkte (b) und (c) tendieren zu einer zahlenmäßigen Erweiterung der Mitbestimmungsorgane, während der Gesichtspunkt (a) auf deren Kleinhaltung ausgerichtet ist. Trotz dieser gegensätzlichen Richtung müßte es bei einer allgemeinen größenordnungsmäßigen Beschränkung der Unternehmensversammlung auf 50 Mitglieder und des Unternehmensrates auf 20 Mitglieder ohne Schwierigkeiten möglich sein, sämtliche drei Gesichtspunkte angemessen zu berücksichtigen.

Nach der größenordnungsmäßigen Festlegung der Mitbestimmungsorgane und einem ersten Hinweis auf die Relation zwischen den Stimmenanteilen von Kapitaleignern, Arbeitnehmern sowie Kommune, Land und Bund einerseits und den übrigen Interessengruppen andererseits kann zur zweiten Frage der Konstituierungsproblematik übergegangen werden. Dabei geht es um die Verfahren zur Bestellung der Interessenvertreter und um die Organe bzw. Gremien, die für die Entsendung zuständig sein sollen. Als wahlberechtigte Organe bzw. Gremien kommen grundsätzlich in Frage: die Belegschaft für die Arbeitnehmervertreter, die Kapitaleignerversammlung für die Kapitalvertreter (z. B. Hauptversammlung, Gesellschafterversammlung), die

Gemeindeverwaltung, Landes- und Bundesregierung für die Vertreter von Kommune, Land und Bund, Verbraucherorganisationen für die Konsumentenvertreter, die Versammlung der Gläubiger, gewerblichen Abnehmer und Lieferanten für die Vertreter der gewerblichen Interessen und schließlich die Bürgerinitiativen für die Bürgervertreter. Im einzelnen bleibt später vor allem zu untersuchen, ob die Verbraucherorganisationen und Bürgerinitiativen für die Gesamtheit der von den Unternehmensmaßnahmen betroffenen Verbraucher bzw. Bürger repräsentativ und damit für die Wahl entsprechender Interessenvertreter legitimiert sind.

Die wahlberechtigten Organe können ihre Repräsentanten nach verschiedenen Verfahren in die Mitbestimmungsorgane entsenden. Als Bestellverfahren bieten sich im wesentlichen an [260, S. 233]:

- die demokratische Wahl,
- die Kooptation (Zuwahl),
- das Antragsverfahren und
- die Ernennung.

Bei der *demokratischen Wahl* erfolgt die Bestellung der Interessenvertreter durch Abstimmung einer Mitgliedermehrheit der jeweiligen Interessengruppe, wobei die Grundsätze der allgemeinen gleichen, unmittelbaren und geheimen Wahl erfüllt sein müssen. Der Forderung nach allgemeiner Wahl wird entsprochen, wenn allen Mitgliedern einer Interessengruppe ohne Unterschied der Person ein Stimmrecht gewährt wird. Eine gleiche Wahl liegt bei der Gewährung des gleichen Stimmengewichts für jedes Mitglied einer Interessengruppe vor. Eine Wahl ist unmittelbar, wenn die Mitglieder einer Interessengruppe ihre Interessenvertreter selbst bestimmen, ohne zunächst ein Wahlmänner- oder sonstiges Kollegium zu wählen, das seinerseits die eigentlich zu bestellenden Interessenvertreter bestimmt. Eine geheime Wahl liegt schließlich vor, „wenn durch wirksame Vorkehrungen... sichergestellt ist, daß der Wähler seine Stimme abgeben kann, ohne daß ein Dritter erfährt, wie der Wähler wählt oder gewählt hat" [239, S. 474].

Im Unterschied zur demokratischen Wahl werden die Interessenvertreter bei den übrigen obengenannten Bestellverfahren nicht von den Mitgliedern der jeweiligen Interessengruppe gewählt. Bei der *Kooptation* wird das Mitbestimmungsorgan (Unternehmensrat oder Unternehmensversammlung) um neue Interessenvertreter ergänzt, indem die Mitglieder des Mitbestimmungsorgans weitere Mitglieder hinzuwählen (kooptieren). Eine *Ernennung* liegt vor, wenn die Interessenvertreter einer Gruppe von einer anderen Interessengruppe bestellt werden (z. B. Ernennung von Interessenvertretern für die unternehmensangehörigen Arbeitnehmer durch die Gewerkschaften).

Beim *Antragsverfahren* schließlich stellt eine Interessengruppe (z. B. Bürgerinitiative oder Gläubiger, gewerbliche Abnehmer und Lieferanten) einen Antrag auf Aufnahme ihrer Interessenvertreter in das Mitbestimmungsorgan (Unternehmensrat oder Unternehmensversammlung), wobei die Entscheidung über den Antrag von dem betreffenden Mitbestimmungsorgan nach dem Mehrheitsprinzip getroffen wird.

Von den genannten vier Bestellverfahren entspricht die demokratische Wahl offensichtlich dem Streben nach Demokratisierung der Unternehmen am besten. Die demokratische Wahl kann allerdings nicht zur Bestimmung der Repräsentanten von allen Interessengruppen herangezogen werden. Ihre Anwendung setzt vielmehr im Hinblick auf den Grundsatz der allgemeinen Wahl voraus, daß die Interessengruppe über eine Mitgliederversammlung bzw. Organisation verfügt, welche die Gesamtheit oder wenigstens einen großen Teil aller Mitglieder der betreffenden Interessengruppe erfaßt. Weiterhin ist der demokratische Grundsatz der gleichen Wahl, nach dem jedes Mitglied einer Interessengruppe ein gleiches Stimmengewicht haben soll, nicht immer zweckmäßig. Beispielsweise erscheint es für die Wahl der Kapitalvertreter durch die Kapitaleignerversammlung sinnvoll, das Stimmengewicht der Kapitaleigner von ihren Kapitaleinlagen abhängig zu machen und nicht jedem von ihnen ein gleiches Stimmengewicht einzuräumen. Insgesamt zeigen diese Ausführungen, daß die Festlegung auf ein geeignetes Bestellverfahren ebenso wie die Auswahl der Repräsentationsform nicht allgemein erfolgen kann, sondern in Abhängigkeit von der jeweiligen Interessengruppe und ihrer speziellen Situation vorgenommen werden muß.

4.5 Regelung des Interessenausgleichs (Konfliktlösung)

Nach der Diskussion der unternehmensrelevanten Interessengruppen, der möglichen Mitbestimmungsorgane sowie der Repräsentations- und Konstituierungsproblematik stellt sich bei der Reform der Unternehmensverfassung schließlich die Frage, nach welchem Modus in den pluralistisch besetzten Unternehmensorganen abgestimmt werden soll und wie die Beziehungen dieser Organe zur Unternehmensleitung zu regeln sind.

In der Literatur werden zur Lösung der zwischen den Mitbestimmungsgruppen bestehenden Interessengegensätze im wesentlichen folgende Vorschläge gemacht [197, S. 68; 115, S. 90]:

(1) Unternehmensversammlung und Unternehmensrat treffen alle Ent-

scheidungen durch Mehrheitsbeschluß, wobei die relative, absolute oder qualifizierte Mehrheit aller Stimmen vorgeschrieben sein kann;

(2) In Unternehmensversammlung und/oder Unternehmensrat dürfen bestimmte Entscheidungen nicht gegen die Mehrheit der jeweils betroffenen Interessengruppe getroffen werden (Vorschlag des eingeschränkten Vetorechts);

(3) Jede im Unternehmensrat vertretene Interessengruppe erhält ein allgemeines Vetorecht, so daß für jede Entscheidung die Zustimmung aller Gruppen erforderlich ist (Vorschlag des allgemeinen Vetorechts);

(4) Flankierende Maßnahmen zur Lösung von Interessenkonflikten: Weitgehende Öffentlichkeit der Verhandlungsführung, Offenlegung der Gegenargumente (schriftliche Begründungspflicht) und eine den Mitbestimmungsorganen entsprechende Besetzung der Ausschüsse.

Das *Mehrheitsstimmrecht* führt zur Bildung von Interessenkoalitionen in den Mitbestimmungsorganen und trägt wenig zur Kompromißbildung bei, an der auch die jeweilige Minderheit beteiligt ist. Es bewirkt somit eine Spaltung der Mitbestimmungsorgane in unterschiedliche Gruppierungen und eine Interessendurchsetzung der Mehrheit auf Kosten der Minderheit (z. B. Einigung von Kapitaleignern und Arbeitnehmern zu Lasten der Konsumenten). Zur Erschwerung derartiger Überstimmungsmöglichkeiten dient u. a. die *Regelung des eingeschränkten Vetorechts*, nach der in bestimmten Sachbereichen nicht gegen die Mehrheit der hauptsächlich betroffenen Interessengruppe entschieden werden kann. Die Sachbereiche, die für die jeweilige Interessengruppe von existentieller Bedeutung sind und deshalb ein Widerspruchsrecht rechtfertigen, müßten allerdings genau definiert werden. Für die Gruppe der Arbeitnehmer kommen dafür genau zu präzisierende beschäftigungs- und sozialpolitische Entscheidungen in Betracht, für die Anteilseigner alle Entscheidungen, die die Kapitalausstattung (z. B. Kapitalerhöhung oder -herabsetzung) betreffen [197, S. 71].

Wird den Interessengruppen ein darüber hinausgehendes *allgemeines Vetorecht* eingeräumt, kann eine Gruppe jede für sie nicht akzeptable Entscheidung durch die Einlegung eines Widerspruchs verhindern. Die starke Stellung jeder einzelnen Gruppe zwingt hierbei alle übrigen, sich mit deren Bedenken auseinanderzusetzen und nach Möglichkeiten für einen Kompromiß zu suchen. Umgekehrt werden die einzelnen Gruppen angesichts der Tatsache, daß die einzige Alternative zum Kompromiß die Anwendung von Macht (Einlegung des Widerspruchs) ist, sich sorgfältig überlegen müssen, „ob die Interessenlage die Anwendung von Macht tatsächlich rechtfertigt oder ein mehr oder weniger günstiger Kompromiß vorzuziehen ist" [260, S. 252]. Als

Nachteil des allgemeinen Vetorechts sind seine destruktiven und desintegrierenden Auswirkungen anzusehen, die eine effiziente Führung des Unternehmens erschweren.

Mit *flankierenden Maßnahmen*, wie der Herbeiführung einer weitgehenden Öffentlichkeit der Verhandlungsführung, der schriftlichen Begründungspflicht und der pluralistischen Besetzung der Ausschüsse, sollen schließlich die Entscheidungsniveaus aller Gruppen verbessert und damit die Lösung der Interessenkonflikte erleichtert werden. Der pluralistischen Besetzung der Arbeitsausschüsse kommt dabei besondere Bedeutung zu, da sich die Gruppen nach empirischen Untersuchungsergebnissen die Entscheidungssachverhalte in den Mitbestimmungsorganen häufig aufteilen. Die Arbeitnehmervertreter konzentrieren sich in der Regel auf die Lohn- und Sozialpolitik und überlassen dafür den Kapitalvertretern das übrige Feld der Forschungs-, Investitions-, Programm- und Finanzpolitik [41, S. 105]. Durch diese getrennte Entscheidungswahrnehmung wird indirekt das Gewicht des Vorstandes gestärkt, da er zwischen den Gruppen vermitteln und sie auch gegeneinander ausspielen kann. Beseitigen ließen sich eine derartige Entscheidungspraxis und die damit verbundenen Nachteile einer Zersplitterung der Mitbestimmungsfunktionen durch eine pluralistische Besetzung der Aufsichtsratsausschüsse, so daß sämtliche anstehenden Entscheidungen von allen Seiten mitgetragen werden. Allgemein wird es darauf ankommen, eine wirksame Gegenmacht zur Unternehmensleitung aufzubauen, „indem die Kompetenz des Kontroll- bzw. Mitbestimmungsorgans verstärkt, die Qualifikation dieses Organs durch die Hereinnahme von dispositionsbefugten Arbeitnehmern und Externen erhöht und die Bedingungen professionalisiert werden“ [115, S. 92].

5. Ansätze einer pluralistischen Unternehmensverfassung

Die verschiedenen Ansätze für eine Reform der Unternehmensverfassung werden im folgenden kurz vorgestellt und daraufhin geprüft, ob sie geeignete Elemente für die nachfolgende Konstruktion einer interessenpluralistischen Unternehmensverfassung enthalten. Zum besseren Verständnis des heutigen Diskussionsstandes empfiehlt es sich dabei, die einzelnen Vorschläge für interessendualistische und umfassend pluralistische Ansätze jeweils weitgehend in der chronologischen Reihenfolge ihrer Entstehung zu besprechen.

5.1 Interessendualistische, gesetzlich kodifizierte Ansätze (Mitbestimmungsgesetze)

Die interessendualistischen, kodifizierten Ansätze sind in der Bundesrepublik in drei unterschiedlich ausgestalteten Gesetzen geregelt: dem Betriebsverfassungsgesetz (BetrVG), dem Montan-Mitbestimmungsgesetz (Montan-MitbestG) und dem Mitbestimmungsgesetz von 1976 (MitbestG). Diese Gesetze greifen in das gesellschaftsrechtlich festgelegte Organ- und Kompetenzgefüge der Unternehmen dadurch ein, daß das Kontrollorgan auch mit

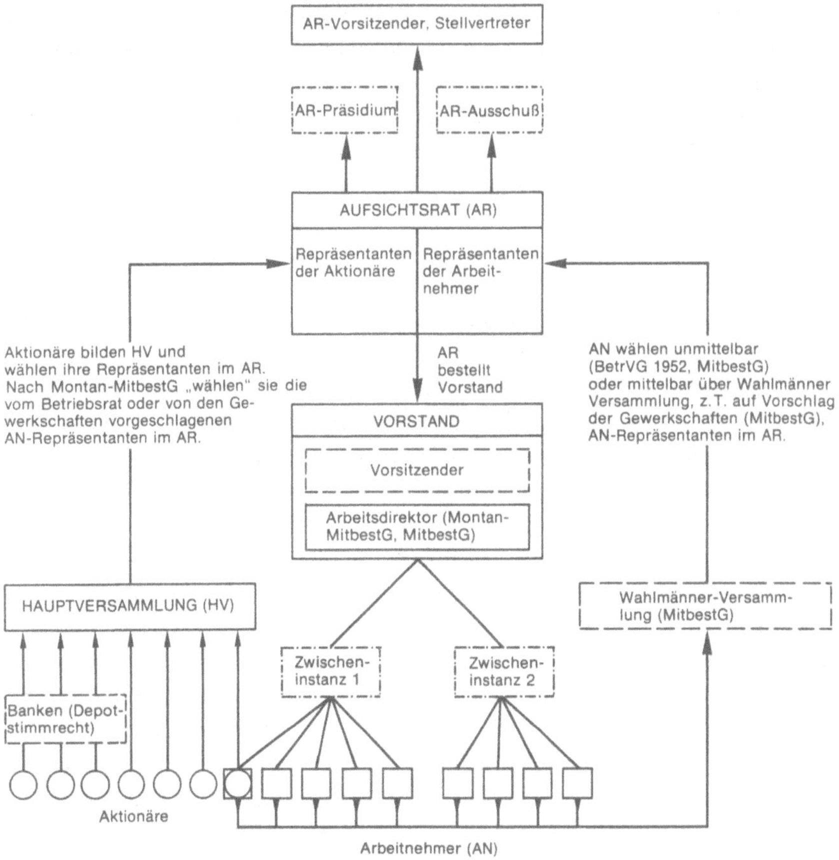

Legende

1. Umrandung der Gremien, Instanzen, Institutionen
   ——— gesetzlich vorgeschrieben
   - - - - - - - nach Gesetz freiwillig möglich
   –.–.–.–.–. gesetzlich nicht geregelt, aber zulässig
2. Verbindungslinien = Beziehungen
   ———→ Wahl, Bildung, Bestellung
   ——— Anweisung
3. Großbuchstaben = Organe der AG

Abb. 27: Die mitbestimmte Aktiengesellschaft (Grundmodell) [59, S. 109]

Repräsentanten der Arbeitnehmer besetzt wird und der Unternehmensleitung ein Arbeitsdirektor angehören muß (§ 13 Montan-MitbestG, § 33 MitbestG). Grundsätzlich bietet sich damit für die mitbestimmte Aktiengesellschaft, die dem Gesetzgeber als Prototyp des verfaßten Großunternehmens vor Augen stand, das in Abbildung 27 dargestellte Bild.

Die Hauptversammlung kann in der mitbestimmten Aktiengesellschaft im Vergleich zur nicht mitbestimmten AG nur noch einen Teil der Aufsichtsratsmitglieder selbst bestimmen, während die übrigen Aufsichtsratsmitglieder von der Arbeitnehmerseite gestellt werden. Der so interessendualistisch besetzte AR wählt seinerseits den Vorstand einschließlich des Arbeitsdirektors.

Diejenigen Arbeitnehmer, die auch Aktionäre (Belegschaftsaktionäre) ihres Unternehmens sind, können sich sowohl an den Wahlen der AN-Vertreter als auch der Aktionärsvertreter im Aufsichtsrat beteiligen. Die Befürchtung von Agthe, die Arbeitnehmer könnten infolge ihrer Gewinn- und Kapitalbeteiligung auch arbeitsorientierte Kapitalvertreter in den Aufsichtsrat entsenden und damit die gesetzliche Relation beider Gruppen zu ihren Gunsten verändern [4, S. 12], erscheint bei den vorhandenen Beteiligungsquoten wenig realistisch. Zudem erfolgt die Wahl der Aktionärsrepräsentanten in der Regel nach dem Mehrheitswahlsystem, so daß die Mehrheit in der Hauptversammlung alle Kapitalvertreter bestimmt, während eine Minderheit – theoretisch auch bei einem Stimmenanteil von 49 % – keinen Sitz im Aufsichtsrat haben kann. „Selbst eine wesentlich größere Verbreitung von Belegschaftsaktien, als sie heute üblich ist, würde also noch nicht unbedingt das Umschlagen einer Parität im Aufsichtsrat in ein Übergewicht der Arbeitnehmerrepräsentanten bewirken“ [59, S. 110].

Abgesehen von den eingeschränkten Wahlmöglichkeiten werden die Kompetenzen der Hauptversammlung durch die Mitbestimmungsgesetze nicht berührt [197, S. 63]. Die Hauptversammlung bleibt das souveräne Organ der Aktiengesellschaft und setzt sich ausschließlich aus Vertretern der Kapitalseite zusammen. Ebenso wird die Stellung des Vorstands nicht verändert, der das alleinige, eigenverantwortliche Geschäftsführungsorgan bleibt und an Weisungen nicht gebunden ist. Davon ist auch der Arbeitsdirektor nicht ausgenommen, da er sein Amt mit der gleichen „Sorgfalt eines ordentlichen und gewissenhaften Geschäftsleiters“ (§ 93 I AktG) zu führen hat wie die anderen Vorstandsmitglieder. Insgesamt bedeutet Mitbestimmung nach den bestehenden Gesetzen also „nicht eine Beteiligung der Arbeitnehmer an allen Entscheidungen im Unternehmen, sondern nur eine Beteiligung an den Aufsichtsratsentscheidungen. Die gesellschaftsrechtlichen Grundlagenentscheidungen liegen weiterhin bei der mitbestimmungsfreien Hauptversamm-

Gegenstand und/oder Rechtsform \ Zahl der Arbeitnehmer (AN)		0 – 500	über 500–1000	über 1000–2000	über 2000
Tendenzunternehmungen (§ 81 BetrVG 1952; § 1 IV MitbestG)					
Privatrechtliche Unternehmungen (außer Tendenz- und Montan-Unternehmungen)	Einzelfirma				
	OHG				
	KG				
	GmbH & Co KG AG & Co KG				MitbestG § 4*
	Versicherungsverein auf Gegenseitigkeit mit bestehendem AR		§ 77 II		
	Erwerbs- und Wirtschaftsgenossenschaften		§ 77 III		
	Bergrechtliche Gewerkschaft m. eigener Rechtspersönlichkeit		§ 77 I		
	GmbH		§ 77 I		MitbestG § 1 I
	KGaA	Keine Mitbestimmung bei Familiengesellschaft mit weniger als 500 AN (§ 76 VI)	§ 76 I	BetrVG 1952 in Verb. mit § 129 I BetrVG	
	AG		§ 76 I		
Montan-Unternehmungen i.S.v. § 1 I Montan-MitbestG	AG		§ 76 I		
	GmbH		§ 77 I	Montan-MitbestG § 1 II	
	Bergrechtliche Gewerkschaft m. eigener Rechtspersönlichkeit		§ 77 I		

* Mitbestimmungspflichtig ist nur die Komplementärin (GmbH, AG), wobei unter den Voraussetzungen des § 4 MitbestG die AN der KG der Komplementärin zugerechnet werden.

Abb. 28: Geltungsbereich der Mitbestimmungsgesetze [59, S. 111]

lung; die Geschäftsführungsentscheidungen werden durch die Mitbestimmung nur indirekt beeinflußt" [59, S. 110].

Die Mitbestimmungsgesetze betreffen aber nicht nur die am Grundmodell beschriebene Aktiengesellschaft, sondern auch Unternehmen anderer Rechtsform. Im einzelnen richtet sich die Anwendung der Mitbestimmungsgesetze nach einer Kombination von drei Unternehmensmerkmalen: Rechtsform, Anzahl der beschäftigten Arbeitnehmer sowie Gegenstand und Zweck des Unternehmens. Von diesen drei Voraussetzungen sind in Abbildung 28 die Arbeitnehmerzahlen in den Spalten aufgetragen und die beiden übrigen Voraussetzungen des Unternehmensgegenstandes und der Rechtsform in den Zeilen angeordnet. In den Schnittflächen ist das jeweils zur Anwendung kommende Gesetz durch Schraffur gekennzeichnet. Ohne auf die speziellen Gesetzesvorschriften einzugehen, läßt sich allgemein aus der Abbildung entnehmen, daß mit den von den Gesellschaftern frei wählbaren Unternehmensformen die unterschiedlichsten Rechtsfolgen verbunden sind. Bestimmte Unternehmensformen, wie z. B. der Einzelkaufmann, die offene Handelsgesellschaft (OHG) oder die Kommanditgesellschaft unterliegen keiner Mitbestimmung. Werden diese Rechtsformen gewählt oder die Voraussetzungen bestimmter Zurechnungsnormen gemieden, so können Unternehmen die Mitbestimmung umgehen, auch wenn sie mehr als 2000 Arbeitnehmer beschäftigen. Die Mitbestimmungsgesetze unterwerfen somit nicht alle Großunternehmen einheitlich einer bestimmten Form der Mitbestimmung, sondern sind vielmehr „auf das weitergeltende Gesellschaftsrecht aufgepflanzt mit der Folge, daß die Organisationsunterschiede (Verfassungsunterschiede, d. Verf.) zwischen Unternehmen unterschiedlicher Rechtsform weiter bestehen" [59, S. 108].

Nach der Beschreibung des Grundmodells der mitbestimmten Aktiengesellschaft und der Geltungsbereiche der einzelnen Mitbestimmungsgesetze bleibt noch auf die unterschiedlichen Ausprägungen der Mitbestimmungsregelungen einzugehen. Das *Betriebsverfassungsgesetz* (siehe auch Abb. 29) regelt die Mitbestimmungs- und Mitwirkungsrechte der Arbeitnehmer über den Betriebsrat, die Jugendvertretung, den Wirtschaftsausschuß und die Arbeitnehmervertretung im Aufsichtsrat. Es beschränkt sich im wesentlichen auf die sogenannten personellen, sozialen und wirtschaftlichen Angelegenheiten, die die Arbeitsbedingungen der Arbeitnehmer einer Unternehmung betreffen, und übt eine individual- und gruppenspezifische Schutzfunktion insofern aus, als bestimmte Folgewirkungen unternehmerischer Maßnahmen von den Arbeitnehmern nicht ohne weiteres hingenommen werden müssen. „Die von dem Betriebsrat getroffenen Entscheidungen sind in der

Mitbestimmungsgesetze / Teilprobleme der Mitbestimmung	Betriebsverfassungsgesetz (BetrVG) von 1972 (Erweiterung des BetrVG von 1952)	Montan-Mitbestimmungsgesetz (Montan-MitbestG) von 1951 bzw. Gesetz zur Ergänzung des Gesetzes über die Montan-Mitbest. von 1956	Mitbestimmungsgesetz (MitbestG) von 1976
Gesamtzahl der AR-Mitglieder	3, 6, 9, 12, 15, 18 oder 21 Mitglieder in Abhängigkeit vom Grundkapital	11, 15 oder 21 Mitglieder in Abhängigkeit vom Grundkapital	12, 16 oder 20 Mitglieder in Abhängigkeit von der Beschäftigtenzahl
Grundsätzliche Zusammensetzung des Aufsichtsrats	1/3 Arbeitnehmervertreter, 2/3 Anteilseignervertreter	Parität zwischen Arbeitnehmer- und Anteilseignervertreter, zusätzlich ein „Neutraler" im AR	Parität zwischen Arbeitnehmer- und Anteilseignervertreter
Wahl der Arbeitnehmervertreter im Aufsichtsrat	Unmittelbare Wahl (Urwahl) durch Arbeitnehmer der Unternehmung	Bestätigung der Wahlvorschläge des Betriebsrates und der Gewerkschaften durch die Anteilseignerversammlung (Hauptversammlung, Gesellschafterversammlung)	Unmittelbare Wahl (Urwahl) durch AN oder mittelbare Wahl durch Wahlmännerversammlung
Wahl des AR-Vorsitzenden	Einfache Stimmenmehrheit des AR	Einfache Stimmenmehrheit des AR	1. Wahlgang: 2/3 Mehrheit der Soll-Mitgliederzahl des AR 2. Wahlgang: einfache Mehrheit der Anteilseignervertreter
Abstimmungsmodus im AR	Mehrheitsentscheidung	Die Stimme des „neutralen Mitgliedes" entscheidet in Patt-Situationen	Bei Patt-Situationen hat der AR-Vorsitzende 2 Stimmen
Vertretung der Arbeitnehmer außerhalb des AR	Betriebsrat mit 3 jähriger Amtszeit durch Wahl der Arbeitnehmer. Die Größe des Betriebsrates bestimmt sich nach der Beschäftigtenzahl	Betriebsrat; Arbeitsdirektor als gleichberechtigtes Vorstandsmitglied, nicht gegen die Mehrheit der AN-Vertreter im AR wählbar (Vetorecht)	Betriebsrat; Arbeitsdirektor als gleichberechtigtes Vorstandsmitglied für Personal- und Sozialfragen ohne besonderen Bestellungsmodus

Abb. 29: Vergleichende Übersicht über gesetzliche Regelungen der Mitbestimmung in der BRD [210; 209]

Regel nicht auf die Herbeiführung bestimmter Handlungen und deren Folgewirkungen ausgerichtet, sondern vielmehr auf die Verhinderung einzelner Maßnahmen. Der Betriebsrat verfügt über ein Einspruchsrecht, nicht dagegen über ein Anweisungsrecht" [47, S. 71]. Für den Aufsichtsrat sieht das Betriebsverfassungsgesetz eine Drittelbeteiligung der Arbeitnehmer vor, deren Vertreter unmittelbar von der Belegschaft gewählt werden. Unternehmensexterne Gewerkschaftsvertreter sind dabei als Arbeitnehmervertreter im Aufsichtsrat grundsätzlich nicht zugelassen.

Das *Montan-Mitbestimmungsgesetz* geht demgegenüber vom Grundgedanken der Parität von Kapital und Arbeit aus. Es sieht die gleiche Zahl von Anteilseigner- und Arbeitnehmervertretern im Aufsichtsrat vor und führt ein zusätzliches „neutrales Mitglied" zur Vermeidung von Patt-Situationen ein. Dieses „neutrale Mitglied" wird durch Kooptation seitens der übrigen Aufsichtsratsmitglieder bestellt, wobei die erforderlichen Mehrheiten (§ 8 I Montan-MitbestG) sicherstellen sollen, daß es vom besonderen Vertrauen beider Seiten getragen ist. Im Unterschied zum Betriebsverfassungsgesetz schreibt das Montan-Mitbestimmungsgesetz weiterhin einen Arbeitsdirektor als Vorstandsmitglied vor, der für den Personal- und Sozialbereich zuständig ist und nicht gegen die Stimme der Mehrheit der Arbeitnehmervertreter im Aufsichtsrat bestellt oder abberufen werden darf. Da der Arbeitsdirektor einerseits Unternehmerfunktionen ausübt und andererseits als Interessenvertreter der Arbeitnehmer zu gelten hat, ergibt sich für ihn ein Loyalitätskonflikt, der in der Praxis der Unternehmensverfassung zu Problemen führen kann.

Das *Mitbestimmungsgesetz* von 1976 geht wie die Montan-Mitbestimmung von einer paritätischen Vertretung der Anteilseigner und Arbeitnehmer im Aufsichtsrat aus und sieht ebenfalls einen Arbeitsdirektor vor, der im Vorstand für den Bereich der personellen und sozialen Angelegenheiten zuständig ist. Die beiden Mitbestimmungsgesetze (MitbestG und Montan-MitbestG) unterscheiden sich aber vor allem in drei Punkten erheblich voneinander [286, S. 171]:

(1) Nach dem MitbestG können die leitenden Angestellten mindestens einen Interessenvertreter in den Aufsichtsrat entsenden;
(2) Eine Patt-Situation zwischen Anteilseigner- und Arbeitnehmerseite wird nach dem MitbestG durch die Zweitstimme des AR-Vorsitzenden gelöst;
(3) Das MitbestG sieht keine Einspruchsmöglichkeiten der Arbeitnehmer im Aufsichtsrat bei der Wahl des Arbeitsdirektors vor.

Nach dem neuen Mitbestimmungsgesetz müssen sich unter den Arbeitnehmervertretern Arbeiter und Angestellte sowie nichtleitende Angestellte und leitende Angestellte entsprechend ihrem zahlenmäßigen Gewicht im Unternehmen befinden, wobei jede dieser Gruppen mindestens einen Aufsichtsratssitz erhält. Damit sind auch die leitenden Angestellten durch eigene Repräsentanten im Aufsichtsrat vertreten, was ihnen im Montanbereich nicht zusteht. Ein weiterer Unterschied zwischen beiden Gesetzen besteht hinsichtlich der Auflösung von Patt-Situationen. Während im Montanbereich das „neutrale Mitglied" die Patt-Situation aufheben soll, räumt das neue Mitbestimmungsgesetz dem Aufsichtsratsvorsitzenden eine zweite Stimme ein, so daß dieser den zur Abstimmung stehenden Gegenstand in seinem Sinne entscheiden kann. Schließlich darf der Arbeitsdirektor nach den Regelungen der Montan-Mitbestimmung nicht gegen die Stimmen der Arbeitnehmervertreter im Aufsichtsrat gewählt werden, wohingegen das neue Mitbestimmungsgesetz von einer derartigen Bestellungsvorschrift absieht, um eine einheitliche Regelung für die Wahl aller Vorstandsmitglieder zu gewährleisten und das Fundament der Tarifautonomie (Grundsatz der Gegnerunabhängigkeit) nicht zu verletzen [227, S. 32].

5.2 Umfassend pluralistische Ansätze

Zu den Vorschlägen für eine pluralistische Unternehmensverfassung, die in den vergangenen beiden Jahrzehnten in der Literatur hervorgetreten sind, zählen im wesentlichen:

(1) Die Unternehmensverfassung nach dem Vorschlag der Studienkommission des Deutschen Juristentages (1955);
(2) Die Unternehmensverfassung für Mammut-, Groß- und Mittelunternehmen nach Ballerstedt (1962);
(3) Die Unternehmensverfassung mit einer abgestuften Integration der Gruppeninteressen nach Nell-Breuning (1967);
(4) Die Verfassung für „Größtunternehmen" nach Boettcher et al. (sog. Sechserbericht, 1968);
(5) Die gegengewichtige Unternehmensordnung nach Steinmann (1969);
(6) Das „unternehmensrechtliche System" nach Kunze (1971);
(7) Das „Verwaltungsratsystem" (Boardsystem) nach P. Ulrich (1977).

Im Bericht der *Studienkommission des Deutschen Juristentages* [264, S. 43] wird für Unternehmen von einer bestimmten Größe an (etwa 50 Mio DM Grundkapital und 10000 Arbeitnehmer) empfohlen, die Hauptversammlung durch eine Vertreterversammlung zu ersetzen, die aus Vertretern der Aktionäre, der Arbeitnehmer und des „öffentlichen Interesses" im Verhältnis von 2:2:1 besteht. Während die Aktionärsvertreter von der Aktionärsversammlung und die Arbeitnehmervertreter von der Betriebsrätevollversammlung gewählt werden, sind die Vertreter des „öffentlichen Interesses" von den zuständigen Ministern des Bundes oder der Länder zu bestellen, „sollen aber nicht an deren Weisungen gebunden werden dürfen und auch nicht irgendwelchen parteipolitischen Einflüssen unterworfen sein; sie sind vielmehr aufgrund bestimmter Vorschlagsrechte so auszuwählen, daß der kaufmännische, technische oder juristische Sachverstand und die persönliche Unabhängigkeit gewährleistet sind" [264, S. 44]. Die derart gebildete Vertreterversammlung (Unternehmensversammlung) wählt den Verwaltungsrat (Unternehmensrat), der seinerseits die Unternehmensleitung bestellt. Dabei soll die Besetzung von Verwaltungsrat und Unternehmensleitung grundsätzlich nach der Qualifikation der Bewerber erfolgen und nicht nach deren Zugehörigkeit zu einer bestimmten Interessengruppe. Als Zugeständnis für die gegenüber der Mitbestimmungsregelung in ihren Einflußrechten beschränkten Gruppen der Kapitaleigner und der Arbeitnehmer sieht die Studienkommission jedoch vor, daß von einem Verwaltungsrat mit 21 Mitgliedern „je 9 nur mit der Mehrheit der Stimmen der Aktionärs- bzw. der Arbeitnehmervertreter und 3 Mitglieder nur mit der Mehrheit der Stimmen der Vertreter des öffentlichen Interesses gewählt werden können" [264, S. 44]. Im Hinblick auf die Ordnung des Verhältnisses zwischen Verwaltungsrat und Unternehmensleitung wird schließlich befürwortet, daß der Verwaltungsrat aufgrund seiner pluralistischen Legitimation als Treuhänder der Kapitaleigner-, Arbeitnehmer- und öffentlichen Interessen anzusehen sei und demzufolge seine Befugnisse über die Kontrollfunktion des Aufsichtsrats hinaus erheblich erweitert werden müssen. Insgesamt zielt der Vorschlag der Studienkommission darauf ab, „innerhalb des Unternehmens einen Integrationsvorgang zu fördern und der Leitung des Unternehmens eine verstärkte Autorität dadurch zu geben, daß sie ihr Mandat nicht nur namens der ‚Eigentümer', sondern auch der Arbeitnehmer und der Allgemeinheit empfängt" [264, S. 45].

Ballerstedt, Professor für Handels- und Wirtschaftsrecht in Bonn, geht in seinem Vorschlag von drei Unternehmensklassen aus und sieht für jede eine andere Unternehmensverfassung vor. Die Klassen grenzt er durch eine Kombination der Merkmale Belegschaftsstärke, Umsatz und Bilanzsumme, von denen jeweils zwei für die Zuordnung eines Unternehmens zu einer dieser Größenstufen erfüllt sein müssen, wie folgt ab [17, S. 43]:

(1) Mammutunternehmen mit mehr als 20000 Arbeitnehmern, 500 Mio DM Jahresumsatz und 1 Mrd DM Bilanzsumme;

(2) Großunternehmen mit 3000 – 20 000 Arbeitnehmern, 75 – 500 Mio DM Jahresumsatz und 150 – 1000 Mio DM Bilanzsumme;

(3) Mittelunternehmen: Aktiengesellschaften mit weniger als 3000 Arbeitnehmern, 75 Mio DM Jahresumsatz und 150 Mio DM Bilanzsumme.

Für die „Mammutunternehmen" fordert Ballerstedt eine „voll ausgebaute, den Pluralismus der Interessen der Kapitaleigner, der Arbeitnehmer und der Allgemeinheit sowohl im Aufsichtsrat wie in der Hauptversammlung zur Geltung bringende Verfassung" [17, S. 43]. Bei den beiden anderen Größenklassen hält er die Mitbestimmung im Aufsichtsrat für ausreichend. Dabei soll sich die Mitbestimmung für die „Mittelunternehmen" auf die Regelung nach dem Betriebsverfassungsgesetz (1/3 Arbeitnehmervertreter, 2/3 Anteilseignervertreter) beschränken, während bei den „Großunternehmen" Arbeitnehmer und Anteilseigner paritätisch und außerdem Vertreter der Allgemeinheit zu berücksichtigen sind. „Die je 6 bis 8 Mitglieder von der Anteilseigner- und von der Arbeitnehmerseite sollten gemeinsam mindestens 3 oder nach gemeinsamer Entscheidung auch 5 weitere Mitglieder kooptieren und damit das neutralisierende Element im Aufsichtsrat stärken" [17, S. 44]. Die Unternehmen unterhalb der drei beschriebenen Größenklassen bleiben in dem Vorschlag von Ballerstedt unberücksichtigt.

Nell-Breuning, Professor für Ethik und Christliche Soziallehre in Frankfurt, schlägt eine Unternehmensverfassung mit einem abgestuften System der Gruppenintegration vor, das von der Unternehmensversammlung über den Unternehmensrat bis zur Unternehmensleitung aufsteigt. In der Unternehmensversammlung stehen Arbeitnehmer und Kapitaleigner noch „als scharf getrennte Gruppen einander gegenüber, zwischen denen nur die sog. ‚weiteren Mitglieder' als Vertreter des öffentlichen Interesses ausgleichend vermitteln" [197, S. 69]. Für die Wahl der Interessenvertreter in die Unternehmensversammlung sind bei den Kapitaleignern die Aktionärs- bzw. Gesellschafterversammlung zuständig und bei den Arbeitnehmern die Gesamtbelegschaft und die im Unternehmen vertretenen Gewerkschaften. Die Öffentlichkeitsvertreter sollen im Wege der Kooptation durch Kapitaleigner- und Arbeitnehmervertreter gewählt werden, wobei dem Gesetzgeber die Aufgabe zufällt, gewisse Mindestanforderungen vorzuschreiben, denen die Kandidaten für ihre Wahl als Öffentlichkeitsvertreter genügen müssen. Hinsichtlich der zahlenmäßigen Zusammensetzung der Unternehmensversammlung schlägt Nell-Breuning je 20 Interessenvertreter der Kapitaleigner und Arbeitnehmer vor, die ihrerseits je 4 „weitere Mitglieder" sowie gemeinsam ein dreiköpfiges Präsidium (Vorsitzender und 2 Stellvertreter) wählen.

Gegenüber der ungemilderten Konfliktaustragung in der Unternehmensversammlung soll im Unternehmensrat bereits eine gewisse Integration der verschiedenen Interessen herbeigeführt werden. Dies läßt sich dadurch erreichen, daß die Unternehmensratsmitglieder „zu ihrer Wahl zusätzlich zur Stimmenmehrheit der Kapital- bzw. Arbeitsseite der Unternehmensversammlung noch einer qualifizierten Mehrheit aller Stimmen bedürfen, so daß die Gewählten vom Vertrauen nicht nur einer Seite allein, sondern mindestens auch eines Teiles der Gegenseite getragen sind" [197, S. 68]. Analog zu der Regelung für die Unternehmensversammlung empiehlt Nell-Breuning für den Unternehmensrat, je ein oder zwei „weitere Mitglieder" und eine neutrale Spitze hinzuzuwählen. Die gewerkschaftliche Entsendung von Unternehmensratsmitgliedern lehnt er mit dem Hinweis ab, daß der rechte Ort für den gewerkschaftlichen Einfluß die Unternehmensversammlung als dem souveränen Organ des Unternehmens sei.

Die „Halbintegration" im Unternehmensrat soll schließlich auf der Stufe der Unternehmensleitung zur „Vollintegration" führen. Die Unternehmensleitung muß danach eine geschlossene Einheit bilden, in der keine Gruppen- oder Sonderinteressen institutionalisiert sein dürfen. „Der Vollintegration würde es widersprechen, wenn für den Leiter der Personal- und Sozialangelegenheiten, insbesondere seine Berufung und Abberufung, andere Vorschriften gälten als für die übrigen Vorstandsmitglieder, wie dies beim Arbeitsdirektor des Montan-Mitbestimmungsgesetzes der Fall ist" [197, S. 68]. Allgemeine Sicherungen hingegen, die bei allen Mitgliedern der Unternehmensleitung Anwendung finden, hält Nell-Breuning grundsätzlich für möglich. Beispielsweise könnte für jede Berufung in die Unternehmensleitung die Stimmenmehrheit nicht nur des Unternehmensrates im ganzen, sondern auch der Kapitaleigner- und Arbeitnehmerseite gefordert werden.

Die *Verfassung für „Größtunternehmen"* ist das Ergebnis der mehrjährigen Arbeit einer Gruppe von sechs Wirtschafts- und Sozialwissenschaftlern (Boettcher, K. Hax, Kunze, Nell-Breuning, Ortlieb und Preller) und wurde 1968 in einem ausführlichen Bericht mit dem Titel „Unternehmensverfassung als gesellschaftspolitische Forderung" veröffentlicht [31]. Die „Größtunternehmen" werden in dem Bericht durch die Mindestmerkmale von 20 000 Beschäftigten, 1 Milliarde DM Jahresumsatz und 500 Millionen DM Bilanzsumme abgegrenzt, wobei wenigstens zwei der drei Mindestmerkmale erfüllt sein müssen, um ein Unternehmen zu dem Kreis der „Größtunternehmen" rechnen zu können. Diese Definition der „Größtunternehmen" entspricht weitgehend der Größenklasse, die Ballerstedt als „Mammutunternehmen" bezeichnet und die auch von der Studienkommission des Deutschen Juristentages für ihre Unternehmensverfassung vorausgesetzt wird.

Die Verfassung der „Größtunternehmen" sieht als Mitbestimmungsorgane eine Unternehmensversammlung mit 75 Mitgliedern und einen Unternehmensrat mit 19 Mitgliedern vor. Von den 75 Stimmen in der Unternehmensversammlung sollen je 30 Stimmen den Kapitaleignern und Arbeitnehmern zustehen, wobei die Arbeitnehmerstimmen sich jeweils zur Hälfte auf Gewerkschaftsvertreter und unternehmensangehörige Arbeitnehmervertreter aufteilen. Die übrigen 15 Stimmen sind für die Vertreter der Allgemeinheit vorgesehen, davon je 6 den Anteilseignern und den Arbeitnehmern nahestehende Personen. „Die restlichen 3 Mitglieder müßten optimal unabhängig sein, also im Grade ihrer Unabhängigkeit den heutigen 11. Männern in der Montanindustrie gleichen. Um ihre Unabhängigkeit zu betonen und zu wahren, müßten sie auf beratende und ausgleichende Funktionen beschränkt sein; ein Stimmrecht dürften sie nur in besonders wichtigen Fällen, insbesondere bei Wahlen, haben" [31, S. 130].

Wie in der Unternehmensversammlung sollen auch im Unternehmensrat die Anteilseigner, die Arbeitnehmer und die Allgemeinheit vertreten sein. Von den vorgeschlagenen 19 Stimmen des Unternehmensrates entfallen je 7 auf Anteilseigner- und Arbeitnehmervertreter und 5 auf Vertreter der Allgemeinheit. Dabei werden für die 5 Öffentlichkeitsvertreter wieder besondere Qualifikationen verlangt. Ein Öffentlichkeitsvertreter sollte „völlig unabhängig (neutral) in demselben Sinne sein wie die Mitglieder des Präsidiums der Unternehmensversammlung. Die vier übrigen Vertreter der Allgemeinheit müßten ebenfalls die gesetzlichen Unabhängigkeitsvoraussetzungen erfüllen. Je 2 von ihnen könnten aber der Arbeitnehmer- und der Eigentümerseite nahestehen" [31, S. 133]. Die beschriebene pluralistische Stimmenaufteilung in Unternehmensversammlung und Unternehmensrat wird nur für die „Größtunternehmen" gefordert, während für die kleineren Unternehmen die geltenden Regelungen des Mitbestimmungs- und Betriebsverfassungsgesetzes beibehalten werden sollen.

Die *gegengewichtige Unternehmensordnung nach Steinmann*, einem Professor für Allgemeine Betriebswirtschaftslehre an der Universität Erlangen-Nürnberg, geht von dem Gegengewichtsprinzip aus und versucht die Unternehmensleitung durch Einrichtung einer Gegenkraft zu kontrollieren [260, S. 200]. Zur Schaffung dieses Gegengewichts soll der Aufsichtsrat in einen Unternehmensrat umgewandelt werden, in dem zumindest die Interessen von Kapitaleignern, Arbeitnehmern, Endverbrauchern und der Allgemeinheit vertreten sind, in Abhängigkeit von der Unternehmenssituation aber auch die von Großgläubigern, Großabnehmern und Großlieferanten. Während die Kapitaleignervertreter (Groß- und Kleinaktionäre) von der Aktionärsversammlung und die Arbeitnehmervertreter (Gewerkschaftsvertreter und Belegschaftsmitglieder) von der Belegschaftsversammlung gewählt werden, sind die Vertreter der Allgemeinheit durch die betroffenen öffentlichen Stellen (Bund, Länder und Gemeinden) zu berufen und als Vertreter der Konsumenten, solange repräsentative Verbraucherorganisationen fehlen, unabhängige Persönlichkeiten zu kooptieren. Einschränkend stellt Steinmann zu der Repräsentation der Allgemeinheit durch Vertreter öffentlicher Stellen fest, daß diese Form der Vertretung zwar notwendig, aber nicht hinreichend sei. Hinzukommen müsse die Mitverantwortung und insoweit die Mitrepräsentation der Allgemeinheit durch die Vertreter der übrigen Unternehmensinteressen. Steinmann sieht im Unternehmensrat drei Sitze für jede Interessengruppe vor, so daß, wenn neben den grundsätzlichen vier Interessengruppen (Kapitaleigner, Arbeitnehmer, Konsumenten, Allgemeinheit) auch die drei möglichen Interessengruppen (Großabnehmer, Großlieferanten, Großgläubiger) auftreten, die Höchstzahl von 21 Unternehmensratsmitgliedern erreicht wird.

Damit der Unternehmensrat eine echte Gegenmacht zur Unternehmensleitung bildet, müssen zwei Funktionsbedingungen des Gegengewichtsprinzips erfüllt werden [260, S. 248]:

(1) Die gegengewichtigen Machtzentren müssen in personeller und funktioneller Hinsicht getrennt sein;

(2) Zwischen den Machtzentren muß ein Gleichgewicht bestehen, so daß ein Machtmißbrauch infolge Übermacht ausgeschlossen ist.

Aus der Forderung nach personeller Trennung der Machtzentren ergibt sich, daß Vorstandsmitglieder nicht gleichzeitig auch Mitglied des Unternehmensrates sein können. Die funktionelle Trennung erfordert, daß der Unternehmensrat ausschließlich Organ der Interessenvertretung ist, während die Unternehmensführungsfunktion alleim beim Vorstand liegt. Zur Verwirklichung dieser funktionellen Trennung müssen nach Steinmann zwei Grundsätze erfüllt werden:

(a) Der Vorstand darf sein Mandat nicht vom Unternehmensrat ableiten;

(b) Der Unternehmensrat darf gegenüber dem Vorstand nicht weisungsberechtigt sein.

Die gegengewichtige Unternehmensordnung kommt dem ersten Grundsatz mit der Regelung nach, daß der Vorstand neue Mitglieder durch Kooptation aufnimmt. „Der zweite Grundsatz läßt sich durch eine entsprechende Vorschrift rechtlich verankern“ [260, S. 249].

Nach der zweiten Funktionsbedingung des Gegengewichtsprinzips muß ein Gleichgewicht zwischen den verschiedenen Machtträgern bestehen. Dieses Gleichgewicht läßt sich nach Steinmann nur herstellen, „wenn jeder Machtträger in der Lage ist, geplante Änderungen des bestehenden Zustandes zu verhindern" [260, S. 250]. Er räumt daher jedem Unternehmensratsmitglied ein allgemeines Vetorecht gegen geplante Maßnahmen des Vorstandes ein. Dadurch werde eine Einflußnahme des Unternehmensrates bzw. seiner Mitglieder auf die Unternehmensleitung möglich, ohne daß sich daraus eine direkte Teilhabe an der Führungsfunktion und der Führungsverantwortung ergebe.

Kunze, ehemals Chefjustitiar des Deutschen Gewerkschaftsbundes, will mit seinem *„unternehmensrechtlichen System"* das von den Eigentümerinteressen geprägte Gesellschaftsrecht (Recht der Wirtschaftsunternehmen) durch ein umfassenderes Unternehmensrecht ablösen. „Gegenstand des Unternehmensrechts ist das Unternehmen als soziales Gebilde, dessen innere Ordnung die Interessen aller in ihm kooperierenden Menschen und der Allgemeinheit, nicht nur die der Eigentümer, zu berücksichtigen hat" [165, S. 48]. Grundlage einer Unternehmensrechtsreform kann nach Kunze nicht das System des geltenden Gesellschaftsrechts, sondern nur ein neues System sein, „das vom Unternehmen als einem wirtschaftlichen Zweck- und Herrschaftsverband, einem mehr oder minder gesellschaftspolitisch relevanten Sozialgebilde, ausgeht... Systembildend müssen demnach Merkmale sein, die... es erlauben, die Unternehmen nach soziologischen und ökonomischen Gesichtspunkten sinnvoll zu Gruppen zusammenzuordnen" [165, S. 49]. Die Grundstruktur des unternehmensrechtlichen Systems, in dem Kunze die Unternehmensgruppen der Einfachheit halber nur mit der Beschäftigtenzahl gekennzeichnet hat, ist in Abbildung 30 wiedergegeben. Dabei sind die Verweise von Kunze auf das Mitbestimmungs- und Betriebsverfassungsgesetz durch inhaltlich gleiche Hinweise auf die entsprechenden neueren Gesetze ersetzt worden.

Die Unternehmensverfassung einer Größengruppe soll für alle Unternehmen dieser Gruppe unabhängig von ihrer Rechtsform gelten, also auch beispielsweise für Einzelkaufleute und Personengesellschaften. Die stufenweise Entwicklung der Unternehmensverfassung verdeutlicht dabei, daß mit zunehmender Größe der Unternehmen die rein gesellschaftsrechtlich bedingten Typenunterschiede an Bedeutung verlieren. „Denn je kleiner das Unternehmen ist, um so weniger unterliegt die unternehmerische Planungs- und Entscheidungsgewalt unternehmensverfassungsrechtlichen Bindungen, um so mehr ist das Unternehmen wirklich eine Veranstaltung des Eigentümers, um so mehr prägen seine Rechte oder, wenn das Unternehmensvermögen mehreren gehört, deren Rechte und Rechtsverhältnisse das Unternehmen" [165, S. 53]. Je größer das Unternehmen aber ist, um so mehr werden die Rechte der Inhaber beschnitten, um so weniger kann die Unternehmensverfassung unter

Unternehmens-gruppe	Beschäftigten-zahl X	Ausprägung der Unternehmensverfassung
1. Größt-unternehmen	$20000 \leqq X$	Verfassung für Größtunternehmen nach Boettcher et al. (Sechserbericht)
2. Groß-unternehmen	$2000 \leqq X < 20000$	paritätische Mitbestimmung (MitbG von 1976)
3. Große Mittel-unternehmen	$500 \leqq X < 2000$	einfache Mitbestimmung (1/3 Arbeitnehmervertreter)
4. Kleine Mittel-unternehmen	$100 \leqq X < 500$	keine Mitbestimmung in den Unternehmensorganen, sondern nur Wirtschaftsausschuß (gem. § 106 BetrVG 1972)
5. Klein-unternehmen	$5 \leqq X < 100$	keine Mitbestimmung in den Unternehmensorganen, sondern nur Betriebsrat (gem. § 1 BetrVG 1972)
6. Kleinst-unternehmen	$X < 5$	keine Mitbestimmung in den Unternehmensorganen; keine Anwendung des Betriebsverfassungsgesetzes

Abb. 30: Das „unternehmensrechtliche System" nach Kunze [165, S. 50]

gesamtgesellschaftlichen Gesichtspunkten auf die Eigentümerinteressen mehr Rücksicht nehmen als auf die der anderen Mitglieder des Unternehmensverbandes.

Nach dem „unternehmensrechtlichen System" sollen in den oberen drei Größenklassen die einfache, paritätische und „vollausgebaute" Mitbestimmung eingeführt werden. Zur Realisierung dieses Vorhabens müssen die bestehenden Unternehmensformen des Gesellschaftsrechts umgestaltet bzw. an die Erfordernisse der Mitbestimmung angepaßt werden. Der Einbau der einfachen Mitbestimmung in eine Unternehmensverfassung für große Mittelunternehmen bereitet nach Kunze keine grundsätzlichen Schwierigkeiten. Es müßte zwar in allen großen Mittelunternehmen auch für Einzelkaufleute und Personengesellschaften ein obligatorischer Aufsichtsrat vorgeschrieben werden; die unternehmerische Planungs- und Entscheidungsgewalt wird aber „durch die einfache Mitbestimmung nicht so stark gebunden, daß in den Personalunternehmen eine Beschränkung der persönlichen Haftung unerläßlich wäre" [165, S. 51]. Für die paritätische und „vollausgebaute" Mitbestimmung sei es hingegen notwendig, „die Haftung der Inhaber des Unternehmensvermögens zu beschränken. Dieses Erfordernis ist erfüllt, wenn die Träger des Unternehmensvermögens juristische Personen sind, wenn also das Unternehmensvermögen bereits vom Privatvermögen der Inhaber abgeschichtet und deren Haftung auf das Unternehmensvermögen beschränkt ist" [165, S. 51]. Für die Personengesellschaften und Einzelkaufleute im Bereich der Groß- und Größtunternehmen schlägt Kunze eine Ablösung des Unternehmensvermögens als Sondervermögen von seinem bisherigen Träger vor, so daß sich das Recht des Vermögensträgers auf Gewinnanspruch und Vermögensverwaltung reduziert. Die andere Möglichkeit, die Personengesellschaft durch Rechtsformzwang in eine juristische Person umzuwandeln, lehnt Kunze aus zwei Gründen ab. Zum einen erscheint es ihm unmöglich, „durch Gesetz das Umwandlungsverfahren so zu regeln, daß das Verhältnis der Rechte der Gesellschafter zueinander in der juristischen Person dem in der Personalgesellschaft völlig adäquat ist" [165, S. 52]. Zum anderen widerspricht ein Rechtsformzwang der freien Wahl der vermögensrechtlichen Unternehmensform. Kunze empfiehlt deshalb eine Trennung von Gesellschafts- und Unternehmensrecht. Während das Gesellschaftsrecht die Rechte der Eigentümer an dem der Unternehmung zur Verfügung gestellten Vermögen regelt, dient das umfassendere Unternehmensrecht der Ordnung der wirtschaftlichen Planungs- und Entscheidungsgewalt im Unternehmen.

Das *„Verwaltungsratsystem" nach P. Ulrich*, einem wissenschaftlichen Assistenten am Betriebswirtschaftlichen Institut der Universität Basel, sieht im Unterschied zu den bisher beschriebenen interessenpluralistischen Ansätzen nicht den Aufsichtsrat bzw. Unternehmensrat als Mitbestimmungsorgan vor, sondern geht vielmehr vom Verwaltungsrat nach schweizerischem Recht bzw. vom Board nach angloamerikanischem Recht aus. Der Verwaltungsrat ist Träger der Geschäftsführungs-, Verwaltungs- und Kontrollbefugnisse und vereinigt somit Elemente, die nach deutschem Recht auf Vorstand und Aufsichtsrat aufgeteilt sind. Nach Ulrich läßt die heutige Komplexität der Entscheidungen auf Geschäftsführungsebene „die analytische Trennung von Leitungs- und Kontrollfunktionen und die ausschließliche Zuteilung der Kontrollfunktion an den Aufsichtsrat nicht mehr zu; entweder ist dieser – bei extensiver Auslegung der Kontrollfunktionen im Sinne des angelsächsischen ‚Controlling' – selbst oberstes Leitungsorgan und verschafft sich dann die notwendigen Informationen und Eingriffsmöglichkeiten in die Entscheidungsprozesse, oder er ist nicht mehr in der Lage, wirkliche Kontrolle auszuüben, und bleibt ohne Einfluß" [268, S. 178]. Ulrich hält im Hinblick auf eine wirksame pluralistische Legitimation der Unternehmung nur den Verwaltungsrat für eine Ausgestaltung als Mitbestimmungsorgan geeignet.

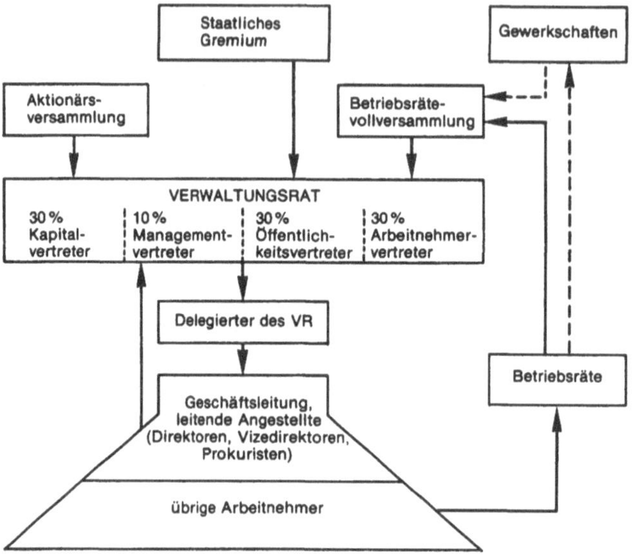

Abb. 31: Das „Verwaltungsratsystem" nach P. Ulrich [268, S. 183]

Der Verwaltungsrat setzt sich nach dem Vorschlag von Ulrich zu je 30 % der Stimmen aus Kapital-, Öffentlichkeits- und Arbeitnehmervertretern und zu 10 % aus Managementvertretern zusammen (siehe Abb. 31). Mit der unterparitätischen Vertretung des Mangement soll dabei sichergestellt werden, daß das Management „neben der Informations- und Koordinationsfunktion keine wesentliche Einfluß- oder gar Beherrschungsfunktion (‚Selbstlegitimation' des Management) ausüben kann" [268, S. 176]. Für die Bestellung der Kapitalvertreter greift das „Verwaltungsratsystem" auf das Gewohnheitsrecht der Kooptation neuer Mitglieder durch den Verwaltungsrat und das Depotstimmrecht der Banken zurück. Besondere Regelungen für die Vertretung der Kleinaktionäre hält Ulrich nicht für notwendig, da diese i. d. R. nicht langfristig am Unternehmen interessiert seien. Die Arbeitnehmervertreter werden ausschließlich von den Betriebsangehörigen (Betriebsrätevollversammlung) gewählt. Die Gewerkschaften können Arbeitnehmervertreter der Betriebsangehörigen zwar vorschlagen, haben aber keinen Anspruch auf eigene Vertreter. „Mit diesem basisdemokratischen Grundsatz – der ergänzt werden könnte durch eine gesetzliche Maximalquote von externen Gewerkschaftsvertretern – wird erreicht, daß die Gewerkschaften die ihnen zukommenden Funktionen als ‚Treuhänder der Arbeitnehmerschaft' wahrnehmen können, falls die Betriebsangehörigen der Ansicht sind, daß sie durch die Gewerkschafter besser vertreten werden als durch selbst gestellte (interne)

Teilprobleme / Vorschläge für eine pluralist. U'verfassung	Untern.verfassung nach der jurist. Studienkommission	Untern.verfassung für Mammut-, Groß- und Mittelunternehmen (Ballerstedt)	Untern.verfassung mit abgestufter Integration (Nell-Breuning)	Verfassung für Größtunternehmen (Sechserbericht)	Gegengewichtige Unternehmensordnung (Steinmann)	Unternehmensrechtliches System (Kunze)	Verwaltungsratsystem (P. Ulrich)
Geltungsbereich	Unternehmen mit mehr als: – 10000 Beschäftigten – 50 Mio Grundkapital	Mammut-, Groß- und Mittelunternehmen (Abgrenzung nach Beschäftigtenzahl, Umsatz und Bilanz-Summe)	nicht näher spezifizierte Großunternehmen	Größtunternehmen mit mehr als: – 20000 Beschäftigten – 1 Mrd Jahresumsatz – 500 Mio Bilanzsumme	nicht näher spezifizierte Großunternehmen	Größtunternehmen, Großunternehmen, große Mittelunternehmen mit mehr als 20000, 2000 bzw. 500 Beschäftigten	nicht näher spezifizierte Großunternehmen
Mitbestimmte Unternehmensorgane und ihre Mitgliederzahl	Vertreterversammlung; Verwaltungsrat (21 Mitglieder)	Für Mammutunternehmen Unternehmensversammlung und -rat; für Groß- und Mittelunternehmen nur Mitbest. im AR (15–21 Mitglieder)	Unternehmensversammlung (51 Mitglieder); Unternehmensrat	Unternehmensversammlung (75 Mitglieder); Unternehmensrat (19 Mitglieder)	Nur Mitbestimmung im Unternehmensrat (maximal 21 Mitglieder)	Für Größtunternehmen Mitbest. wie bei Sechserbericht; für Großunternehmen und große Mittelunternehmen nur Mitbest. im AR	Verwaltungsrat (keine Zahlenangabe)
Zusammensetzung der Unternehmensversammlung	Vertreter der Aktionäre, der Arbeitnehmer und des „öffentlichen Interesses" im Verhältnis 2 : 2 : 1	Vertreter der Kapitaleigner, Arbeitnehmer und Allgemeinheit (keine Zahlenangaben)	Je 20 Vertreter der Kapitaleigner und Arbeitnehmer, 11 Vertreter des „öffentlichen Interesses"	Je 30 Vertreter der Kapitaleigner und Arbeitnehmer, 15 Vertreter der Allgemeinheit	Hauptversammlung allein mit Kapitaleignern als Mitgliedern	Unternehmensversammlung wie beim Sechserbericht	Generalversammlung allein mit Kapitaleignern als Mitgliedern
Zusammensetzung des Unternehmensrates oder Verwaltungsrates	Je 9 Vertreter der Kapitaleigner und Arbeitnehmer, 3 Vertreter des „öffentlichen Interesses"	Je 6–8 Vertreter der Kapitaleigner und Arbeitnehmer, 3–5 Vertreter der Allgemeinheit; für Mittelunternehmen AR nach BetrVG (1/3 AN-Vertreter)	Paritätische Vertretung von Kapitaleignern und Arbeitnehmern. 5–7 Vertreter des „öffentlichen Interesses"	Je 7 Vertreter der Kapitaleigner und Arbeitnehmer, 5 Vertreter der Allgemeinheit	Je 3 Vertreter der Kapitaleigner, Arbeitnehmer, Konsumenten, Allgemeinheit und situationsbedingt je 3 Vertreter von Großgläubigern, Großabnehmern und Großlieferanten	Unternehmensrat wie beim Sechserbericht; für Großunternehmen paritätische Mitbest. im AR; für große Mittelunternehmen einfache Mitbest. im AR (1/3 AN-Vertreter)	Vertreter der Kapitaleigner, Arbeitnehmer, Öffentlichkeit und des Managements im Verhältnis 3 : 3 : 3 : 1
Wahl der Öffentlichkeitsvertreter	Berufung durch Minister des Bundes oder der Länder	Kooptation gemeinsam durch Kapitaleigner- und AN-Vertreter	Kooptation gemeinsam durch Kapitaleigner- und AN-Vertreter	Kapitaleigner- und AN-Vertreter wählen je 2/5 der Öffentlichkeitsvertreter; 1/5 der Öffentlichkeitsvertreter wird gemeinsam kooptiert	Berufung durch Vertreter von Bund, Ländern oder Gemeinden	wie beim Sechserbericht	Berufung durch staatliche Instanzen

Abb. 32: Vergleichende Übersicht über die Vorschläge für eine pluralistische Unternehmensverfassung

Repräsentanten" [268, S. 181]. Die Managementvertreter werden von der Geschäftsleitung und den leitenden Angestellten bestimmt. Die Öffentlichkeitsvertreter schließlich will Ulrich durch den Staat ernennen und kontrollieren lassen. Als staatliche Wahl- und Kontrollinstanzen schlägt er Sonderkommissionen vor, „die von Wirtschafts-, Sozial-, Umwelt- und Konsumentenschutzämtern gemeinsam gebildet werden" [268, S. 182].

5.3 Beurteilung der Ansätze

Die unter Pkt. 5.2 beschriebenen sieben Vorschläge (siehe Abb. 32) sehen übereinstimmend eine pluralistische Unternehmensverfassung für die Groß- und Größtunternehmen vor, während bei den kleinen Unternehmen die bestehenden Regelungen des Betriebsverfassungsgesetzes für ausreichend angesehen werden. Eine weitere Übereinstimmung zwischen den sieben Vorschlägen besteht in der Einbeziehung von Vertretern des „öffentlichen Interesses" bzw. der Allgemeinheit in die Mitbestimmungsorgane. Dabei werden die Öffentlichkeitsvertreter nach Ulrich, Steinmann und der juristischen Studienkommission durch Repräsentanten bzw. Gremien von Bund, Ländern oder Gemeinden berufen, nach Ballerstedt und Nell-Breuning gemeinsam von Kapitaleigner- und Arbeitnehmervertretern kooptiert und nach dem Sechserbericht zu je 2/5 von Kapitaleigner- und Arbeitnehmervertretern gewählt und zu 1/5 gemeinsam kooptiert. Gegen die Bestellung von Repräsentanten der „Öffentlichkeit" (z. B. Professoren, Rechtsanwälte und Wirtschaftsprüfer) in die Mitbestimmungsorgane ist grundsätzlich einzuwenden, daß das „öffentliche Interesse" nicht mit einzelnen Gruppeninteressen übereinstimmen muß und wegen der fehlenden Operationalisierung und schwierigen intersubjektiven Überprüfbarkeit kaum mehr als eine Leerformel darstellt [226, S. 51]. „Der Versuch, das ‚öffentliche Interesse' institutionell im Unternehmen zu verankern, ist... nicht nur nutzlos für die Durchsetzung des öffentlichen Interesses, sondern schadet darüber hinaus dem pluralistisch ausgewogenen Verhältnis der konkret beteiligten Interessen" [152, S. 743]. Beschränkt man sich, wie die juristische Studienkommission, Ballerstedt, Nell-Breuning und der Sechserbericht, auf eine Vertretung der Anteilseigner, der Arbeitnehmer und der Öffentlichkeit in den Mitbestimmungsorganen, so führt das je nachdem, ob die Öffentlichkeitsvertreter ihrer persönlichen Grundeinstellung nach zur Anteilseigner- oder Arbeitnehmerseite neigen, zu einem Umschlagen der Parität (verfassungsrechtlich ganz zufällig) in ein Übergewicht zugunsten der Anteilseigner oder Arbeitnehmer. Zur Vermeidung derartiger, unkontrollierbarer Verschiebungen sollten nur Gruppeninteressen in den Mitbestimmungsorganen verankert werden, während das öffentliche Interesse am geeignetesten durch Regelungen auf der Ebene der Wirtschaftsverfassung zur Wirkung gebracht wird [152, S. 743].

Im Hinblick auf die Gewichtung der Gruppeninteressen in den Mitbestimmungsorganen sehen sämtliche Vorschläge eine Parität zwischen Anteilseigner- und Arbeitnehmervertretern vor. Der „dritten Bank“ (Öffentlichkeitsvertreter) räumen fünf der sieben Vorschläge ein geringeres Gewicht ein, während die gegengewichtige Unternehmensordnung nach Steinmann und das Verwaltungsratsystem nach P. Ulrich eine derartige Differenzierung nicht vornehmen. Steinmann teilt den im Mitbestimmungsorgan vertretenen Interessen von Anteilseignern, Arbeitnehmern, Konsumenten und der Allgemeinheit sowie den möglichen Interessen von Großgläubigern, Großabnehmern und Großlieferanten die gleiche Zahl von Interessenvertretern und ein gleiches Stimmrecht zu. Für die gleiche Gewichtung aller Mitbestimmungsinteressen spricht der demokratische Grundsatz der Gleichbehandlung aller Mitglieder des Unternehmensverbandes. Unter Zweckmäßigkeitsgesichtspunkten läßt sich dagegen einwenden, daß die Beiträge und Bindungen der Mitbestimmungsinteressen an die Unternehmung sehr unterschiedlich sind und sich insofern die Gewährung unterschiedlicher Stimmenanteile empfiehlt. Angesichts dieser konfligierenden Gesichtspunkte erscheint u. E. eine Lösung gerechtfertigt, die ein gleiches Stimmrecht für die grundsätzlich auftretenden Mitbestimmungsinteressen (Interessen der Arbeitnehmer, Kapitaleigner sowie von Gemeinde, Land und Bund) vorsieht und den unternehmensabhängig auftretenden Mitbestimmungsinteressen (Interessen der Konsumenten, der Bürger der Standortgemeinde sowie der Gläubiger, gewerblichen Abnehmer und Lieferanten) ein Stimmrecht in Abhängigkeit von ihren Beiträgen und Bindungen bis maximal zur Höhe des Stimmenanteils der grundsätzlich auftretenden Gruppen einräumt. Eine derartige Lösung des Gewichtungsproblems entspricht weitgehend dem demokratischen Grundsatz der Gleichbehandlung und zieht gleichzeitig die Kriterien der Systemverbundenheit und der Beitragsleistungen für die Vertretung der unternehmensabhängig auftretenden Mitbestimmungsinteressen heran.

Im Hinblick auf die Frage, welche Unternehmensorgane als Mitbestimmungsorgane ausgestaltet werden sollen, lassen sich unter den sieben interessenpluralistischen Ansätzen zwei grundlegende Alternativen unterscheiden. Während das „Verwaltungsratsystem“ nach P. Ulrich vom schweizerischen Verwaltungsrat bzw. angloamerikanischen Board als Mitbestimmungsorgan ausgeht, setzen die übrigen beschriebenen Ansätze am Aufsichtsratsystem deutschen Rechts an und sehen entweder nur den Unternehmensrat oder aber Unternehmensrat und Unternehmensversammlung als Mitbestimmungsorgane vor. Der Hauptunterschied zwischen dem deutschen Aufsichtsrat- und dem angloamerikanischen Boardsystem liegt darin, „daß das deutsche Recht die Kompetenzen von Aufsichtsrat und Vorstand zwingend gegeneinander abgrenzt, während innerhalb des Board weitgehende Organisationsfreiheit besteht" [185, S. 33]. Der Verwaltungsrat bzw. Board ist Träger der Geschäftsführungs-, Verwaltungs- und Kontrollbefugnisse und übt damit Funktionen aus, die im Aufsichtsratsystem auf Vorstand und Aufsichtsrat aufgeteilt sind. Die Befürworter einer Einführung des Board kritisieren am Aufsichtsrat, daß dieser wegen zu geringer Arbeitsleistung und unzureichenden Sachverstandes seiner Mitglieder, der informationsbedingten Abhängigkeit vom Vorstand und der inhomogenen Struktur der Mitbestimmungsinteressen keine wirksame Kontrolle ausüben kann. Diese Einwände haben grundsätzlich ihre Berechtigung; sie „lassen sich aber nicht als Argumente für die Einführung des Board verwenden. Für das Insider-Board ist zu sagen, daß gar kein Aufsichtsrat noch weniger Aufsicht leistet als ein schlechter, und auf Outsider-Boards oder Outsiders in Boards ist die Kritik am deutschen Aufsichtsrat durchaus entsprechend anwendbar" [185, S. 32].

Das Aufsichtsratsystem weist im wesentlichen folgende Vorteile gegenüber dem Boardsystem auf [185, S. 34]:

(1) Mit dem Aufsichtsrat wird eine Trennung der Kontroll- und Leitungsfunktionen institutionalisiert (institutionalisierte Gewaltenteilung); beim Boardsystem kann das Management infolge der fehlenden Trennung von Kontrolle und Leitung eine Kontrolle seiner Geschäftsführung leichter einschränken oder gar ausschließen [171, S. 1982].

(2) Die Trennung in Vorstand und Aufsichtsrat ermöglicht eine eindeutige Regelung der organschaftlichen Vertretung; die Vertretung der Aktiengesellschaft nach außen liegt allein beim Vorstand, während die Vertretung des Unternehmensverbandes gegenüber dem Vorstand Aufgabe des Aufsichtsrats ist.

(3) Der Aufsichtsrat kann offensichtliche Mißstände in der Unternehmensleitung schneller beseitigen als die Aktionärsversammlung des Boardsystems.

(4) Der Aufsichtsrat kann pluralistisch besetzt werden, ohne daß die Handlungsfähigkeit der Unternehmensleitung grundsätzlich gefährdet wird.

Schließlich spricht für das Aufsichtsratsystem, „daß sich der internationale Trend im Aktienrecht in Richtung auf das deutsche Gewaltenteilungsmodell entwickelt" [266, S. 189]. So sieht beispielsweise der Kommissionsentwurf für die „Europäische Aktiengesellschaft" die Organe Vorstand, Aufsichtsrat und Hauptversammlung vor. Angesichts der genannten Argumente erscheint das Boardsystem kaum als eine geeignete Alternative zum Aufsichtsratsystem. Es empfiehlt sich darum, bei der Konstruktion einer pluralistischen Unternehmensverfassung vom Aufsichtsratsystem auszugehen und dabei Maßnahmen zu ergreifen, mit denen die Kontrollfunktion des Aufsichtsrats verstärkt werden kann (z. B. Professionalisierung des Aufsichtsrats durch Einführung hauptberuflich arbeitender Aufsichtsratsmitglieder).

Die in der Bundesrepublik erlassenen *Mitbestimmungsgesetze* bilden eine Vorstufe für eine interessenpluralistische Unternehmensverfassung, indem sie das Kontrollorgan auch mit Vertretern der Arbeitnehmer besetzen und für die Unternehmensleitung einen Arbeitsdirektor (Montan-Mitbestimmungsgesetz, Mitbestimmungsgesetz von 1976) vorschreiben. Gegenüber einer pluralistisch ausgebauten Unternehmensverfassung weist die Mitbestimmung vor allem folgende Mängel auf:

(1) Beschränkung im wesentlichen auf die Vertretung von Anteilseignern und Arbeitnehmern;
(2) Ausschließliche Berücksichtigung des Aufsichtsrates als Mitbestimmungsorgan;
(3) Beschränkung des Geltungsbereiches auf Unternehmen bestimmter Rechtsform.

Die interessendualistische Ausrichtung der Mitbestimmungsgesetze hat den Nachteil, daß Anteilseigner- und Arbeitnehmervertreter sich auf Entscheidungen zu Lasten externer Interessengruppen, wie z. B. der Konsumenten, Lieferanten, Rentner und Arbeitslosen, einigen können. Zur Verhinderung derartiger Entscheidungen und zur demokratischen Legitimation der Machtausübung müßte eine pluralistische Besetzung des Kontrollorgans vorgesehen werden, so daß sämtliche unternehmensrelevanten Gruppen in der Lage sind, ihre unterschiedlichen Interessen in den Entscheidungsprozeß einzubringen. Die Mitbestimmungsgesetze haben ferner den Nachteil, daß sie nur den Aufsichtsrat als Mitbestimmungsorgan vorsehen, während die Hauptversammlung als das souveräne Organ der Aktiengesellschaft von der Mitbestimmung unberührt bleibt. Das hat zur Folge, „daß alle diejenigen Entscheidungen, die nach Gesetz oder Satzung der Beschlußfassung durch die Hauptversammlung vorbehalten sind, ohne Mitwirkung der Arbeitsseite erfolgen, nichtsdestoweniger aber vom... Vorstand ausgeführt werden müssen" [197, S. 64], der seinerseits der Kontrolle durch den mitbestimmten

Aufsichtsrat unterliegt. Diese inkonsistente Konstruktion ist nur aus der Entstehungsgeschichte der Mitbestimmung zu verstehen; sie wird in einer Unternehmensverfassung, die Unternehmensversammlung und Unternehmensrat als Mitbestimmungsorgane vorsieht, ausgeschlossen. Schließlich haben die Mitbestimmungsgesetze den schwerwiegenden Mangel, nur für Unternehmen bestimmter Rechtsform und nicht einheitlich für alle Unternehmen einer bestimmten Größe zu gelten (siehe Abb. 28). Auch innerhalb des beschränkten Geltungsbereiches treten nicht zu unterschätzende Mängel auf, da das auf die Verhältnisse der Aktiengesellschaft zugeschnittene Mitbestimmungsrecht bei Anwendung auf die GmbH oder KGaA in einigen Punkten mit dem rechtsformenabhängigen Gesellschaftsrecht kollidiert [59, S. 133]. So enthält die GmbH mit ihren Organen der Geschäftsführung und der Gesellschafterversammlung keinen Aufsichtsrat, der als potentielles Mitbestimmungsgremium in Frage käme. Bei der KGaA ergibt sich ein grundsätzliches Problem der Mitbestimmung aus dem Vorstand, der stets aus Komplementären besteht, die im Unterschied zum Vorstand einer AG oder der Geschäftsführung einer GmbH der Vollhaftung unterliegen (Eigentümer- statt Manager-Unternehmer). Damit stellt sich die Grundsatzfrage, ob Vollhaftung und Mitbestimmung kombiniert werden sollen. „Geht man davon aus, daß Chance und Risiko bzw. Kompetenz und Verantwortung kongruent sein müssen, spricht einiges dafür, Vollhaftung und Mitbestimmung wirtschaftlich für unvereinbar zu erklären" [59, S. 134].

6. Konzeption eines neuen interessenpluralistischen Modells

Nach der Erörterung der Grundprobleme bei der Reform der Unternehmensverfassung und der verschiedenen Ansätze soll abschließend ein Vorschlag für ein interessenpluralistisches Modell gemacht werden, das die bisherigen Ergebnisse zusammenzufassen versucht.

6.1 Trennung von Unternehmensverfassungs- und Gesellschaftsrecht

Für die Entwicklung einer interessenpluralistischen Unternehmensverfassung ist zunächst festzulegen, ob von dem privatrechtlichen oder wirtschaftlichen Unternehmensbegriff als Verfassungseinheit ausgegangen werden soll. Die Frage stellt sich, weil privatrechtliche und wirtschaftliche Einheit der Unternehmen häufig nicht mehr identisch sind. Würden die Verfassungsregeln an die privatrechtliche Einheit der Unternehmen anknüpfen, bestünde die Gefahr, daß die eigentlichen Träger der unternehmerischen Entscheidungsgewalt möglicherweise ohne jede Rechtsverfassung blieben. „Das gilt insbesondere für diejenigen Fälle, in denen eine natürliche Person, eine Einzelfirma oder eine Personengesellschaft ihre Betriebe in der Form von juristischen Personen, insbesondere von Aktiengesellschaften, haftungsrechtlich ausgegliedert hat“ [152, S. 723]. Während das geltende Handels- und Gesellschaftsrecht den privatrechtlichen Unternehmensbegriff zugrundelegt, ist für das Unternehmensverfassungsrecht auf den wirtschaftlichen Unternehmensbegriff abzustellen, damit nicht „die juristisch fingierte, sondern die reale wirtschaftliche Macht im Unternehmen einer Rechtsverfassung unterworfen“ [152, S. 726] wird.

Außer diesem rechtstechnischen Argument des unterschiedlichen Unternehmensbegriffes spricht auch der unterschiedliche Inhalt von Unternehmensverfassungs- und Gesellschaftsrecht für die Trennung beider Rechtsgebiete. Das geltende Handels- und Gesellschaftsrecht ist von den Interessen der Eigentümer und Gläubiger geprägt und somit interessenmonistisch ausgerichtet. Es setzt sich aus zwei Rechtsnormenkomplexen zusammen: den Vermögens- und Haftungsregeln sowie den Regeln für die Wahl, Abberufung, Zusammensetzung und Rechte der Unternehmensleitung (Verfassungsregeln). Zur Unternehmensleitung sind allein die Eigentümer berechtigt. In der Praxis großer Unternehmen zeigt sich jedoch, daß die Leitungsmacht zunehmend in die Hände von angestellten Managern übergeht, die kein Eigentum an dem Unternehmen haben. Hinzu kommt, daß die Mitbestimmungsgesetze die interessenmonistische Legitimationsgrundlage der Unternehmensleitung durch eine interessendualistische ersetzt haben. Diesem Interessendualismus kann das interessenmonistische Handels- und Gesellschaftsrecht nicht nachkommen, ohne daß sein einheitlicher Zurechnungsgrund für beide Rechtsnormenkomplexe zerstört wird. Köhler hält es deshalb für „ein Gebot rechtstheoretischer Klarheit und dogmatischer Sauberkeit, diese beiden Rechtsnormenkomplexe voneinander zu trennen“ [152, S. 731]. Das klassische *Eigentümer- bzw. Gesellschaftsrecht* wird auf seinen interessenmonistisch orientierten Inhalt zurückgeführt und dient allein zur Ordnung des Eigentums an dem Vermögen, das dem Unternehmen zur Verfügung gestellt worden ist. Das *Unternehmensverfassungsrecht* hingegen hat die wirtschaftliche Planungs- und Entscheidungsgewalt im Unternehmen zu regeln. Während die Wahl der Rechtsform aus der von der Rechtsordnung angebotenen Vielfalt den Eigentümern des Unternehmensvermögens überlassen bleibt (Prinzip der freien Wahl der Rechtsform), kann die Unternehmensverfassung – entsprechend der Forderung nach einer einheitlichen Regelung für Unternehmen gleicher Größe und Bedeutung – nicht mehr eine Privatsache der Eigentümer sein, sondern muß zwingend vorgeschrieben werden. Auch diese beiden unterschiedlichen Grundsätze der vermögens- und haftungsrechtlichen Gestaltungsfreiheit sowie der verfassungsrechtlichen Gestaltungsgebundenheit erfordern eine Trennung der beiden Rechtsnormenkomplexe, die nicht mehr wie bisher im Rahmen des Gesellschaftsrechts allein auf dem Grundsatz der Wahlfreiheit aufgebaut werden können.

Entsprechend der Trennung zwischen Gesellschaftsrecht und Unternehmensverfassungsrecht ist zwischen der Eigentümergesellschaft und dem interessenpluralistischen Unternehmensverband zu unterscheiden. Das Verhältnis zwischen beiden Gebilden läßt sich grundsätzlich auf drei verschiedene Arten gestalten [162, S. 230].

(1) Unternehmensverband und Gesellschaft stehen als zwei juristische Personen nebeneinander;
(2) Gesellschaft wird aufgelöst, so daß nur der Unternehmensverband als juristische Person übrigbleibt;
(3) Gesellschaft bleibt bestehen und wird vom Unternehmensverband umfaßt.

Gegen die zweite Möglichkeit sprechen verfassungsrechtliche Bedenken, da das Eigentum der Eigentümergesellschaft am Unternehmensvermögen auf den Unternehmensverband übergeht (Verletzung von Art. 14 GG). Die erste Möglichkeit ist dagegen zu umständlich; sie hat aber den Vorzug, den Unterschied zwischen der Gesellschaft als Vermögensträger und dem Unternehmensverband als Inhaber der wirtschaftlichen Planungs- und Entscheidungsgewalt besonders deutlich zu machen. Als beste Lösung erscheint Kunze die dritte Möglichkeit, bei der die Gesellschaft Eigentümerin des Unternehmensvermögens bleibt und dem Unternehmensverband als der umfassenderen Einheit untergeordnet wird [162, S. 231].

6.2 Festlegung der Mitbestimmungsinteressen, der Mitbestimmungsorgane und des Geltungsbereiches der Unternehmensverfassung

Nach der Abgrenzung von Unternehmensverfassungs- und Gesellschaftsrecht und der damit verbundenen Unterscheidung zwischen Unternehmensverband und Vermögensträger stellt sich die Frage nach dem Inhalt der pluralistischen Unternehmensverfassung. Dazu ist zunächst zu bestimmen, welche Interessengruppen im Unternehmen mitbestimmungsberechtigt sein sollen und welche Unternehmensorgane pluralistisch besetzt werden können. Als Interessengruppen sind in der Unternehmensverfassung nicht nur Anteilseigner und Arbeitnehmer zu berücksichtigen; es empfiehlt sich vielmehr in Anlehnung an die Ausführungen unter Pkt. 4.2 in Teil III alle diejenigen Interessengruppen in die Unternehmensverfassung einzubeziehen, die langfristig von dem Unternehmen betroffen sind und deshalb ein dauerhaftes Interesse an ihm haben. Im einzelnen läßt sich dabei zwischen den grundsätzlich auftretenden Interessen von Arbeitnehmern, Anteilseignern sowie Bund, Ländern und Gemeinden und den unternehmensabhängig auftretenden Interessen von Konsumenten, Bürgern der Standortgemeinde sowie Gläubigern, gewerblichen Abnehmern und Lieferanten unterscheiden. Die Einbeziehung dieser Gruppen in die Unternehmensverfassung erscheint geeignet, weil damit den demokratischen Grundprinzipien der Legitimation von Macht durch die Machtbetroffenen und der Freiheit zur Selbstbestimmung weitgehend entsprochen wird und eine Einigung von Anteilseigner- und Arbeitnehmervertretern zu Lasten anderer Gruppen erschwert ist.

Als Mitbestimmungsorgane sind grundsätzlich sowohl die Unternehmensversammlung als auch der Unternehmensrat auszugestalten, da eine Beschränkung der Mitbestimmung auf nur eines der beiden Organe zu einer Inkonsistenz im verfassungsrechtlichen System führt [197, S. 64]. Die Unternehmensverfassung muß somit aus den beiden Mitbestimmungsorganen Unternehmensversammlung und Unternehmensrat sowie der Unternehmensleitung als mitbestimmungsfreiem Exekutivorgan bestehen. Mit der Unternehmensverfassung werden diese drei Organe für alle Großunternehmen einheitlich vorgeschrieben und zwar unabhängig davon, welche Rechtsform das Unternehmen hat. „Die Unternehmensverfassung ‚übernimmt' also nicht die Organe des Vermögensträgers auf das Unternehmen, sondern stattet das Unternehmen als solches mit eigenen Organen aus, denen die bei der heutigen Aktiengesellschaft bereits ausgebildeten Organe... in vieler Hinsicht als Vorbilder dienen" [197, S. 64].

Die pluralistische Unternehmensverfassung soll nur für Größtunternehmen gelten, bei denen mindestens zwei von drei Kriterien erfüllt sind (z. B. mehr als 5000 Beschäftigte[12], 100 Mio Jahresumsatz und 50 Mio Bilanzsumme). Für die kleineren Unternehmen werden nur Anteilseigner und Arbeitnehmer als Mitbestimmungsinteressen berücksichtigt, deren Stimmengewichte ähnlich wie bei dem „unternehmensrechtlichen System" von Kunze in den Formen der paritätischen und einfachen Mitbestimmung sowie der

[12] Unternehmen mit 2000–5000 Beschäftigten sind vielfach noch stark personalistisch geprägt und sollen deshalb nicht in den Geltungsbereich einer pluralistischen Unternehmensverfassung einbezogen werden. [271, S. 78].

Unternehmens-gruppe	Beschäftigten-zahl X Jahresumsatz Y Bilanzsumme Z	Ausprägung der Unternehmensverfassung
Größt-unternehmen	$5000 \leqq X$ $100 \text{ Mio} \leqq Y$ $50 \text{ Mio} \leqq Z$*	Pluralist. Untern.verfassung; drei grundsätzliche und drei unternehmensabhängig auftretende Mitbestimmungsinteressen in Unternehmensversammlung und -rat
Groß-unternehmen	$2000 \leqq X < 5000$	Paritätische Mitbestimmung in Unternehmensversammlung und -rat (1/2 Anteilseignervertreter, 1/2 Arbeitnehmervertreter)
Mittel-unternehmen	$500 \leqq X < 2000$	Einfache Mitbestimmung in Unternehmensversammlung und -rat (2/3 Anteilseignervertreter, 1/3 Arbeitnehmervertreter)
Klein-unternehmen	$X < 500$	Keine Mitbestimmung in den Unternehmensorganen, sondern nur Betriebsrat und Wirtschaftsausschuß (gem. §§ 1, 106 BetrVG)

* Mindestens zwei der drei Kriterien müssen erfüllt sein.

Abb. 33: Vorschlag für ein abgestuftes System der Unternehmensverfassung

beschränkten Mitbestimmung durch Betriebsrat und Wirtschaftsausschuß variieren. Dabei wird, wie auch Abbildung 33 verdeutlicht, für die Größt-, Groß- und Mittelunternehmen generell eine Unternehmensverfassung mit den drei Organen Unternehmensversammlung, Unternehmensrat und Unternehmensleitung vorgeschrieben.

In den nachfolgenden Ausführungen wird auf die pluralistische Unternehmensverfassung und die bei ihr auftretenden Fragen der Interessenrepräsentation, der Organkonstituierung und der Regelungen für einen Interessenausgleich näher eingegangen.

6.3 Repräsentation der Mitbestimmungsinteressen

Für die verschiedenen Interessengruppen (grundsätzliche und unternehmensabhängig auftretende Mitbestimmungsinteressen) ist zu klären, in welcher Form sie in den Mitbestimmungsorganen vertreten werden können und sollen. Dabei kann eine geeignete Repräsentationsform nicht einheitlich für alle Interessengruppen bestimmt werden, sondern ist vielmehr in Abhängigkeit von der speziellen Gruppensituation (Organisationsgrad, Mitgliederzahl etc.) auszuwählen.

Bei der Gruppe der *Kapitaleigner* ist die Interessenvertretung unproblematisch, wenn nur ein Großaktionär oder nur ein kleiner Kreis von Aktionären mit weitgehend übereinstimmenden Interessen existiert. In einem solchen Fall ist eine Vollvertretung möglich. Die entscheidenden Probleme für die Interessenvertretung der Kapitaleigner ergeben sich aus dem Auftreten von Kleinaktionären und intermediären Finanzinstitutionen (Versicherungs- und Investmentgesellschaften, Pensionfonds, Banken). Die im Aktiengesetz vorgesehene Repräsentation der Kleinaktionärsinteressen durch die Banken (Depotstimmrecht gemäß § 135 AktG) ist wegen der Gefahr der Interessenkollision abzulehnen [186, S. 243]. Die Unabhängigkeit einer derartigen Repräsentation wird grundsätzlich in Frage gestellt, wenn die Banken als Großgläubiger zugleich auch die Interessen der Kleinaktionäre vertreten.

Als Lösung bietet sich die gewählte Interessenvertretung der Kleinaktionäre durch Aktionärsvereinigungen an, womit zugleich die erforderliche Qualifikation der Interessenvertreter sichergestellt werden könnte. Mit dem Beitritt in eine Aktionärsvereinigung nimmt der einzelne Kleinaktionär sein Recht auf Interessenvertretung wahr und unterscheidet sich damit von den inaktiven Kleinaktionären, die von ihrer Interessenlage her nur als Darlehensgeber (Aktiengläubiger) anzusprechen sind und kein unabhängiges Mitbestimmungsrecht im Rahmen der Unternehmensverfassung ausüben wollen. Zur Verwirklichung dieses Lösungsvorschlages muß das Depotstimmrecht der Banken abgeschafft werden und an seine Stelle eine gesetzliche Regelung der Rechte der Aktionärsvereinigungen und ihrer Repräsentationsaufgaben treten. Dabei wird es darauf ankommen, das Problem der Kontrolle der Aktionärsfunktionäre durch Publizität und demokratische Verfahren der intraorganisatorischen Willensbildung zu lösen [260, S. 208]. Im Unterschied zur erwähnten gewählten Repräsentation käme eine nichtgewählte Vertretung zur Anwendung, wenn keine oder entsprechend einer festgelegten Quote (Verhältnis der organisierten Kleinaktionäre zur Gesamtzahl der Kleinaktionäre) zu wenige aktive Kleinaktionäre vorhanden sind und man auch in einer derartigen Situation eine Vertretung der Kleinaktionärsinteressen gewahrt wissen will.

Für die Gruppe der *Arbeitnehmer*, der die Arbeiter, die nichtleitenden und leitenden Angestellten angehören, kommt im allgemeinen angesichts der großen Arbeitnehmerzahl nur die gewählte Interessenvertretung, nicht aber die Vollvertretung in Frage. Ein Problem tritt dabei im Hinblick auf die Rolle der Gewerkschaften auf. Gegen die Einsetzung von unternehmensexternen Gewerkschaftsfunktionären als Arbeitnehmervertreter wird eingewendet, daß diese die Interessen der repräsentierten Arbeitnehmer des Unternehmens gegenüber allgemeinen unternehmensfremden Gewerkschaftsinteressen vernachlässigen (Gefahr der Fremdsteuerung). Demgegenüber spricht für die Zulassung von Gewerkschaftsfunktionären die qualitative Sicherung der Interessenvertretung (gewerkschaftliche Schulung und Beratung), wodurch den unternehmensexternen Kapitalvertretern eine entsprechend qualifizierte Kontrollmacht gegenübergestellt wird. Außerdem fällt es den Gewerkschaftsvertretern leichter, größere Wirtschaftsbereiche und die gesamtwirtschaftliche Entwicklung zu überblicken, so daß sie zu kurzfristig gedachte, betriebsegoistische Entscheidungen verhindern können. Zur Lösung des Problems erscheint eine Regelung zweckmäßig, die Unternehmensangehörige *und* externe Gewerkschaftsmitglieder als Vertreter der Arbeitnehmerseite vorsieht, ein bestimmtes Verhältnis zwischen ihnen festlegt (z. B. zwei Drittel Unternehmensangehörige und ein Drittel Externe) und den drei Arbeitnehmergruppen sowie den Gewerkschaften ein konkurrierendes Vorschlagsrecht einräumt, wobei die Gewerkschaften nur externe Vertreter vorschlagen können. Aus diesen Vorschlägen wählen die drei Gruppen der Arbeitnehmer in der Belegschaftsversammlung ihre Vertreter, während die Gewerkschaften über kein Entsendungsrecht – wie in der Montanmitbestimmung – verfügen sollten. Eine derartige Regelung entspricht am ehesten den Forderungen nach direkter Beteiligung der unternehmensangehörigen Arbeitnehmer und einer breiten Legitimation ihrer Interessenvertreter. Sie könnte in Verbindung mit einer allgemeinen von den Arbeitnehmern in der Belegschaftsversammlung ausgeübten demokratischen Kontrolle und einer Rechenschaftspflicht der Arbeitnehmervertreter einen wirksamen Schutz gegen die Gefahr der Fremdsteuerung darstellen.

Im Vergleich zu den beiden bisher behandelten Interessengruppen der Kapitaleigner und Arbeitnehmer sind die *Verbraucher* sehr viel weniger organisierbar bzw. verbandsfähig. Eine wesentliche Ursache hierfür ist die Heterogenität der Verbraucherbedürfnisse, die dadurch zum Ausdruck kommt, daß Zielrichtung und Dringlichkeit der Verbraucherinteressen sich auf eine Vielzahl von Gütern (Güterquantitäten, -qualitäten, -varianten und -kombinationen) beziehen [288, S. 318]. Weiterhin sind Verbraucher in Verbänden schlecht zu organisieren, weil Nichtmitglieder häufig in gleichem Maße wie Mitglieder an den Erfolgen der Organisation teilhaben und somit keinen Anreiz zum Engagement in der Organisation sehen [222, Sp. 4127]. Schließlich sind die Erfolgsaussichten der Verbraucherverbände in hohem Maß davon abhängig, in welchem Umfang sie Leistungsverweigerungen durchsetzen können. Diese Fähigkeit, auch als „Konfliktpotential" oder allgemein als „Macht" bezeichnet, ist bei den Gewerkschaften weitaus stärker als bei den Verbraucherverbänden, weshalb es vielen Verbrauchern effizienter und bequemer erscheinen mag, „eine bessere Versorgungssituation über die gewerkschaftlich durchgesetzte Erhöhung ihrer Nominaleinkommen zu erreichen, als sich durch die Mitgliedschaft in einer Verbraucherorganisation für die Erhöhung des Realeinkommens einzusetzen" [222, Sp. 4127].

Als Vertreter der Konsumenten tritt in der Bundesrepublik Deutschland vor allem die Arbeitsgemeinschaft der Verbraucher (AGV) auf, die einen Dachverband für mehr als 30 Verbände und Institutionen bildet. Ihr gehören direkt nur sehr wenige natürliche Personen an, indirekt sind aber mehrere Millionen Verbraucher über die Mitgliedschaft in den Verbänden (Deutscher Hausfrauenbund, Deutscher Mieterbund, Arbeiterwohlfahrt etc.) mit der AGV verbunden [102, Sp. 1044]. In einer Untersuchung der Organisationsstruktur stellt Braunschweig fest, daß die AGV nicht repräsentativ für die Verbraucher ist [38, S. 139]. Sie setzt sich aus heterogenen und bunt zusammengewürfelten Verbänden zusammen (z. B. Bund der Vertriebenen, Deutsches Beamtenkartell, Deutsches Rotes Kreuz, Deutscher Sparkassen- und Giroverband) und wird durch einzelne Konsumenten in ihrer Tätigkeit kaum kontrolliert und unterstützt. „Die Konstruktion eines Zusammenschlusses von Verbänden, die selbst keine Verbraucherorganisationen sind, sichert der Leitung der Arbeitsgemeinschaft völlige Unabhängigkeit gegenüber dem Personenkreis, für dessen Interessen sie eintreten soll" [245, S. 222]. Darüber hinaus ist vielen Mitgliedern die Zugehörigkeit ihres Verbandes zum Dachverband der AGV unbekannt. „Das alles hat zur Folge, daß die Funktionäre in dieser Organisation allein bestimmend sind" [38, S. 145]. Ottel spricht in diesem Zusammenhang auch von einer „Geschäftsführung ohne Auftrag" und lehnt damit ebenso wie Braunschweig die Berufung der AGV auf ein Mandat der Verbraucher ab [207, S. 48; 248, S. 121].

Angesichts der offengelegten unzureichenden Legitimation durch ihre Mitgliederbasis versucht die Arbeitsgemeinschaft der Verbraucher ihre Legitimation hauptsächlich von ihren Zielen und ihrer Tätigkeit abzuleiten. Auch Biervert vertritt die Auffassung, daß die Legitimation eines Verbraucherverbandes eher nach seiner Tätigkeit als nach der Zusammensetzung der Mitglieder zu beurteilen sei [25, S. 58]. In dieser Argumentation wird jedoch übersehen, daß es sich bei der Wahrnehmung der Verbraucherinteressen durch Verbandsfunktionäre um selbstinterpretierte Interessen handelt, die nicht immer mit denen „der Verbraucher“ übereinstimmen werden. Nach den Grundsätzen der Legitimation von Macht durch die Machtbetroffenen und der Freiheit der Individuen zur Selbstbestimmung erscheint es unverzichtbar, daß die Verbraucher ihre Interessenvertreter selbst wählen und kontrollieren und im Fall von Machtmißbrauch abberufen können.

Der unbefriedigende Organisationsstand der Verbraucher hat andere Gruppen, darunter besonders die Gewerkschaften dazu veranlaßt, einen Anspruch auf die Vertretung der Konsumenteninteressen zu erheben. Die Gewerkschaften leiten ihre Forderung daraus ab, daß die von ihnen vertretenen Arbeitnehmer und deren Familienangehörigen auch Konsumenten sind. Für die Vertretung der Konsumenteninteressen durch die Gewerkschaften sprechen nach Raffée und Petri im wesentlichen zwei Gesichtspunkte. Zum einen verfügen die Gewerkschaften „über ein größeres Machtpotential als die Verbraucherverbände, zum anderen hätte ihr Engagement im Bereich des Verbraucherinteresses den Vorzug, daß die Aufteilung des Konsumenten- und Produzenteninteresses der Individuen (Einkommensverwendungs- und Einkommenserzielungsinteresse, d. Verf.) auf zwei Verbände entfiele... Die Konflikte könnten innerhalb einer Organisation ausgetragen werden, und die Ergebnisse der Konfliktlösungsprozesse würden von einer Organisation vertreten“ [222, Sp. 4132]. Demgegenüber sind im wesentlichen drei Kritikpunkte anzuführen, die gegen den Anspruch der Gewerkschaften als Verbrauchervertretung sprechen [38, S. 165]:

(1) Die Gewerkschaften sind primär ein Zusammenschluß der Träger von Produzenteninteressen, deren Ziele häufig nicht mit den Konsumenteninteressen übereinstimmen;
(2) Der von den Gewerkschaften vertretene Teil der Konsumenten ist in seiner soziologischen Zusammensetzung nicht repräsentativ für die Gesamtheit der Verbraucher. Der Mitgliederkreis des Verbraucherverbandes sollte aber die gesamte Vielfalt von Bildungs- und Einkommensstufen widerspiegeln;
(3) Die Gewerkschaften sind politisch nicht für die Konsumenten repräsentativ. Die fest umrissene Meinung der Gewerkschaften in zahlreichen politischen Fragen macht vielen Verbrauchern den Beitritt unmöglich.

Nur bei einer Aufrechterhaltung der Unabhängigkeit beider Interessenverbände kann ein Interessenausgleich im Rahmen einer offenen Austragung des Interessenkonflikts gelingen [248, S. 121]. Eine Verschmelzung der Repräsentationsfunktionen in einer Organisation würde dagegen die Interessengegensätze verwischen und den Interessenausgleich dem subjektiven Ermessen der Repräsentanten überlassen. Um somit nicht gegen den Grundsatz der Unabhängigkeit der Interessenrepräsentation zu verstoßen, muß der Anspruch der Gewerkschaften auf Repräsentation der Konsumenteninteressen zurückgewiesen werden. Zur Zeit gibt es in der Bundesrepublik keine Organisationen, die als Repräsentanten der Konsumenteninteressen anzusehen sind [38, S. 231]. Damit erscheint gegenwärtig eine gewählte Repräsentation der Verbraucherinteressen im Mitbestimmungsorgan nicht möglich.

Ein großer Teil der Autoren hält eine Organisierung der Verbraucher auch zukünftig für aussichtslos und stützt sich dabei auf die verschiedensten Argumente. Nach Olson lassen sich die Verbraucher nicht organisieren, weil eine Verbraucherorganisation im allgemeinen keine selektiven Anreize an ihre Mitglieder verteilen bzw. diese nicht zur Mitgliedschaft zwingen kann. Nach Tuchtfeldt stehen einer Organisation der Verbraucher zumindest in Deutschland „schwer überwindbare soziologische und psychologische Hemmungen“ entgegen [267, S. 86]. Böhm und Ottel sehen in der Doppelstellung des größten Teils der Individuen als Produzenten und Konsumenten das wichtigste Hindernis für einen Zusammenschluß der Verbraucher [29, S. 193; 207, S. 13]. Bock, Bormann, Cochrane und Bell bezweifeln die ausreichende Intensität eines einheitlichen Verbraucherinteresses, ohne die der Zusammenhalt der Verbraucherorganisation illusorisch bleiben muß [27, S. 37; 61, S. 468]. Kaiser vertritt die Auffassung, die Interessen der Konsumenten seien infolge der großen Einkommensunterschiede derart divergierend, daß sie nicht alle in einer Organisation zusammengefaßt werden könnten [136, S. 166]. Nach Petermann schließlich kommen allein die „Nur-Verbraucher“ für eine Organisation in Betracht[13]. Diesen stünden aber nicht die notwendigen Mittel zur Verfügung, so daß „kaum Möglichkeiten zur Bildung von Verbrauchervereinigungen als Gegengewicht zu den Machtgruppen der Anbieter (‚countervailing power‘) vorhanden sind“ [211, S. 34].

Gegen sämtliche obengenannten Argumente ist zunächst einzuwenden, daß es sich dabei um Vermutungen handelt, die keineswegs anhand der bisherigen gescheiterten Organisationsversuche erhärtet werden können. Es kann vielmehr angenommen werden, daß bei den bisherigen Organisationsversuchen wichtige Gesichtspunkte und Methoden für den erfolgreichen Aufbau einer Verbrauchervertretung unberücksichtigt geblieben sind [38, S.

[13] Petermann bezeichnet die Bezieher von abgeleiteten Einkommen als „Nur-Verbraucher“ (Rentner, Pensionäre, Studenten), die an der Produktion von Gütern oder Dienstleistungen beteiligten Einkommensbezieher als „Auch-Verbraucher“ (Arbeiter, Angestellte, Beamte) und die an Verbraucherbelangen kaum interessierten Bezieher hoher Einkommen als „Kaum-Verbraucher“.

61]. Weiterhin sind die Thesen von Böhm, Ottel und Petermann, die Verbraucher seien grundsätzlich nicht organisierbar bzw. es seien ausschließlich die „Nur-Verbraucher" organisationsfähig, empirisch widerlegt worden. Die bestehenden Verbraucherorganisationen haben zum Teil recht bedeutende Leistungen vollbracht und setzen sich aus Mitgliedern zusammen, die wie in den USA, England und Italien überwiegend aus den gebildeten und einkommensstärkeren Bevölkerungsschichten stammen und nicht allein – wie behauptet – aus dem Kreis der „Nur-Verbraucher" [288, S. 323; 144, S. 174].

Schließlich scheint die Argumentation gegen die Organisierbarkeit der Verbraucherinteressen die Wechselwirkungen zwischen Verbraucher und Verband zu übersehen [249, S. 160]. Bestehende Verbandsaktivitäten können dazu beitragen, die fehlende Transparenz der gemeinsamen Interessenlage, den mangelnden Bekanntheitsgrad der Verbände und die geringe Organisationswilligkeit positiv zu beeinflussen. So weist Biervert in einer Untersuchung nach, daß die Bereitschaft der bundesdeutschen Verbraucher, einem Verbraucherverein beizutreten, in den vergangenen Jahren erheblich zugenommen hat und damit die pessimistischen Argumente zur mangelnden Organisationswilligkeit der Verbraucher nicht mehr zu vertreten sind. Eine ähnliche Verbesserung läßt sich auch bei dem Bekanntheitsgrad bestehender Verbraucherverbände und ihrer Aktivitäten sowie dem allgemeinen Verbraucherbewußtsein beobachten. Angesichts dieser verbesserten Ausgangsbedingungen sollten sich die bestehenden Konsumentenverbände um eine verstärkte Aufnahme von Einzelmitgliedern bemühen und durch Reorganisation zu einer wirklich repräsentativen Verbrauchervertretung weiterentwickeln. „Dies würde die Einflußmöglichkeiten der Verbraucherpolitik erhöhen und – selbst bei geringen Mitgliederbeiträgen – eine breitere finanzielle Basis für die Verbraucherbewegung bedeuten" [25, S. 210]. Eine derartige Entwicklung könnte durch gesetzliche Bestimmungen gefördert werden, die den Verbraucherverbänden Mitbestimmungsrechte in Unternehmensversammlung und Unternehmensrat einräumen, sobald diese den Nachweis erbringen, daß sie als legitime Vertretung der Konsumenten angesehen werden können [260, S. 222]. Für den gegenwärtigen Organisationszustand der Verbraucherverbände und ihre Übergangsphase der Neuformierung zu repräsentativen Organisationen erscheint eine nichtgewählte Vertretung der Verbraucher die einzig mögliche Lösung.

Für die Interessen von *Gemeinde, Land und Bund* kommt grundsätzlich die unabhängige, gewählte Repräsentation in Betracht, was über eine Berufung der Repräsentanten durch die Gemeindeverwaltung bzw. die Landes-

Mitbestimmungsinteressen / Formen der Interessenvertretung		Unabhängige Interessenvertretung			Abhängige Interessenvertretung	
		Vollvertretung	gewählt	nichtgewählt	gewählt	nichtgewählt
Grundsätzlich auftretende Mitbestimmungsinteressen	Kapitaleigner (Großaktionäre Kleinaktionäre)	Persönliche Interessenwahrnehmung der Großaktionäre und großen Gesellschafter	Repräsentation der organisierten Kleinaktionäre durch Aktionärsvereinigungen	Repräsentation der Kleinaktionäre durch Aktionärsvereinigungen, wenn das Unternehmen keine organisierten Kleinaktionäre hat	Repräsentation der Kleinaktionäre durch die Banken (Depotstimmrecht)	
	Unternehmensangehörige Arbeitnehmer		Repräsentation durch unternehmensangehörige AN-Vertreter		Repräsentation durch unternehmensexterne Gewerkschaftsvertreter (MitbestG von 1976)	Repräsentation durch unternehmensexterne Gewerkschaftsvertreter, die von den Gewerkschaften ernannt werden (Montan-MitbestG)
	Gemeinde, Land, Bund		Berufung der Repräsentanten durch Gemeindeverwaltung bzw. Landes- oder Bundesregierung			
Unternehmensabhängig auftretende Mitbestimmungsinteressen	Konsumenten		Repräsentation durch demokratisch legitimierte Verbraucherverbände	Repräsentation durch unabhängige Persönlichkeiten		Repräsentation durch Gewerkschaften
	Lieferanten, gewerbliche Abnehmer, Gläubiger	Persönliche Interessenwahrnehmung der Lieferanten, gewerblichen Abnehmer und Gläubiger			Repräsentation durch Industrieverband	Repräsentation durch Vertreter des Industrieverbandes, die vom Industrieverband ernannt werden
	Bürgerinteressen		Repräsentation der Bürgerinteressen durch Bürgerinitiativen	Repräsentation durch unabhängige Persönlichkeiten		Repräsentation der Bürgerinteressen durch Vertreter von Gemeinde, Land oder Bund

Abb. 34: Möglichkeiten für die Repräsentation der Mitbestimmungsinteressen

und Bundesregierung möglich wäre. Ähnlich unproblematisch erweist sich die Interessenvertretung von *Gläubigern, gewerblichen Abnehmern* und *Lieferanten*. Für sie kann im allgemeinen eine Vollvertretung durch Managementvertreter der betroffenen Unternehmen angenommen werden. Die Repräsentation der *Bürgerinteressen* schließlich übernehmen im Normalfall die Vertreter von Gemeinde, Land und Bund. Wenn die Bürger jedoch von den Unternehmensmaßnahmen dauerhaft betroffen sind und sich in einer Bürgerinitiative oder Interessengemeinschaft zusammenschließen, sollte ihnen die Möglichkeit zu einer unabhängigen, gewählten Interessenvertretung eingeräumt werden. Dabei ist eine Kontrolle der Repräsentanten genauso wie im Fall der Kleinaktionärs- und Konsumenteninteressen durch eine demokratische Organisation der Interessenverbände sicherzustellen.

Ein zusammenfassender Überblick über die diskutierten Möglichkeiten für die Repräsentation der Mitbestimmungsinteressen ist in Abbildung 34 wiedergegeben.

6.4 Konstituierung der Mitbestimmungsorgane und Regelung des Interessenausgleichs

Im Rahmen der Konstituierungsproblematik stellt sich die Frage zum einen nach der Zusammensetzung und Gesamtgröße der Mitbestimmungsorgane und zum andern nach den wahlberechtigten Gremien und den Verfahren zur Bestellung der Interessenvertreter. Im Hinblick auf die Zusammensetzung der Mitbestimmungsorgane empfiehlt es sich, den grundsätzlich auftretenden Mitbestimmungsinteressen ein gleiches Stimmrecht einzuräumen und für die unternehmensabhängig auftretenden Mitbestimmungsinteressen ein Stimmrecht in Abhängigkeit von deren Beiträgen und Bindungen bis maximal zur Höhe des Stimmenanteils der grundsätzlich auftretenden Gruppen vorzusehen. Im einzelnen können Anteilseignern, Arbeitnehmern sowie Kommune, Land und Bund in der *Unternehmensversammlung jeweils acht Vertreter* und den unternehmensabhängig auftretenden Interessengruppen (Konsumenten, Bürger der Standortgemeinde sowie Gläubiger, gewerbliche Abnehmer und Lieferanten) in Abhängigkeit von der Situation bis zu acht Vertreter zugeteilt werden. Damit ergibt sich in dem Fall, daß außer den drei grundsätzlichen Mitbestimmungsinteressen auch sämtliche drei unternehmensabhängigen Mitbestimmungsinteressen in voller Stärke auftreten, die Höchstzahl von 48 Mitgliedern in der Unternehmensversammlung. Analog können im *Unternehmensrat* für Anteilseigner, Arbeitnehmer sowie Kommune, Land und Bund *jeweils vier* und für die übrigen drei unternehmensabhängigen Gruppen bis zu jeweils vier Vertreter vorgesehen werden, so daß sich die Höchstzahl der Unternehmensratsmitglieder auf 24 beläuft. Beide Höchstzahlen stimmen größenordnungsmäßig mit den Angaben in den verschiedenen Verfassungsvorschlägen überein und müßten einen überschaubaren Bereich für eine effektive Zusammenarbeit gewährleisten.

Bei der zweiten Frage der Konstituierungsproblematik geht es um die Feststellung der Organe und Gremien, die für die Bestellung der Interessenvertreter zuständig sein sollen. Als Wahlorgan für die *Kapitalvertreter* bietet sich grundsätzlich das souveräne Organ der Eigentümergesellschaft (z. B. Hauptversammlung, Gesellschafterversammlung) an; der Wahlmodus regelt sich entsprechend dem Recht des Vermögensträgers. Besondere Berücksichtigung verdienen dabei die Interessen von Minderheiten und Kleinaktionären, für die zwei grundlegende Situationen zu unterscheiden sind [260, S. 233]:

(a) Es bestehen stabile Minderheiten (Minderheiten aus wenigen Großaktionären oder durch die zusammengefaßte Stimmkraft vieler organisierter Kleinaktionäre), die mehr als 10 % des Grundkapitals auf sich vereinigen.

(b) Die Zahl der aktiven Kleinaktionäre ist sehr gering; die aktiven und inaktiven Kleinaktionäre verfügen zusammen über mehr als 10 % des Grundkapitals.

Im ersten Fall geht es darum, der Minderheit die Möglichkeit zu einer Vertretung einzuräumen, um einen weitgehenden Minderheitenschutz zu bieten und die Vielfalt der bestehenden Interessen in der Unternehmensversammlung zu berücksichtigen. Geht man grundsätzlich von der Wahl der Kapitalvertreter durch Mehrheitsbeschluß aus, könnte für die Minderheit ein gesetzlicher Anspruch auf Entsendung von zwei Vertretern in die Unternehmensversammlung vorgesehen werden, „sofern sie ein bestimmtes Aktienkapital (etwa: 10 %) auf sich vereinigt und einen entsprechenden Antrag in der Hauptversammlung stellt" [260, S. 235]. Im zweiten Fall muß wegen der großen Zahl von inaktiven Kleinaktionären zur indirekten Repräsentation der Kleinaktionärsinteressen übergegangen werden. Dafür ist allerdings nachzuweisen, daß tatsächlich eine große und damit repräsentationswürdige Zahl von Kleinaktionären vorliegt. Geht man von der Hypothese aus, daß das für eine Hauptversammlung nicht angemeldete Grundkapital in den Händen von inaktiven Kleinaktionären liegt, läßt sich der erforderliche Nachweis mit nachstehender Repräsentationsquote führen:

$$\text{Repräsentationsquote} = \frac{K_a}{K_n + K_a} \times 100$$

K_a = für die Hauptversammlung angemeldetes Grundkapital
K_n = für die Hauptversammlung nicht angemeldetes Grundkapital

Bei Unterschreitung der Repräsentationsquote unter eine Marke von beispielsweise 80% könnte gesetzlich vorgesehen werden, daß die Aktionärsvereinigung ungewählte Repräsentanten für die Kleinaktionäre in die Unternehmensversammlung entsenden kann.

Als *Arbeitnehmervertreter* sollen in Anlehnung an das Mitbestimmungsgesetz von 1976 (MitbestG § 3 I) sowohl unternehmensangehörige Arbeitnehmer als auch Gewerkschaftsmitglieder vorgesehen werden, wobei zu den unternehmensangehörigen Arbeitnehmervertretern jeweils mindestens ein im Unternehmen beschäftigter Arbeiter, ein nichtleitender Angestellter und ein leitender Angestellter gehören muß. Unter den acht Arbeitnehmervertretern in der Unternehmensversammlung befinden sich sechs Belegschaftsangehörige und zwei Gewerkschaftsvertreter, unter den vier Arbeitnehmervertretern im Unternehmensrat drei Belegschaftsangehörige und ein Gewerkschaftsvertreter. Die drei Arbeitnehmergruppen (Arbeiter, nichtleitende und leitende Angestellte) und die Gewerkschaften verfügen über ein konkurrierendes Vorschlagsrecht, wobei allerdings die Gewerkschaften nur externe Vertreter vorschlagen können. Die Vertreter der Arbeiter und Angestellten werden von der jeweiligen Gruppe nach den Grundsätzen der Verhältniswahl gewählt, können aber auch gemeinsam bestellt werden, sofern dies in getrennter Abstimmung beschlossen wurde. Die Bestellung der Gewerkschaftsvertreter fällt dagegen immer in den Aufgabenbereich der Belegschaftsversammlung.

Die *Vertreter von Gemeinde, Land und Bund* werden von der Gemeindeverwaltung bzw. der Landes- und Bundesregierung bestellt. Nach Steinmann könnte das Ernennungsrecht bei mehreren betroffenen Verwaltungsgebieten an den Hauptsitz des Großunternehmens gebunden werden, so daß die politische Leitung desjenigen Gebietes, in dem das Großunternehmen residiert, den entsprechenden Vertreter in der Unternehmensversammlung benennt [260, S. 242]. Gegen eine derartige Regelung sprechen jedoch die demokratischen Grundsätze der Freiheit der Selbstbestimmung und der Legitimation von Macht durch die Machtbetroffenen. Unter demokratischen Gesichtspunkten erscheint es unerläßlich, daß die politische Leitung der betroffenen Gebiete selbst ihre Vertreter in der Unternehmensversammlung bestimmt. Dies ist insbesondere für multinationale Unternehmen von Bedeutung, da die Interessen der verschiedenen Standortländer in aller Regel stark divergieren.

Die *Vertretung der Verbraucherinteressen* kann zur Zeit nur indirekt (nichtgewählte Interessenvertretung) erfolgen, da eine repräsentative Verbraucherorganisation, wie die Ausführungen unter Pkt. 6.3 ergeben haben, in der Bundesrepublik noch fehlt. Für die Bestellung der Konsumentenvertreter kommen deshalb im wesentlichen nur folgende Möglichkeiten in Frage:

(1) Der Staat ernennt die Konsumentenvertreter in der Unternehmensversammlung;
(2) Eine Verbraucherorganisation ernennt die Konsumentenvertreter in der Unternehmensversammlung;
(3) Die Konsumentenvertreter werden von der Unternehmensversammlung auf Vorschlag einer Verbraucherorganisation kooptiert.

Im Fall der staatlichen Ernennung müßte zur Wahrung der Unabhängigkeit der Interessenvertretung sichergestellt werden, „daß die Vertreter weder aus der staatlichen Bürokratie kommen noch an Weisungen des Staates gebunden wären“ [260, S. 239]. Die Durchsetzung dieser Forderung erscheint jedoch problematisch, da bei der Ernennung durch den Staat grundsätzlich die Gefahr besteht, daß die einseitige Abhängigkeit zu einer faktischen Weisungsgebundenheit führt. Ähnlich problematisch ist die zweite Möglichkeit, die Konsumentenvertreter durch eine nichtrepräsentative Verbraucherorganisation ernennen zu lassen. Hierbei bleibt wegen der fehlenden Kontrolle der Organisation durch die einzelnen Konsumenten völlig offen, nach welchen Gesichtspunkten die Vertreter berufen werden. Im dritten Fall werden die Konsumentenvertreter von der Unternehmensversammlung auf Vorschlag der Verbraucherorganisation kooptiert. Dabei muß die Verbraucherorganisation mindestens doppelt so viele Kandidaten wie in Frage kommende Konsumentenvertreter benennen, damit die Unternehmensversammlung eine echte Auswahl treffen kann und das Vorschlagsrecht nicht zu einer indirekten Ernennung führt. Durch die Kooptation erhalten die Konsumentenvertreter infolge der in der Unternehmensversammlung vertretenen verschiedenen Interessenlagen u. E. eine größere Selbständigkeit und Unabhängigkeit als bei der einfachen Entsendung durch den Staat oder durch eine Verbraucherorganisation. Allerdings müßte die Rechts- und Pflichtenstellung der Konsumentenvertreter weitgehend im Gesetz geregelt werden, da sie nicht wie die übrigen Mitbestimmungsinteressen von einem Kontrollorgan abhängig sind. Zu denken wäre dabei an eine öffentliche Rechenschaftslegung der Konsumentenvertreter über ihre Arbeit im Rahmen des Jahresabschlusses.

Die Interessen von Konsumenten, *Bürgern der Standortgemeinde* sowie von *Gläubigern, gewerblichen Abnehmern* und *Lieferanten* sind nicht bei jedem Großunternehmen nachweisbar, da ihr Auftreten von der speziellen Situation des jeweiligen Großunternehmens abhängig ist. Insofern kann die Zahl der zu entsendenden Vertreter für die unternehmensabhängigen Interessen nicht absolut fixiert werden, sondern bedarf einer Regelung, die ihre Aufnahme in die Unternehmensversammlung bis zu einer Höchstgrenze von je acht Vertretern freistellt. Analog zu den Konsumentenvertretern können die Bürgervertreter von den Bürgerinitiativen und die Vertreter der gewerblichen Interessen von Gläubigern, gewerblichen Abnehmern und Lieferanten der Unternehmensversammlung zur Kooptation vorgeschlagen werden. Die Bestellung der Vertreter von Konsumenten, Bürgern und Gewerbetreibenden durch eine Kooptation erscheint geeignet, weil die Unternehmensversammlung infolge der in ihr bestehenden Interessenvielfalt am ehesten beurteilen kann, ob und inwieweit bestimmten Interessen unter Berücksichtigung und Abwägung der im Einzelfall maßgeblichen Gesichtspunkte ein Stimmrecht in den Mitbestimmungsorganen eingeräumt werden soll.

Nach der Festlegung der Zusammensetzung der Mitbestimmungsorgane und der Verfahren zur Bestellung der Interessenvertreter bleibt für die pluralistische Unternehmensverfassung noch anzugeben, nach welchem Modus in den pluralistisch besetzten Unternehmensorganen abgestimmt werden soll und wie die Beziehungen dieser Organe zu der Unternehmensleitung geregelt sind. In Unternehmensversammlung und Unternehmensrat sollen die Entscheidungen grundsätzlich durch Mehrheitsbeschluß getroffen werden. Zur Erschwerung der Interessendurchsetzung der Mehrheit zu Lasten der Minderheit wird aber ein eingeschränktes Vetorecht eingeführt, nach dem in bestimmten Sachbereichen nicht gegen die Mehrheit der hauptsächlich betroffenen Interessengruppe entschieden werden kann. Als Sachbereiche, die für alle Unternehmensinteressen zu präzisieren und verfassungsrechtlich zu fixieren wären, kommen beispielsweise für die Arbeitnehmer beschäftigungs- und sozialpolitische Entscheidungen in Betracht und für die Anteilseigner alle Entscheidungen, die die Kapitalausstattung betreffen. Abgesehen von dem notwendigen Schutz der hauptsächlich betroffenen Gruppe wäre die alleinige Entscheidung der Unternehmensversammlung über eine Kapitalerhöhung nicht möglich, wenn eine Personengesellschaft oder eine Einzelperson Inhaberin des Unternehmensvermögens (Vermögensträger) ist. Diese Personen können nicht durch Beschluß der Unternehmensversammlung dazu verpflichtet werden, dem Unternehmen weiteres Kapital zu geben, über das sie unter Umständen gar nicht verfügen. „So erscheint es geboten, zwar alle für das Unternehmen lebenswichtigen Beschlüsse durch die Unternehmensversammlung fassen zu lassen; soweit sie jedoch – wie namentlich Beschlüsse über Kapitalerhöhung oder Kapitalherabsetzung – der Kapitalseite Verpflichtungen auferlegen, müssen sie an deren Zustimmung gebunden sein" [197, S. 71].

Im Zusammenhang mit den Anteilseignern stellt sich weiter die Frage, ob ihnen die Freiheit belassen werden soll, ihr Vermögen ganz oder zum Teil aus dem Unternehmen zurückzuziehen. Eine solche Freiheit ist auch nach dem geltenden Recht nicht selbstverständlich, was im Fall des Aktionärs deutlich wird. Der Vermögenseinsatz des Aktionärs ist unwiderruflich, da er sich nur davon lösen kann, indem er seine Aktie an einen anderen veräußert, wobei der einmal geleistete Betrag aber im Unternehmen verbleibt. Andererseits kann der Gesellschafter einer Personengesellschaft seinen Vermögenseinsatz kündigen und dem Einzelkaufmann steht sogar völlig frei, sein Geschäft zu schließen. Die Beantwortung der Frage, inwieweit die Rechte der Eigentümer aufgrund ihrer Sozialgebundenheit (Art. 14, Abs. 1 GG) beschränkt werden sollen, wird wesentlich davon abhängen, ob Arbeitnehmer, die nicht zur Eigentümerfamilie gehören, von dem Rückzug des Vermögenseinsatzes betroffen werden. „Wer sein Vermögen in einem Unternehmen einsetzt, das er allein oder mit seinen Familienangehörigen betreibt, mag diesen Entschluß, wann immer er will (sofern nicht gegen ein fundamentales öffentliches Interesse verstoßen wird, d. Verf.), rückgängig machen; wer aber sein Unternehmen außenstehenden, familienfremden Arbeitnehmern öffnet und diese ermutigt, in dieses sein Unternehmen einzutreten, legt sich damit ihnen gegenüber eine Bindung auf" [197, S. 72]. In einem solchen Fall darf er die Arbeitsplätze nicht durch willkürlichen Rückzug seines Vermögenseinsatzes gefährden oder gar aufheben. Eine derartige Bindung des Vermögenseinsatzes kennt das geltende Wirtschaftsrecht nur bei der Kapitalgesellschaft. Darüber hinaus müßte sie aber, wie Nell-Breuning fordert, auch ein allgemeiner Bestandteil des Unternehmensverfassungsrechts sein: „Vermögen, das einmal einem Unternehmen gewidmet wurde, kann nicht mehr beliebig, sondern nur unter gehörigen Sicherungen, die nicht nur zugunsten der Gläubiger, sondern vor allem auch zugunsten der Arbeitnehmer wirken, wieder entwidmet werden" [197, S. 72]. Zum Rückzug (Entwidmung) des Vermögenseinsatzes wäre somit immer der Beschluß der Unternehmensversammlung erforderlich.

Entsprechend dem Grundgedanken des Gegengewichtsprinzips soll in der pluralistischen Unternehmensverfassung schließlich auch versucht werden, die Macht der Unternehmensleitung durch das Gegengewicht des Unternehmensrates zu kontrollieren. Dazu müssen zwei Funktionsbedingungen erfüllt werden: Trennung von Unternehmensleitung und Unternehmensrat in personeller und funktioneller Hinsicht sowie Herstellung und Erhaltung eines starken Aufsichtsrats, der eine wirksame Kontrolle der Unternehmensleitung ausüben kann. Die personelle Trennung läßt sich durch die Vorschrift realisieren, daß Mitglieder der Unternehmensleitung nicht gleichzeitig auch Mitglied des Unternehmensrates sein dürfen und umgekehrt. Die funktionelle Trennung erfordert, daß der Unternehmensrat ausschließlich die Mitglieder der Unternehmensleitung bestellt, kontrolliert und gegebenenfalls auch abberuft, während die Unternehmensführungsfunktion allein bei der Unternehmensleitung liegt.

Nach der zweiten Funktionsbedingung muß der Aufsichtsrat in der Lage sein, eine wirksame Kontrolle der Unternehmensleitung auszuüben. Diese Aufgabe läßt sich nur erfüllen, wenn die in der Unternehmenspraxis häufig zu findende Aufteilung der Entscheidungssachverhalte aufgegeben wird. So konzentrieren sich die Arbeitnehmervertreter in den mitbestimmten Unternehmen in der Regel auf die Lohn- und Sozialpolitik und überlassen dafür den Kapitalvertretern das übrige Feld der Forschungs-, Investitions-, Programm- und Finanzpolitik. Vermeiden ließe sich eine derartige Zersplitterung der Mitbestimmungsfunktionen durch eine pluralistische Besetzung der Aufsichtsratsausschüsse, so daß sämtliche anstehenden Entscheidungen von allen Seiten mitgetragen werden. Zur Stärkung der Stellung des Unternehmensrates müßte dieser aus professionellen und hauptberuflich arbeitenden Mitgliedern bestehen und über hochqualifizierte Stäbe zur fachgerechten Beurteilung der Unternehmensvorgänge verfügen. Dabei ist dafür zu sorgen, daß die Aufsichtsratsmitglieder oder die Mitglieder eines dem Aufsichtsrat unterstehenden Arbeitsausschusses Zugang zu allen Daten des Unternehmens, insbesondere den internen Kontrollsystemen, haben; sie sollten allerdings auf die Kontrolle und deren feed-back in die Planung beschränkt sein und über keine Anweisungsbefugnis gegenüber den Angestellten verfügen. Der direkte Zugang zu den Unternehmensdaten und Kontrollsystemen könnte zu einer realistischeren Beurteilung der Unternehmensvorgänge durch die Aufsichtsratsmitglieder beitragen und damit die von ihnen ausgeübte Kontrollfunktion verbessern.

7. Auswirkungen des neuen Modells auf den Entscheidungsprozeß im Unternehmen und wesentliche Bereiche der Unternehmenspolitik

Zur Beurteilung der Auswirkungen des pluralistischen Modells auf Entscheidungsprozesse und -inhalte im Unternehmen bietet es sich an, von den Erfahrungen mit den mehr als zwei Jahrzehnte praktizierten Mitbestimmungsmodellen (BetrVG und Montan-MitbestG) auszugehen. Die bei der Mitbestimmung gemachten Erfahrungen können wegen der unterschiedlichen Ausgangslage zwar nicht unbesehen auf das Modell der pluralistischen Unternehmensverfassung übertragen werden, vermögen aber immerhin Anhaltspunkte für dessen mutmaßliche Auswirkungen zu liefern.

Die lange Praxis der Mitbestimmung in der Bundesrepublik ist in zahlreichen Untersuchungen analysiert worden, die allerdings zu keineswegs übereinstimmenden Ergebnissen gekommen sind. „Handelt es sich hier doch um einen äußerst komplexen Zusammenhang, allein schon deshalb, weil über die mögliche Isolierung des Faktors Mitbestimmung von den zahlreichen anderen, für das Verhalten der Menschen in Abhängigkeit von der jeweiligen Organisationsform und den allgemeinen Rahmenbedingungen der Organisation (Größe, Aufgaben usw.) wirksamen Faktoren, schließlich auch von den persönlichen Koeffizienten der Beteiligten bis jetzt kaum hinreichend treffsichere Einsichten vorliegen" [244, S. 386]. Dies gilt vor allem, wenn diese Aussagen intersubjektiv nachprüfbar sein sollen. Interpretiert man die Analysen zusammenfassend, so werden die Erfahrungen mit dem Betriebsverfassungsgesetz von 1952 unter Effizienzgesichtspunkten von den Unternehmen überwiegend als positiv beurteilt. Hauptursache dürfte hierfür sein, daß das Betriebsverfassungsgesetz im ganzen ein kooperatives Verhältnis zwischen Unternehmensleitung und Mitarbeitern und die Konfliktvermeidung bzw. -aufhebung begünstigt hat. Die Erfahrungen mit dem Montan-Modell werden ähnlich positiv beurteilt. Weitgehende Übereinstimmung besteht darin, daß die Montan-Mitbestimmung unter den spezifischen Branchenverhältnissen der vergangenen Jahre viel zur Schlichtung von Interessengegensätzen beigetragen hat. Inwieweit allerdings die wirtschaftliche Entwicklung der Branche durch die Montan-Mitbestimmung positiv oder negativ beeinflußt wurde, läßt sich nur sehr schwer bestimmen, da die Montan-Industrie im letzten Jahrzehnt einschneidenden strukturellen Umschichtungen unterworfen war.

Über die wenigen empirisch fundierten Aussagen hinaus, deren Extrapolation wegen der unterschiedlichen Bedingungen nur beschränkt möglich ist, müssen vor allem Plausibilitätsüberlegungen angestellt werden, um die Auswirkungen des pluralistischen Modells abschätzen zu können. Dabei soll speziell auf zwei Fragenkreise eingegangen werden, nämlich die Auswirkungen der pluralistischen Unternehmensverfassung auf

– die Entscheidungsprozesse im Unternehmen und
– die Entscheidungsinhalte, d.h. auf die wesentlichen Bereiche der Unternehmenspolitik.

Als zentrale Entscheidung eines Unternehmens ist die Aufstellung seines Zielsystems anzusehen [121; 24]. Dabei wird das Unternehmen unter einer pluralistischen Unternehmensverfassung nach wie vor mindestens in der langen, möglichst aber auch in der mittleren und kurzen Sicht eine zufriedenstellende Rentabilität anstreben, um eine höhere Zielerfüllung für die Mitbestimmungsinteressen ohne Gefährdung der Erfolgschancen des Unternehmens zu sichern. Mit verstärktem Gewicht werden die gesellschaftsbezogenen Zielvariablen in das Zielsystem des Unternehmens eingehen, deren Erfüllung insgesamt erhebliche Kosten verursacht, aber dafür die möglichen Widerstände der verschiedenen Bezugsgruppen reduzieren oder beseitigen kann. Die grundsätzliche Verstärkung der sozialen Zielvariablen zwingt „zu einer noch weit sorgfältigeren Zielanalyse, der Abwägung des Gewichts von Veränderungen der Zielvariablen für den Bestand des Unternehmens und zu einer höheren Transparenz der Zielstrategien als Grundlage für einen ausgewogenen Kompromiß, weil nur eine aufgeklärte Kooperation auch divergierender Interessen gerade in einer solchen Grundfrage der Unternehmensführung die Chance eines für die beteiligten Gruppen und das Unternehmen selbst, darüber hinaus für Wirtschaft und Gesellschaft zufriedenstellenden Erfolgs des Unternehmens in der langen Sicht gesichert werden kann" [244, S. 394].

Das gewandelte Zielsystem hat eine Veränderung der Planung, der Organisation und des Kontrollsystems im Unternehmen zur Folge. Im Mittelpunkt der Diskussion steht dabei der Aufsichtsrat. Die Veränderung seiner Rolle durch Einführung der pluralistischen Unternehmensverfassung hängt wesentlich von den bestehenden Besitzverhältnissen ab. Eine besonders starke Veränderung der Entscheidungskompetenzen des Aufsichtsrats ist in den Unternehmen zu erwarten, die von Mehrheitsaktionären beherrscht werden. Der Einfluß der Großaktionäre, die nur noch über vier Sitze im Unternehmensrat verfügen, wird zurückgehen und zu einer stärkeren Stellung der Unternehmensleitung gegenüber den Mehrheitsaktionären führen. Die pluralistische Zusammensetzung des Unternehmensrates wirkt sich ferner auf die Auswahl der Vorstandsmitglieder aus, da eine größere Vielfalt der

Gesichtspunkte bei der Prüfung und Begutachtung des in Aussicht genommenen Bewerbers zur Geltung kommt. Die Bestellung durch den pluralistischen Unternehmensrat scheint mehr Gewähr für die Auswahl fachlich qualifizierter, gesellschaftsverantwortlicher Kandidaten zu bieten als die Bestellung durch ein interessenmonistisches Organ [31, S. 92]. Der Unternehmensrat beeinflußt außerdem auch die Auswahl der leitenden Angestellten (Prokuristen usw.), da er im allgemeinen deren Anstellungsverträge von einer bestimmten Gehaltshöhe oder hierarchischen Stellung an genehmigen muß. Insgesamt zwingt der Interessenpluralismus „zu einer größeren Objektivierung und damit Durchsichtigkeit der Stellenbesetzung, der Stellenbeschreibung, zum Erlaß von genaueren Richtlinien für den Entscheidungsprozeß auf den einzelnen Führungsebenen, letztlich vielleicht sogar zu einer stärkeren Formalisierung, ja Bürokratisierung der Organisation, wie wenigstens von manchen Kritikern... befürchtet wird" [244, S. 396]. Zur Vermeidung dieser Gefahr bedarf es einer stärkeren Dezentralisation des Entscheidungsprozesses durch Delegation von Zuständigkeit und Verantwortung an die nachgeordneten Führungsebenen. Im ganzen Unternehmen ist ein partizipativer Führungsstil anzustreben und die pluralistische Verfassung auf der Unternehmensebene (Unternehmensversammlung, Unternehmensrat) durch eine Mitbestimmung der Mitarbeiter auf den Ebenen des Betriebes, der Arbeitsgruppe und des Arbeitsplatzes zu ergänzen [47, S. 155; 115, S. 92]. Die Mitbestimmung der Mitarbeiter sollte also auch an den für sie unmittelbar relevanten Entscheidungen ermöglicht werden. Schließlich müßte die Leistung der Führungskräfte auch unter gesellschaftsbezogenen Gesichtspunkten kontrolliert und entsprechende Anreize gegeben werden, damit außer der Unternehmensleitung und den ihnen zugeordneten Stabsfunktionen auch das gesamte Linienmanagement die Aufgaben der sozialen Unternehmenspolitik wahrnimmt [76, S. 135].

Die Veränderung des relativen Gewichts der Zielvariablen und der hinter ihnen im Entscheidungsprozeß stehenden Macht durch die pluralistische Unternehmensverfassung führt auch zu einer Veränderung der Entscheidungsinhalte. Die Umstrukturierung der Unternehmenspolitik soll in den besonders betroffenen Bereichen der Investitionspolitik, der Personal- und Sozialpolitik sowie der Finanz- und Dividendenpolitik beschrieben werden, wobei zu berücksichtigen ist, daß die Aussagen durch die spezifischen Rahmenbedingungen des einzelnen Unternehmens noch modifiziert werden können. Bei der *Planung von Investitionsvorhaben* werden Unternehmen mit einer pluralistischen Verfassung das Risiko von Beschäftigungsschwankungen und damit die Risikoprämie in ihrer Wirtschaftlichkeitsrechnung höher als Unternehmen ohne eine derartige Verfassung ansetzen [244, S. 400]. So können Entscheidungen zur Verminderung oder Stillegung von Kapazitäten durch den Einfluß der Arbeitnehmervertreter, die vor allem an der Erhaltung der Arbeitsplätze interessiert sind, an der rechtzeitigen Ausführung gehindert oder nur über aufwendige Sozialpläne durchgesetzt werden. Diese höheren Ansprüche können die Bereitschaft der Unternehmen zur Durchführung von Investitionen einschränken. Darüber hinaus kann es zu einer Verlagerung der Investitionstätigkeit in das Ausland kommen, womit die Abhängigkeit von inländischen Arbeitskräften reduziert werden soll. Diesen negativ zu beurteilenden Auswirkungen der Mitbestimmung auf die Investitionspolitik stehen einige positive Effekte gegenüber. So sind die Anregungen, die von den Mitbestimmungsträgern bei der Beratung von Investitionsvorhaben ausgehen, zu den „innovativen" Wirkungsimpulsen auf die Investitionspolitik zu rechnen [265, S. 166]. Die unmittelbare Kenntnis des Betriebs und des Standorts sowie die aufgrund praktischer Erfahrungen gewonnenen Anschauungen der Mitbestimmungsträger können zu einer Bereicherung der Willensbildung in den zuständigen Ausschüssen des Unternehmensrats führen und sich positiv auf den Erfolg der Investitionspolitik auswirken. Außerdem sind die bisher gemachten Erfahrungen zu berücksichtigen, nach denen der Einfluß der Mitbestimmung auf die Investitionspolitik der Unternehmen im Montanbereich, wie die Ergebnisse verschiedener Untersuchungen übereinstimmend zeigen, bislang relativ gering gewesen ist. Die Arbeitnehmervertreter haben sich bei Expansionsmaßnahmen im allgemeinen als investitionsfreudig erwiesen und tendenziell die Stellung des Vorstandes gegenüber zurückhaltenderen Einschätzungen der Anteilseignerseite des Aufsichtsrats gestärkt. Für Unternehmen mit einer pluralistischen Unternehmensverfassung ist aufgrund dieser Erfahrungen kaum eine Beeinträchtigung der Investitionspolitik zu erwarten, da die verschiedenen Mitbestimmungsgruppen an einer Sicherung der Leistungsfähigkeit des Unternehmens durch Investitionen ein gemeinsames Interesse haben [103, S. 213].

Auf der sozialen Ebene des Unternehmens sind die stärksten Auswirkungen der pluralistischen Unternehmensverfassung zu erwarten. Angesichts der Forderung nach sicheren Arbeitsplätzen, die an der Spitze der Rangordnung der Arbeitnehmerziele steht, werden die Arbeitnehmervertreter die Unternehmen drängen, ihr Personal auch in schwierigen Geschäftslagen so lange wie möglich zu halten. Hierdurch kann ein time-lag zwischen dem strengen ökonomischen Erfordernis einer Belegschaftsverminderung und dem tatsächlichen Zeitpunkt der beschäftigungspolitischen Anpassung entstehen, so daß die Kosten in der Übergangsphase langsamer abgebaut werden, als dies bei sofortiger Anpassungsreaktion der Fall wäre. Wenn Entlassungen nicht verhindert oder aufgeschoben werden können, entstehen den Unternehmen zusätzliche Kosten oder Aufwendungen durch die von den Arbeitnehmervertretern geforderten sozialen Ausgleichszahlungen an die betroffenen Arbeitnehmer. Unter volkswirtschaftlichen Gesichtspunkten schließlich können die Bemühungen der Arbeitnehmervertreter nachteilig sein, „wenn längerfristig Produktions- und Beschäftigungsstrukturen entgegen der tatsächlichen marktlichen Entwicklung konserviert werden, so daß Arbeitskräfte gebunden bleiben, die gerade in konjunkturell günstigen Zeiten in wachstumsintensive Branchen hätten überwechseln können" [265, S. 203]. Analog zu den Arbeitnehmern werden auch die Vertreter von Kommune, Land und Bund sowie der unternehmensabhängig auftretenden Interessen der Konsumenten und Bürger (z. B. Arbeitslose) ihre speziellen Ziele in die *Personal- und Sozialpolitik* einzubringen versuchen. Die geforderten Sozialleistungen führen einerseits häufig zu zusätzlichen Kosten oder Aufwendungen für die Unternehmen. Andererseits können die Sozialleistungen zur Vermeidung oder Lösung von Konflikten und Reibungsverlusten beitragen, die sonst die ökonomische Effizienz beeinträchtigen würden. Letztlich lassen sich jedoch die potentiellen Mitbestimmungswirkungen auf die Personal- und Sozialpolitik nicht unter rein ökonomischen Gesichtspunkten würdigen. Unternehmung und Betrieb repräsentieren nicht nur die Durchführung eines technisch ökonomischen Prozesses, sondern ebenso sehr – wenn nicht sogar in erster Linie – den Verbund der von den Unternehmensmaßnahmen betroffenen Menschen mit ihren vielfältigen Interessen. Insofern ist es als ein über das Ökonomische hinausgehendes Verdienst der pluralistischen Unternehmensverfassung anzusehen, den sozialen Aspekten in der Unternehmenspolitik auch faktisch die notwendige Beachtung zu verschaffen.

Wie bei der Investitionspolitik sowie der Personal- und Sozialpolitik ist auch im Bereich der *Finanz- und Dividendenpolitik* eine Veränderung der relevanten Daten durch die pluralistische Unternehmensverfassung zu erwarten. Die Fremdfinanzierung könnte erleichtert werden, da das Sicherheitsstreben der Interessenvertreter die Risiken des Unternehmens vermindert und damit die Bereitschaft der Kreditgeber zur Fremdkapitalgewährung fördert [101, S. 90]. Im Bereich der Beteiligungsfinanzierung hingegen kann sich der Finanzierungsspielraum des Unternehmens als Folge der pluralistischen Unternehmensverfassung verengen. Es besteht die Gefahr, daß sich ausländisches Kapital zumindest in einer gewissen Übergangszeit aus Beteiligungen in pluralistisch verfaßten Unternehmen zurückhält [238, S. 128]. Die Erfahrungen mit dem Montan-Mitbestimmungsgesetz haben allerdings die Befürchtung der Finanzierungsnachteile von mitbestimmten gegenüber mitbestimmungsfreien Unternehmen nicht bestätigen können [195, S. 179; 168, S. 76].

Abschließend bleibt festzuhalten, daß die pluralistische Unternehmensverfassung nicht nur Restriktionen für die wirtschaftlichen Aktivitäten setzt, sondern auch deren Wirtschaftlichkeit und Rentabilität langfristig erhöhen kann. „Mit einem Gesetz über die Unternehmensverfassung von Größtunternehmen werden diese gesellschaftspolitisch anerkannt. Das nimmt ihnen den Charakter eines Fremdkörpers in der freiheitlich-demokratischen Gesellschaft, integriert sie in diese und macht sie legitim. Damit wird der weitverbreiteten Kritik an diesen Unternehmen... der Boden entzogen, und es werden Hemmungen und Hindernisse aus dem Weg geräumt, die Wirtschaftlichkeit und Rentabilität beeinträchtigen“ [31, S. 86]. Die pluralistische Unternehmensverfassung läßt der Unternehmensleitung die volle Freiheit und Elastizität der unternehmerischen Entscheidung. Die Stellung der Unternehmen als autonome Entscheidungseinheiten und die Grundsätze der bestehenden Wirtschaftsordnung bleiben von der pluralistischen Unternehmensverfassung weitgehend unberührt, da diese lediglich die innere Ordnung des Unternehmensverbandes regelt. Allerdings kann die pluralistische Unternehmensverfassung ihre volle Wirkung der Unternehmensdemokratisierung erst im Rahmen einer Wirtschaftspolitik erzielen, die betriebswirtschaftliche Sachzwänge der Konkurrenz- und Ertragslage besser mit gesamtwirtschaftlichen Interessen in Einklang bringt und die Koordination der einzelwirtschaftlichen Entscheidungen sicherstellt [268, S. 194].

Welches sind nun die politischen Erfolgschancen der Einführung einer pluralistischen Unternehmensverfassung bzw. wo werden die Akzente der weiteren Entwicklung der Mitbestimmungsgesetze in der Bundesrepublik liegen? „Eine abschließende Antwort hierzu kann, wie bei allen gesellschaftspolitisch brisanten Problemen, deren Diskussion kontrovers geführt wird und die ihrerseits subjektiven und im Wandel begriffenen Einschätzungen unterliegt, letztlich nicht gegeben werden. Immerhin kann festgehalten werden, daß die Mitbestimmungsfrage derzeit nicht stagniert, sondern in der Entwicklung begriffen und insoweit gestaltenden Einflüssen zugänglich ist...“ [265, S. 253]. Es ist zu erwarten, daß in zunehmendem Maße, in dem Großunternehmen ihr ökonomisches und soziales Umfeld beeinflussen und somit öffentliche Relevanz gewinnen, die Mitbestimmungsdiskussion in Richtung auf die Probleme einer pluralistischen Unternehmensverfassung erweitert wird. Die in den Mitbestimmungsgesetzen nicht berücksichtigten Interessengruppen werden den Gesetzgeber drängen, ihre Interessen in ein erweitertes Unternehmensrecht einzubeziehen und insofern die Unternehmensdemokratisierung voranzutreiben. Dabei ist zu berücksichtigen, daß jede konkrete Ausprägung einer pluralistischen Unternehmensverfassung ein gewisses Ausmaß an institutioneller Suboptimierung hinsichtlich des Demokratisierungspostulats, d. h. eine teilweise Dominanz bestimmter Interessengruppen aufweist. Insofern stellt das Streben nach Demokratisierung der Großunternehmen in Verbindung mit dem Bemühen um Erhaltung ihrer Handlungsfähigkeit eine nie ganz abgeschlossene Aufgabe jeder demokratischen Gesellschaft dar.

Schluß: Zusammenfassung und Ergebnis der Arbeit

Grundanliegen dieser Arbeit war es, einen systematischen Überblick über bestehende Modelle zur gesellschaftspolitischen Verantwortung der Unternehmen zu geben und darauf aufbauend einen institutionellen Ansatz zur Aufstellung und Durchsetzung einer gesellschaftsbezogenen Unternehmenspolitik zu entwickeln. Es sollte im einzelnen untersucht werden, welche Möglichkeiten unter Berücksichtigung der pluralistischen, gesellschaftlichen Interessen in der unternehmenspolitischen Willensbildung bestehen und in welcher Weise die Diskussion um die gesellschaftspolitische Unternehmensverantwortung weitergeführt und ein Beitrag zur Modellweiterentwicklung geleistet werden kann.

In Teil I dieser Arbeit wurden die Grundlagen für die Behandlung der obengenannten Aufgabenstellung gelegt. Ausgegangen wurde dabei von einer Beschreibung der in den letzten Jahren in wachsendem Maße an die Großunternehmen gestellten gesellschaftlichen Forderungen und deren Aufschlüsselung nach Anspruchsbereichen und Anspruchsträgern. Es zeigte sich, daß die Anspruchsbereiche Umweltschutz und Verbraucherschutz zu den am dringlichsten gehaltenen Aufgaben einer gesellschaftsbezogenen Unternehmenspolitik zählen und als Anspruchsträger außer der Bundesregierung, den Gewerkschaften und den Parteien in zunehmendem Maße bürgernahe Gruppen, wie Bürgerinitiativen und Interessengemeinschaften, auftreten. Die gestiegenen gesellschaftlichen Ansprüche haben in zahlreichen Großunternehmen der USA zu der Einführung der Unternehmensfunktion „Public Affairs" geführt, die ausgehend von einer sozialen Unternehmensphilosophie Sozialstrategien entwickelt, entsprechende Aktivitäten durchführt oder anregt und sich über eine Zwei-Weg-Kommunikation mit den unternehmensrelevanten Gruppen der Öffentlichkeit um ein gegenseitiges Verständnis bemüht. Ein Vergleich mit Public Relations ergab, daß Public

Affairs über die Kommunikationsaufgaben von Public Relations hinaus auch aktive Beiträge zur Lösung der Probleme im Feld Unternehmen-Gesellschaft leistet und insofern problemlösungsorientiert ist. Ein zentrales Problem der Public Affairs ist die Bestimmung von Art und Ausmaß der „sozialen Verantwortung der Unternehmung", da damit die nachfolgende Aufstellung einer situationsadäquaten Unternehmenspolitik und die daraus abzuleitenden Sozialaktivitäten maßgeblich beeinflußt werden. Bei der Untersuchung des Begriffs der „sozialen Verantwortung der Unternehmung" zeigte sich, daß er nicht mit Hilfe von ökonomischen Kriterien operationalisiert werden kann. Erfolgsversprechend erschien hingegen die Operationalisierung des Begriffs der „sozialen Verantwortung der Unternehmung" mit einem politischen Ansatz, nach dem Art und Ausmaß der sozialen Unternehmensverantwortung gemeinsam von den durch die Unternehmensmaßnahmen betroffenen Interessengruppen auf der Grundlage institutioneller Regelungen ausgehandelt werden. Dieses institutionelle, politische Verständnis der Unternehmensverantwortung läßt sich als eine mehrstufige Konzeption charakterisieren, die die Verantwortlichkeit der Unternehmung gegenüber den staatlich vorgegebenen Normen, die Rechenschaftspflicht der Mitglieder des Mitbestimmungsorgans gegenüber den vertretenen Interessengruppen, die interne Verantwortlichkeit der Unternehmensleitung gegenüber dem Mitbestimmungsorgan und schließlich die professionelle, moralische Verantwortung der Unternehmensleitung gegenüber der Öffentlichkeit umfaßt.

Bevor nach diesen grundlegenden Ausführungen die bestehenden Modelle zur sozialen Unternehmensverantwortung untersucht werden konnten, bedurfte es einer Klärung der Voraussetzungen für eine rationale und transparente Diskussion der sozialen Unternehmensverantwortung. Dazu wurde zwischen den drei notwendigen Voraussetzungen der Offenlegung der benutzten Wertprämissen (normative Bedingung), der Beschreibung der Unternehmung als Macht- und Herrschaftsgebilde (empirische Bedingung) und der Konsistenz der Ableitungen (logische Bedingung) unterschieden. Der *Offenlegung der benutzten Wertprämissen* kommt eine besondere Bedeutung zu, da es geradezu als Charakteristikum zahlreicher Arbeiten zur sozialen Unternehmensverantwortung bezeichnet werden kann, mit dem Streben nach Realitätsnähe ihren normativen Bezugsrahmen unkritisch dem gesellschaftlichen Ist-Zustand zu entlehnen und damit innovatives Denken unmöglich zu machen. Die explizite Herausstellung der eingenommenen Wertpositionen hingegen erlaubt es, die relevanten Fragen der „sozialen Verantwortung der Unternehmung" einer kritischen sozialwissenschaftlichen Untersuchung zu unterziehen, ohne daß der Anschein einer wertfreien, deskriptiv-technologischen Vorgehensweise entsteht. Als Grundnormen wurden dieser Arbeit vor allem die demokratischen Grundsätze der Freiheit zur Selbstbestimmung und der Legitimation gesellschaftlicher Macht durch die Machtbetroffenen sowie die Forderung nach Aufrechterhaltung der Handlungsfähigkeit des Führungssystems der Unternehmung zugrundegelegt.

Die *Beschreibung der Unternehmung als Macht- und Herrschaftsgebilde* ergab, daß Großunternehmen infolge der von ihnen ausgeübten wirtschaftlichen und gesellschaftlichen Macht nicht mehr als private Gebilde, sondern vielmehr als quasi-öffentliche Institutionen zu behandeln sind. Als Träger der Unternehmensmacht treten gegenwärtig im wesentlichen die Eigentümer, Manager, Arbeitnehmer, Geschäftspartner und Banken auf. Dabei wurde die These widerlegt, daß die Verdrängung der Eigentümer-Unternehmer durch die Manager zu einer grundsätzlichen Veränderung der Unternehmenspolitik führt. Die Manager unterliegen der Kontrolle durch die Kapitaleigentümer und/oder sind durch zahlreiche materielle und immaterielle Vergünstigungen sowie nach der Herkunft derart stark an das Unternehmen gebunden, daß sie das Unternehmen mit einer hohen Wahrscheinlichkeit nach den gleichen Gesichtspunkten wie die Eigentümer leiten.

In den abschließenden Ausführungen von Teil I wurde die methodische Vorgehensweise für die Prüfung der in Teil II beschriebenen Modelle zur sozialen Unternehmensverantwortung festgelegt. Dabei konnte entsprechend den genannten Voraussetzungen für eine rationale und transparente Diskussion der sozialen Unternehmensverantwortung (logische, empirische und normative Bedingung) zwischen einer logischen, empirischen und normativen Prüfung unterschieden werden. Bei der *logischen Prüfung* werden die Modellsätze auf logische Widerspruchsfreiheit und die Deduktion durch Nachvollzug ihrer Einzelschritte auf logische Richtigkeit untersucht. Darüber hinaus wird zur logischen Prüfung auch die Untersuchung der Modellaussagen auf ihren semantischen Gehalt gezählt, um gehaltleere Sätze bzw. Leerformeln auszuschließen, aus denen eine Ableitung konkreter Aussagen nicht möglich wäre bzw. jede gewünschte Aussage abgeleitet werden könnte. Bei der *empirischen Prüfung* werden die empirischen Modellsätze durch Konfrontation mit Aussagen über die Realität auf ihre Richtigkeit überprüft sowie die normativen Modellsätze hinsichtlich ihres Realitätsbezugs und ihrer Realisierbarkeit untersucht. Im Rahmen der *normativen Prüfung* schließlich wird ermittelt, inwieweit die Wertprämissen des Modells mit den demokratischen Grundnormen übereinstimmen bzw. sich auf diese zurückführen lassen. Dabei wird davon ausgegangen, daß die Modelle zur sozialen Unternehmensverantwortung außer definitorisch-analytischen und empirischen Sätzen immer auch normative Aussagen in expliziter oder impliziter Form enthalten, da es in den Sozialwissenschaften u. E. eine von Wertimplikationen freie Terminologie nicht geben kann. Die normative Prüfung erscheint insgesamt geeignet, die hinter einem Modell stehenden Interessen offenzulegen, die unkritische Hinnahme des rein Faktischen zu überwinden und gesellschaftspolitische Konsequenzen des Modells aufzuzeigen.

Von diesem methodischen Rahmen ausgehend wurden in Teil II die sechs bekanntesten wirtschaftswissenschaftlichen Modelle zur sozialen Verantwortung der Unternehmen beschrieben und einer kritischen Prüfung unterzogen. Im einzelnen handelte es sich dabei um das Marktmodell, das Treuhändermodell, die Idee der sozialen Partnerschaft, das Koalitionsmodell, das Konzept gesellschaftsbezogener Rechnungslegung und die Arbeitsorientierte Einzelwirtschaftslehre. Nach dem *Marktmodell*, das im wesentlichen in den Ausprägungen des klassischen und neoklassischen Modells sowie des Gegengewichtsprinzips auftritt, dienen die Unternehmen der Gesellschaft am besten, wenn sie sich einzig auf die ökonomische Funktion konzentrieren. Eine gesellschaftliche Unternehmensverantwortung ist nach diesem Modell nicht notwendig, weil angenommen wird, daß sich der Ausgleich zwischen individuellem Interesse und gesellschaftlichem Gesamtinteresse auf dem Markt automatisch ergibt. Nach dem klassischen und neoklassischen Modell wird der Interessenausgleich durch den Preismechanismus hergestellt, während er nach dem Gegengewichtsprinzip das Ergebnis von gegeneinander wirkenden Marktmächten ist. Wirtschaftliche Macht erzeugt nach dem Gegengewichtsprinzip immer eine Gegenmacht, die die originäre Macht kontrolliert. Die Prüfung des Marktmodells in seinen drei Ausprägungen ergab, daß es unter empirischen und normativen Gesichtspunkten erhebliche Mängel aufweist und insofern als Ganzes abzulehnen ist. Unter empirischen Gesichtspunkten ist vor allem die unrealistische Annahme des idealen Preismechanismus bzw. der zwangsläufigen Bildung der Gegenmacht zu kritisieren und unter normativen Gesichtspunkten die einseitige Ausrichtung an den Eigentümerinteressen zu bemängeln. Dem Marktmodell ist aber in seiner, gegenüber dem klassischen Modell weiterentwickelten Form des Gegengewichtsprinzips zu konzedieren, ökonomische Macht in der Wirtschaft in den Modellaussagen grundsätzlich berücksichtigt zu haben.

Das *Treuhändermodell* stellt das gesellschaftliche Verantwortungsbewußtsein in den Mittelpunkt seiner Betrachtungen und appelliert an das Gewissen der Manager, ihre Macht als Treuhänder des öffentlichen Interesses auszuüben. Die Manager sollen die unterschiedlichen Interessenlagen der gesellschaftlichen Bezugsgruppen des Unternehmens wahrnehmen und sie in ihren Entscheidungen derart schiedsrichterlich zum Ausgleich bringen, daß das Gemeinwohl vergrößert wird. Zu den beiden wichtigsten Ausprägungen des Treuhändermodells in den letzten Jahren zählen die „Idee der gesellschaftlichen Verantwortung der Unternehmensführung" und das „Human Concept" nach Dawson. Die „Idee der gesellschaftlichen Verantwortung der Unternehmensführung" versteht die soziale Verantwortung nicht als Nebenbeschäftigung des Managers und losgelöst vom unternehmerischen Handeln, sondern versucht die sozialen Gesichtspunkte in den Prozeß der unternehmensinternen Entscheidungen zu integrieren. Zur Dokumentation dieser Idee dienen die in jüngster Zeit bekanntgewordenen Verhaltenskodizes, in denen die Verantwortung der Unternehmensführung gegenüber den verschiedenen gesellschaftlichen Bezugsgruppen präzisiert wird. Das „Human Concept" nach Dawson weist nachdrücklich auf den Zusammenhang zwischen der gesellschaftsbezogenen Unternehmenspolitik und dem Unternehmensfortbestand hin und glaubt die langfristige Existenz der Unternehmen nur sichern zu können, wenn diese ein humanitäres Zielkonzept aufstellen. Die Prüfung des Treuhändermodells und seiner beiden neueren Ausprägungen ergab, daß das Modell keiner der drei Untersuchungen (logisch, empirisch, normativ) standhält. Auf der logisch-semantischen Ebene richtet sich die Kritik gegen die Unbestimmtheit des Inhalts der gesellschaftlichen Unternehmensverantwortung und die fehlenden Auswahlkriterien zur Bestimmung der unternehmensrelevanten Interessengruppen. Unter empirischen Gesichtspunkten fällt vor allem die unrealistische Prämisse der symmetrischen Behandlung der Bezugsgruppen und die isolierte Betrachtung des Managers von den herrschenden Geschäftssitten und -werten (Bild vom autonomen Menschen) auf. Die normative Prüfung schließlich zeigt, daß die Bestimmung eines Kompromisses zwischen den Zielen der Anspruchsgruppen nicht durch demokratisches Bargaining, sondern durch das autonome Management erfolgt und insofern demokratischen Grundprinzipien widerspricht. Auch wenn das Treuhändermodell als Ganzes abzulehnen ist, so muß das gesellschaftsbezogene Verantwortungsbewußtsein des Managements immerhin als eine notwendige Bedingung für eine gesellschaftsbezogene Unternehmenspolitik angesehen werden.

Die *Idee der sozialen Partnerschaft* konkretisiert die gesellschaftliche Verantwortung der Unternehmen für den innerbetrieblichen Bereich. Sie räumt dem einzelnen Arbeitnehmer ein Mitwirkungsrecht an seinem Arbeitsplatz ein und will diese Form der individuellen Mitbestimmung auf allen Ebenen der Hierarchie praktizieren. Außerdem sieht die Partnerschaftsidee eine Erfolgs- und Kapitalbeteiligung der Mitarbeiter vor, wodurch deren Einsatzbereitschaft stimuliert und ihr Verständnis für die Aufgaben des Unternehmens verbessert werden soll. Bei der logischen Prüfung der Partnerschaftsidee zeigte sich, daß die Begründung der Idee aus der katholischen und evangelischen Sozialethik zirkelhaft ist, da sie aus den allgemeinen Sozialprinzipien das entnimmt, was vorher entsprechend dem vertretenen Welt- und Menschenbild hineinprojiziert wurde. Unter empirischen Gesichtspunkten war einzuwenden, daß die betriebliche Partnerschaft ihr gesellschaftliches Ziel der Aufwertung des Selbstbewußtseins der Arbeiter und ihrer sozialen Stellung nicht erreicht hat. Im Rahmen der normativen Prüfung schließlich war vor allem der Grundsatz der „vertrauensvollen Zusammenarbeit" zu kritisieren, der ohne Verbindlichkeit für die Unternehmensleitung bleibt, da ein Kompromiß zwischen Machtausübenden und Machtbetroffenen nicht vorgesehen ist und die letzte Entscheidung weiter bei der Unternehmensleitung liegt. Die einseitige Ausrichtung der Partnerschaftsidee an den Leitungsinteressen kommt auch durch den unternehmensintern orientierten Lösungsansatz zum Ausdruck, der die Interessen der externen Gruppen (z. B. Konsumenten, Gewerbetreibende, Bürger) vollständig ignoriert. Geeignet erscheint aber immerhin der Vorschlag der Partnerschaftsidee, die Organisationsstruktur stärker auf die Einflußmöglichkeiten des einzelnen Unternehmensmitgliedes auszurichten.

Das *Koalitionsmodell* interpretiert die Unternehmung als eine Koalition aller an ihr partizipierenden Individuen bzw. Interessengruppen, die eigenständige Ziele verfolgen und im Rahmen von Verhandlungsprozessen das Zielsystem der Unternehmung gemeinsam aushandeln. Monetäre und nichtmonetäre Ausgleichszahlungen dienen dabei dazu, bestimmte Gruppen zur Modifizierung ihrer ursprünglichen Zielvorstellungen zu veranlassen und die Aufstellung einer gemeinsamen Zielfunktion zu ermöglichen. Eine Möglichkeit zur praktischen Berücksichtigung des Koalitionsansatzes in betriebswirtschaftlichen Entscheidungsprozessen stellt das von Sieben und Goetzke entwickelte „interessenpluralistische Investitionsmodell" dar. Dieses Modell ermittelt das optimale Investitionsprojekt, indem es die maximale Zielerfüllung einzeln für jede Interessengruppe (Kapitaleigner, Arbeitnehmer, Kunden) unter Beschränkung auf die Mindestrealisationsniveaus der übrigen Interessengruppen berechnet und die so gewonnenen Ergebnisse durch Annahme eines „Kompromißpfades" zur Optimallösung aggregiert. Die Prüfung des Koalitionsmodells und des darauf aufbauenden interessenpluralistischen Investitionsmodells nach Sieben/Goetzke ergab, daß beide Modelle vor allem unter empirischen und normativen Gesichtspunkten erhebliche Mängel aufweisen. Auf der empirischen Ebene ist die realitätsferne Prämisse symmetrischer Einflußmöglichkeiten der Koalitionsteilnehmer und die Beschränkung auf ein ausschließlich formales und entscheidungslogisches Vorgehen zu kritisieren. Auf der normativen Ebene lassen beide Modelle die entscheidende Frage unbeantwortet, wie die politischen Verhandlungsprozesse zwischen den Koalitionsteilnehmern so institutionalisiert werden können, daß die Teilnehmer symmetrisch ihre Geltungsansprüche einbringen und durchsetzen können. Ohne die Berücksichtigung der Durchsetzungsprobleme bleibt das Koalitionsmodell asymmetrisch zugunsten der Unternehmensleitung und widerspricht damit den demokratischen Grundprinzipien.

Das *Konzept der gesellschaftsbezogenen Rechnungslegung* (Sozialbilanzkonzept) strebt in Analogie zur erwerbswirtschaftlichen Rechnungslegung die Aufstellung einer gesellschaftsbezogenen Erfolgs- und Bestandsrechnung an. Die dadurch bereitgestellten sozialen Daten bilden die Grundlage für die Verwirklichung eines gesellschaftsbezogenen Managementsystems und eines gesellschaftlichen Kontrollsystems. Während das gesellschaftsbezogene Managementsystem sich um die organisierte Durchsetzung einer gesellschaftsbezogenen Unternehmenspolitik bemüht, soll das gesellschaftliche Kontrollsystem der Öffentlichkeit eine Kontrollfunktion auf der Grundlage externer Rechenschaftslegung der Unternehmen einräumen. In der Reihenfolge steigenden Anspruchsniveaus lassen sich im wesentlichen sechs Formen gesellschaftsbezogener Rechnungslegung oder genauer gesellschaftsbezogener Berichterstattung unterscheiden: die sozio-technischen Datenkonzepte, der Sozialreport bzw. Sozialbericht, die gesellschaftsbezogene Aufwandsrechnung, das Human Resource Accounting, die Sozialbilanz und das Corporate Social Audit. Angesichts des hohen Anspruchs des Sozialbilanzkonzepts einer vollständigen Erfassung der von einem Unternehmen verursachten gesellschaftlichen Nutzen und Schäden richtete sich die Kritik vor allem gegen die anspruchsvolleren Formen der gesellschaftsbezogenen Berichterstattung. Bei der kritischen Untersuchung des Sozialbilanzkonzepts ergab sich, daß es keiner der drei Prüfungen (logisch, empirisch, normativ) standhält. Auf der logisch-semantischen Ebene richtet sich die Kritik gegen die Leerformelhaftigkeit der Kriterien für die in das gesellschaftsbezogene Rechnungswesen einzubeziehenden Aktivitäten und den nicht zwingenden Schluß von der gesellschaftsbezogenen Berichterstattung auf ein erweitertes Zielsystem der Unternehmung. Die empirische Kritik zeigt, daß Meßtechniken und -verfahren sowie allgemeingültige Beurteilungsmaßstäbe zur Erfassung gesellschaftsbezogener Daten fehlen und auch zukünftig nicht mit der Aufstellung umfassender Sozialbilanzen zu rechnen ist. Die normative Prüfung macht deutlich, daß die leitenden Gruppen des Unternehmens die gesellschaftsrelevanten Ziele autonom festlegen und die Berichterstattung über die vorgenommenen Sozialmaßnahmen nach eigenen Vorstellungen gestalten. Wenn der hohe Anspruch des Sozialbilanzkonzepts aufgegeben wird, ließe sich aber immerhin mit den sozio-technischen Indikatoren die Einhaltung von Standardvorgaben überprüfen und zwischenbetrieblich vergleichen.

Ausgangspunkt für das Konzept der *Arbeitsorientierten Einzelwirtschaftslehre* (AOEWL) ist die Kritik, daß die traditionelle Betriebswirtschaftslehre kapitalorientiert sei und die Probleme des arbeitenden Menschen weitgehend vernachlässige. Die AOEWL leitet aus ihrer Kritik die Notwendigkeit ab, von wissenschaftlicher Seite her eine Änderung vorzunehmen und der kapitalorientierten Rationalität eine emanzipatorische Rationalität gegenüberzustellen. Die emanzipatorische Rationalität ist kollektiv-solidarisch ausgerichtet, um die sozio-ökonomische Lage aller Arbeitnehmer und nicht nur einiger weniger zu Lasten anderer zu verbessern. Die AOEWL ermittelt auf der Basis der emanzipatorischen Rationalität die einzel- und gesamtwirtschaftlichen Interessen der Arbeitnehmer. Zu den einzelwirtschaftlichen Arbeitnehmerinteressen zählt sie die Arbeitsplatzsicherheit, die Sicherung und Steigerung der Einkommen sowie die optimale Gestaltung der Arbeit, während sie die rationale Steuerung der Produktion, die bedürfnisgerechte Güterversorgung und die gerechte Verteilung von Einkommen und Vermögen als die zentralen gesamtwirtschaftlichen Arbeitnehmerinteressen auffaßt. Zur Durchsetzung der Arbeitnehmerinteressen empfiehlt die AOEWL eine Erweiterung des traditionellen Kosten- und Ertragsbegriffs um soziale Kosten und Erträge, einen sechsstufigen Entwicklungsprozeß und eine gesamtwirtschaftliche Koordinierung durch Indikatoren, eine mehrstufige Mitbestimmung, kollektive Vermögensfonds und Sozialtechnologien. Bei der Kritik ergab sich, daß die AOEWL keiner der drei Prüfungen (logisch, empirisch, normativ) standhält. Auf der logisch-semantischen Ebene richtet sich die Kritik vor allem gegen die Leerformelhaftigkeit der „emanzipatorischen Rationalität" und die zirkelhafte Ableitung der einzel- und gesamtwirtschaftlichen Arbeitnehmerinteressen. Unter empirischen Gesichtspunkten ist die undifferenzierte Vorstellung vom Konflikt zwischen Kapital und Arbeit sowie die realitätsferne Annahme von der langfristigen Harmonie zwischen den arbeitsorientierten Interessen abzulehnen. Die normative Prüfung zeigt, daß die arbeitsorientierten Interessen von den Gewerkschaften interpretiert und als kollektiv-solidarische Ziele deklariert werden, während die individuellen Interessen der Arbeitnehmer und ihre Entscheidungsfreiheit in einem demokratischen Willensbildungsprozeß kaum Berücksichtigung finden. Ungeschmälert bleibt aber das Verdienst der AOEWL, im Unterschied zur traditionellen Betriebswirtschaftslehre die Probleme der arbeitenden Menschen in den Mittelpunkt ihrer Überlegungen gestellt zu haben.

In Teil III dieser Arbeit wurde auf der Grundlage von ausgewählten Elementen der in Teil II behandelten Modelle ein interessenpluralistisches Modell sozialer Unternehmensverantwortung entwickelt. Ausgangspunkt der Überlegungen war dabei die Erkenntnis, daß zur Lösung des gesellschaftlichen Problems der Unternehmensmacht und -verantwortung vor allem eine institutionelle Reform der Unternehmensordnung geeignet ist, da diese eine wirksame Regulierung und Kontrolle der Innen- und Außenmacht der Unternehmen verspricht. Zur weiteren Präzisierung dieses Lösungsansatzes wurde der Begriff der Unternehmensverfassung eingeführt. Die Unternehmensverfassung stellt eine in Gesetzen kodifizierte Grundordnung dar, welche die Leitungs- und Kontrollstruktur eines Unternehmens regelt sowie die Grundrechte und -pflichten der in dieser Institution zusammenwirkenden Menschen und Gruppen, die unterschiedliche Ziele verfolgen, festlegt. Für eine konkrete Ausgestaltung bzw. Reform der Unternehmensverfassung müssen die zentralen Fragen nach dem Geltungsbereich, den einzubeziehenden Interessengruppen (Mitbestimmungsinteressen), den Mitbestimmungsorganen, der Interessenrepräsentation und Organkonstituierung sowie der Regelung des Interessenausgleichs (Konfliktlösung) beantwortet werden. Im Hinblick auf den *Geltungsbereich* wurde empfohlen, die Einführung einer interessenpluralistischen Unternehmensverfassung allgemein auf den Bereich der Großunternehmen zu beschränken. Dies entspricht der Konzeption, daß der Grad rechtlicher Bindung der Unternehmensmacht von der Größe und volkswirtschaftlichen Bedeutung der Unternehmen abhängen soll. Für den Verzicht auf eine pluralistische Unternehmensverfassung bei kleinen und mittleren Unternehmen hingegen spricht das Prinzip der Übereinstimmung von Vollhaftung und Leitungsbefugnis und unser marktwirtschaftlich-dezentrales Wirtschaftssystem, in dem die freie Initiative des Einzelunternehmers als vorteilhaft angesehen wird. Zur *Bestimmung der* in die Unternehmensverfassung *einzubeziehenden Interessengruppen* (Mitbestimmungsinteressen) wurde das Unternehmen als ein „Sozialverband" abgegrenzt, dem alle Personen angehören sollen, die langfristig von dem Unternehmen betroffen sind und deshalb ein dauerhaftes Interesse an ihm haben. Im einzelnen ließen sich die drei grundsätzlich auftretenden Interessen von Arbeitnehmern, Kapitaleignern sowie von Kommune, Land und Bund und die drei unternehmensabhängig auftretenden Interessen (situative Interessen) von Konsumenten, Bürgern sowie Gläubigern, gewerblichen Abnehmern und Lieferanten unterscheiden. Bei der Diskussion der Frage, in welchen *Unternehmensorganen* die Mitbestimmungsinteressen vertreten sein sollen, wurde in Anlehnung an die Organe der Aktiengesellschaft von den Organen Unternehmensversammlung, Unternehmensrat und Unternehmensleitung ausgegangen. Die Ausführungen ergaben, daß die beiden Organe Unternehmensversammlung und Unternehmensrat grundsätzlich für eine interessenpluralistische Ausgestaltung geeignet sind, wobei die Kompetenzen des Unternehmensrats gegenüber dem aktienrechtlichen Aufsichtsrat zur besseren Erfüllung der Kontroll- und Mitbestimmungsfunktion zu erweitern sind. Demgegenüber muß die Unternehmensleitung von einer pluralistischen Besetzung ausgenommen bleiben, um weiterhin schnell und effektiv die erforderlichen Entscheidungen treffen zu können. In den abschließenden Ausführungen zu den Grundproblemen bei der Reform der Unternehmensverfassung wurde erläutert, welche grundsätzlichen Möglichkeiten zur Lösung der *Repräsentations- und Konstituierungsproblematik* sowie zur *Regelung des Interessenausgleichs* bestehen.

Im Anschluß an die Erörterung dieser Grundprobleme wurden sieben in der Literatur gemachte Vorschläge für eine umfassend pluralistische Unternehmensverfassung beschrieben (Vorschläge von der juristischen Studienkommission, dem Sechserbericht, Ballerstedt, Nell-Breuning, Steinmann, Kunze und P. Ulrich) und zusammen mit den interessendualistischen Mitbestimmungsgesetzen (Betriebsverfassungsgesetz, Montan-Mitbestimmungsgesetz, Mitbestimmungsgesetz von 1976) einer vergleichenden Untersuchung unterzogen. Die sieben pluralistischen Vorschläge beschränken einheitlich ihren Geltungsbereich auf die Groß- und Größtunternehmen und beziehen übereinstimmend Vertreter des „öffentlichen Interesses“ bzw. der Allgemeinheit in die Unternehmensverfassung ein. Gegen die Bestellung von Repräsentanten der Öffentlichkeit in die Mitbestimmungsorgane ist einzuwenden, daß der Begriff des „öffentlichen Interesses“ kaum mehr als eine Leerformel darstellt und die verfassungsrechtlich vorgesehene Stimmenrelation zwischen den Mitbestimmungsinteressen je nach persönlicher Grundeinstellung der Öffentlichkeitsvertreter zu einzelnen Interessen verschoben wird. Im Hinblick auf die Gewichtung der Interessengruppen in den Mitbestimmungsorganen sehen sämtliche Vorschläge für eine unfassend pluralistische Unternehmensverfassung eine Parität zwischen Kapitaleigner- und Arbeitnehmervertretern vor, während fünf der sieben Vorschläge den Öffentlichkeitsvertretern ein geringeres Gewicht einräumen.

Gegen eine ungleiche Gewichtung der Mitbestimmungsinteressen spricht der demokratische Grundsatz der Gleichbehandlung aller Mitglieder des Unternehmensverbandes. Hinsichtlich der Frage schließlich, welche Unternehmensorgane als Mitbestimmungsorgane ausgestaltet werden sollen, lassen sich unter den sieben umfassend pluralistischen Ansätzen grundsätzlich der Board entsprechend dem angloamerikanischen Boardsystem sowie Unternehmensversammlung und Aufsichtsrat entsprechend dem deutschen Aufsichtsratsystem unterscheiden. Bei der Beurteilung der beiden Alternativen als Grundlage für die Konstruktion einer pluralistischen Unternehmensverfassung ergab sich, daß das Aufsichtsratsystem vor allem wegen der institutionellen Gewaltenteilung und der geringeren Beschränkung der Handlungsfähigkeit der Unternehmensleitung dem Boardsystem vorzuziehen ist. Außer den umfassend pluralistischen Vorschlägen wurden auch die in der BRD erlassenen Mitbestimmungsgesetze eingehend untersucht. Dabei zeigte sich, daß die Mitbestimmungsgesetze gegenüber einer pluralistisch ausgebauten Unternehmensverfassung erhebliche Mängel aufweisen. Sie beschränken sich im wesentlichen auf die Vertretung von Kapitaleignern und Arbeitnehmern, sehen nur den Aufsichtsrat als Mitbestimmungsorgan vor und gelten nur für Unternehmen bestimmter Rechtsform.

Nach der Erörterung der Grundprobleme bei der Reform der Unternehmensverfassung und der vergleichenden Beurteilung der verschiedenen Ansätze konnte in Teil III daran gegangen werden, ein neues interessenpluralistisches Modell zu konstruieren. Die Ergebnisse dieser neuen Konzeption einer interessenpluralistischen Unternehmensverfassung lassen sich wie folgt zusammenfassen:

(1) Das klassische Eigentümer- bzw. Gesellschaftsrecht wird von dem Unternehmensverfassungsrecht getrennt. Während das *Gesellschaftsrecht* allein zur Ordnung des Eigentums an dem Vermögen, das dem Unternehmen zur Verfügung gestellt worden ist, dienen soll, hat das *Unternehmensverfassungsrecht* die wirtschaftliche Planungs- und Entscheidungsgewalt im Unternehmen zu regeln. Die Wahl der Rechtsform bleibt den Kapitaleigentümern überlassen; die Unternehmensverfassung wird hingegen entsprechend der Forderung nach einer einheitlichen Regelung für Unternehmen gleicher Größe und Bedeutung zwingend vorgeschrieben. Analog der Trennung zwischen Gesellschaftsrecht und Unternehmensverfassung ist zwischen der *Eigentümergesellschaft* und dem interessenpluralistischen *Unternehmensverband* zu unterscheiden, wobei die Gesellschaft Eigentümerin des Unternehmensvermögens bleibt und dem Unternehmensverband als der umfassenderen Einheit untergeordnet wird.

(2) In die Unternehmensverfassung werden folgende *Mitbestimmungsinteressen* einbezogen: drei grundsätzlich auftretende Interessen von Arbeitnehmern, Kapitaleignern sowie Kommune, Land und Bund und drei unternehmensabhängig auftretende Interessen von Konsumenten, Bürgern sowie Gläubigern, gewerblichen Abnehmern und Lieferanten. Als *Mitbestimmungsorgane* sind sowohl die Unternehmensversammlung als auch der Unternehmensrat vorzusehen, da eine Beschränkung der Mitbestimmung auf nur eines der beiden Organe zu einer Inkonsistenz im verfassungsrechtlichen System führt. Die pluralistische Unternehmensverfassung soll nur für Größtunternehmen gelten, bei denen mindestens zwei von drei Kriterien erfüllt sind (mehr als 5000 Beschäftigte, mehr als 100 Mio Jahresumsatz und mehr als 50 Mio Bilanzsumme). Für die kleineren Unternehmen werden nur Kapitaleigner und Arbeitnehmer als Mitbestimmungsinteressen vorgesehen, wobei eine Abstufung der Unternehmensgröße und der zugehörigen Mitbestimmungsregelung entsprechend dem Mitbestimmungsgesetz von 1976 und dem Betriebsverfassungsgesetz erfolgt.

(3) Zusammensetzung und Gesamtgröße der Mitbestimmungsorgane: Den grundsätzlich auftretenden Interessen von Arbeitnehmern, Kapitaleignern sowie Kommune, Land und Bund werden in der *Unternehmensversammlung* jeweils acht Vertreter und den unternehmensabhängig auftretenden Interessengruppen der Konsumenten, Bürger sowie Gläubiger, gewerblichen Abnehmer und Lieferanten in Abhängigkeit von der Situation bis zu jeweils acht Vertreter zugeteilt. Damit ergibt sich die Höchstzahl von 48 Mitgliedern in der Unternehmensversammlung. Analog werden im *Unternehmensrat* für die drei grundsätzlichen Interessen jeweils vier und für die unternehmensabhängigen Interessen bis zu jeweils vier Vertreter vorgesehen, so daß sich die Höchstzahl der Unternehmensratsmitglieder auf 24 beläuft.

(4) Repräsentation der Mitbestimmungsinteressen und Festlegung der Organe, die für die Bestellung der Interessenvertreter zuständig sein sollen: Die Vertreter der *Kapitaleigner* werden von dem souveränen Organ der Eigentümergesellschaft (z. B. Hauptversammlung, Gesellschafterversammlung) durch Mehrheitsbeschluß gewählt. Minderheiten, die mehr als 10% des Grundkapitals auf sich vereinigen, haben über zwei Minderheitenschutzklauseln Anspruch auf Entsendung von Interessenvertretern. Als Vertreter der *Arbeitnehmer* werden sowohl unternehmensangehörige Arbeitnehmer als auch unternehmensexterne Gewerkschaftsmitglieder vorgesehen, wobei zu den unternehmensangehörigen

Arbeitnehmern jeweils mindestens ein im Unternehmen beschäftigter Arbeiter, nichtleitender Angestellter und leitender Angestellter gehören muß. Unter den acht Arbeitnehmervertretern in der Unternehmensversammlung befinden sich sechs Belegschaftsangehörige und zwei Gewerkschaftsvertreter, unter den vier Arbeitnehmervertretern im Unternehmensrat drei Belegschaftsangehörige und ein Gewerkschaftsvertreter. Die Vertreter der Arbeiter und Angestellten werden von der jeweiligen Gruppe nach den Grundsätzen der Verhältniswahl gewählt, während die Bestellung der Gewerkschaftsvertreter in den Aufgabenbereich der Belegschaftsversammlung fällt. Die Vertreter von *Gemeinde, Land und Bund* werden von der Gemeindeverwaltung bzw. der Landes- und Bundesregierung berufen. Die Vertreter der *Konsumenten* können gegenwärtig nicht gewählt werden, da eine repräsentative Verbraucherorganisation in der Bundesrepublik noch fehlt. In einer Diskussion verschiedener Bestellverfahren ergab sich als beste Lösung, die Konsumentenvertreter von der Unternehmensversammlung auf Vorschlag einer Verbraucherorganisation kooptieren zu lassen. Analog zu den Konsumentenvertretern können die Vertreter der *Bürger* von den Bürgerinitiativen und die Vertreter der gewerblichen Interessen von *Gläubigern, gewerblichen Abnehmern und Lieferanten* der Unternehmensversammlung zur Kooptation vorgeschlagen werden.

(5) Regelung des Interessenausgleichs (Konfliktlösung): In Unternehmensversammlung und -rat werden die Entscheidungen grundsätzlich durch Mehrheitsbeschluß getroffen. Zur Erschwerung der Interessendurchsetzung der Mehrheit zu Lasten der Minderheit dient ein eingeschränktes Vetorecht, nach dem in bestimmten Sachbereichen nicht gegen die Mehrheit der hauptsächlich betroffenen Interessengruppe entschieden werden kann. In Hinsicht auf das Verhältnis zwischen Unternehmensrat und Unternehmensleitung ist eine personelle und funktionelle Trennung erforderlich. Außerdem muß der Unternehmensrat zur Stärkung seiner Kontrollfunktion aus professionellen und hauptberuflich arbeitenden Mitgliedern bestehen und über pluralistisch besetzte Ausschüsse verfügen, die einen direkten Zugang zu den Unternehmensdaten und Kontrollsystemen haben.

Abkürzungen

AoMJ	Academy of Management Journal
AoMR	Academy of Management Review
BFuP	Betriebswirtschaftliche Forschung und Praxis
BH	Business Horizons
CMR	California Management Review
DB	Der Betrieb
DBW	Die Betriebswirtschaft
DU	Die Unternehmung
FAZ	Frankfurter Allgemeine Zeitung
HBR	Harvard Business Review
HdA	Handwörterbuch der Absatzwirtschaft
HdB	Handwörterbuch der Betriebswirtschaftslehre
HdF	Handwörterbuch der Finanzwirtschaft
HdO	Handwörterbuch der Organisation
HdP	Handwörterbuch des Personalwesens
HdR	Handwörterbuch des Rechnungswesens
HdSW	Handwörterbuch der Sozialwissenschaften
IO	Industrielle Organisation
JfB	Journal für Betriebswirtschaft
JoB	Journal of Business
JoM	Journal of Marketing
MIR	Management International Review
MJ	Marketing Journal
MM	Manager Magazin
PRJ	Public Relations Journal
Wd	Wirtschaftsdienst
WIST	Wirtschaftswissenschaftliches Studium
WISU	Das Wirtschaftsstudium
Wiwo	Wirtschaftswoche
ZfB	Zeitschrift für Betriebswirtschaft
ZfbF	Zeitschrift für betriebswirtschaftliche Forschung
ZfgSt	Zeitschrift für die gesamte Staatswissenschaft
ZfO	Zeitschrift für Organisation
ZHR	Zeitschrift für das gesamte Handelsrecht und Wirtschaftsrecht

Literatur

[1] Ackermann, K.-F.: Arbeitnehmerinteressen in der betriebswirtschaftlichen Theorie-Analyse der „Arbeitsorientierten Einzelwirtschaftslehre". In: P. Mertens (Hrsg.): Die Unternehmung in ihrer gesellschaftlichen Umwelt. Wiesbaden 1975, S. 65–90.

[2] Ackerman, R. W.: The social challenge to management. Cambridge/Mass. 1975.

[3] Ackerman, R. W.: How Companies Respond to Social Demands. In: HBR, Vol. 51 (No. 4, 1973), S. 88–98.

[4] Agthe, K. E.: Mitbestimmung: Report on a Social Experiment. In: BH, Vol. 20 (No. 1, 1977), S. 5–14.

[5] Albach, H.: Die soziale Verantwortung der Unternehmen. In: FAZ, Nr. 230 (4. 10. 1975), S. 11.

[6] Albert, H.: Konstruktion und Kritik. Hamburg 1972.

[7] Albert, H.: Plädoyer für kritischen Rationalismus. Arbeitsgemeinschaft für Partnerschaft in der Wirtschaft (Hrsg.). AGP-Mitteilungen 180. Köln 1973.

[8] Albert, H.: Rationalität und Wirtschaftsordnung, Grundprobleme einer rationalen Wirtschaftspolitik. In: H. Jürgensen (Hrsg.): Gestaltungsprobleme der Weltwirtschaft. Festschrift für A. Predöhl. Göttingen 1964, S. 86–113.

[9] Albert, H.: Probleme der Theoriebildung. Entwicklung, Struktur und Anwendung sozialwissenschaftlicher Theorien. In: H. Albert (Hrsg.): Theorie und Realität. Tübingen 1964, S. 3–70.

[10] Alewell, K.: Die Führung der Unternehmung unter dem Einfluß der Mitbestimmung. In: ZfO, 41. Jg. (Nr. 3, 1972), S. 113–124.

[11] Almond, G. A. u. S. Verba: The civic culture: political attitudes and democracy in five nations. Princeton/N. J. 1963.

[12] Anders, H.: Gesellschaftliche Verpflichtung als Unternehmensaufgabe, Amerikanische Beispiele und Erkenntnisse (I). In: FAZ, Nr. 179 (4. 8. 1973), S. 19.

[13] Andreae, C. A.: Machtkonflikt und Machtkonkurrenz in der Marktwirtschaft. In: Das Gegengewichtsprinzip in der Wirtschaftsordnung (I). Bd. I: Wirtschaftliche Macht und Wettbewerb. FIW-Schriftenreihe, Heft 33. Köln et al. 1966, S. 27–71.

[14] Arbeitskreis „Sozialbilanz-Praxis": Sozial-Bilanz heute. Hamburg 1976.

[15] Arbeitskreis im Betriebswirtschaftlichen Ausschuß des Verbandes der chemischen Industrie: Das Unternehmen in der Gesellschaft. In: ZfO, 44. Jg. (Nr. 3, 1975), S. 126–138.

[16] Ballerstedt, E.: Soziologische Aspekte der innerbetrieblichen Partnerschaft. Das Ahrensburger Modell. München 1971.

[17] Ballerstedt, K.: Aktienrechtsreform und Unternehmensverfassung. In: Zur großen Aktienrechtsreform. Referate und Diskussionen einer Fachtagung der Forschungsstelle der Friedrich-Ebert-Stiftung. Hannover 1962, S. 33–51.

[18] Barnard, C. J.: The Functions of the Executive. Cambridge 1938.

[19] Bartholomäi, R. C.: Gesellschaftsbezogenes betriebliches Rechnungswesen. In: Die neue Gesellschaft, Nr. 4/1973, S. 283–285.

[20] Bartölke, K. u. H. Wächter: Mitbestimmung und betriebswirtschaftliche Organisations-

theorie. In: N. Koubek et al. (Hrsg.): Betriebswirtschaftliche Probleme der Mitbestimmung. Frankfurt/M. 1974, S. 66–83.
[21] Bauer, R. A. u. D. H. Fenn Jr.: The Corporate Social Audit. Social Science Frontiers, Bd. 5. New York 1972.
[22] Bergmann, A. E.: The Social Responsibility of Business in Perspective. In: MIR, Vol. 15 (Heft 1, 1975), S. 61–65.
[23] Berle, A. A.: Power. New York 1969.
[24] Bidlingmaier, J.: Zielkonflikte und Zielkompromisse im unternehmerischen Entscheidungsprozeß. Wiesbaden 1968.
[25] Biervert, B.: Wirtschaftspolitische, sozialpolitische und sozialpädagogische Aspekte einer Verbraucheraufklärung, Forschungsbericht im Auftrage des Ministerpräsidenten des Landes Nordrhein-Westfalen. Köln 1972.
[26] Bircher, B.: Soziales Umweltmanagement. In: IO, 45. Jg. (Nr. 5, 1976), S. 193–199.
[27] Bock, J.: Der Verbraucher in soziologischer Sicht. In: J. Bock und K. G. Specht (Hrsg.): Verbraucherpolitik. Köln/Opladen 1958, S. 25–49.
[28] Boddewyn, J. J.: The External Affairs of Transnational Firms: A Research Note. In: MIR, Vol. 16 (No. 3, 1976), S. 47–57.
[29] Böhm, F.: Das wirtschaftliche Mitbestimmungsrecht der Arbeiter im Betrieb. In: ORDO, 4. Bd., Düsseldorf/ München 1951, S. 21–250.
[30] Böhm, H.: Idee und System gesellschaftlich verantwortlicher Unternehmensführung. In: MIR, Vol. 16 (No. 1, 1976), S. 35–45.
[31] Boettcher, E., K. Hax, O. Kunze, O. v. Nell-Breuning, H.-D. Ortlieb u. L. Preller: Unternehmensverfassung als gesellschaftspolitische Forderung. Berlin 1968.
[32] Borner, S. u. E. B. Hättenschwiler: Das Management muß sich anders verhalten. In: IO, 45. Jg. (Nr. 9, 1976), S. 303–307.
[33] Borsdorf-Ruhl, B.: Bürgerinitiativen im Ruhrgebiet. Essen 1973.
[34] Boulding, K. E.: The organizational revolution. New York 1953.
[35] Bowen, H.: Social responsibilities of the businessman. New York 1953.
[36] Bradt, W. R.: Organizing for effective Public Affairs. Schriftenreihe: Studies in Public Affairs, Bd. 5, Conference Board, New York 1969.
[37] Bradt, W. R.: Current Trends in Public Affairs. Conference Board Report No. 566, New York 1972.
[38] Braunschweig, Chr. v.: Der Konsument und seine Vertretung. Heidelberg 1965.
[39] Brinkmann-Herz, D.: Entscheidungsprozesse in den Aufsichtsräten der Montanindustrie. Berlin 1972.
[40] Brinkmann-Herz, D.: Erfahrungen mit der Mitbestimmung in der Montanindustrie. In: G. Schreyögg (Hrsg.): Demokratie in der Arbeitswelt, AIESEC-Dokumentation. Nürnberg 1974, S. 114–134.
[41] Brinkmann-Herz, D.: Die Unternehmensmitbestimmung in der BRD. Der lange Weg einer Reformidee. Köln 1975.
[42] Brockhoff, K.: Zur externen gesellschaftsbezogenen Berichterstattung deutscher Unternehmen. Eine Auswertung von Geschäftsberichten aus dem Jahre 1973. Köln 1975.
[43] Brockhoff, K.: Zur Diskussion von „Sozialbilanzen" in Frankreich. In: DB, 32. Jg. (Heft 20, 1977), S. 922–923.
[44] Brookings, R. S.: Industrial Ownership: Its Economic and Social Significance. New York 1925.

[45] Browne, M. N. u. P. F. Haas: Social responsibility: The uncertain hypothesis. In: MSU-Business Topics, Summer 1974, S. 47–51.
[46] Brox, H.: Grundbegriffe des Arbeitsrechts. 2. Aufl., Stuttgart et al. 1971.
[47] Budäus, D.: Entscheidungsprozeß und Mitbestimmung. Wiesbaden 1975.
[48] Budäus, D.: Externe Effekte unternehmerischer Aktivitäten. In: DU, 30. Jg. (Nr. 3, 1976), S. 225–243.
[49] Budäus, D.: Sozialbilanzen – Ansätze gesellschaftsbezogener Rechnungslegung als Ausdruck einer erweiterten Umweltorientierung? In: ZfB, 47. Jg. (Nr. 3, 1977), S. 183–202.
[50] Budde, A. u. M. Röber: Die Trennung von Eigentum und Leitung als Gegenstand sozialwissenschaftlicher Forschung. In: WIST, 5. Jg. (Heft 6, 1976), S. 283–284.
[51] Bülow, F. u. O. v. Nell-Breuning: Solidarismus (Solidaritätsprinzip). In: W. Bernsdorf (Hrsg.): Wörterbuch der Soziologie. Stuttgart 1969, S. 943–944.
[52] Canfield, B. R. u. H. F. Moore: Public Relations – Principles, Cases and Problems. 6. Auflage, Homewood/Ill. 1973.
[53] Carlson, R. O.: Der Übergang von Public Relations zu Public Affairs in einer sich wandelnden Welt. Auszüge aus einem Vortrag anläßlich der Jahreshauptversammlung der Deutschen Public Relations Gesellschaft, hrsg. von der DPRG. Köln 1972.
[54] Cetron, M. J. u. B. Bartocha: Technology Assessment in a Dynamic Environment. London et al. 1973.
[55] Chmielewicz, K.: Arbeitnehmerinteressen und Kapitalismuskritik in der Betriebswirtschaftslehre. Hamburg 1975.
[56] Chmielewicz, K.: Die Betriebsverfassung als Problem einer methodologisch fundierten Sozialreform-Strategie. In: R.-B. Schmidt (Hrsg.): Probleme der Unternehmensverfassung, Gedanken zum 70. Geburtstag von M. Lohmann. Tübingen 1971, S. 1–40.
[57] Chmielewicz, K.: Interessen in der Betriebswirtschaftslehre aus wissenschaftstheoretischer Sicht. In: WSI-Forum: Arbeitsorientierte Einzelwirtschaftslehre contra Kapitalorientierte Betriebswirtschaftslehre, WSI-Studie zur Wirtschafts- und Sozialforschung, Nr. 24. Köln 1973, S. 4–25.
[58] Chmielewicz, K.: Diskussionsbeitrag auf dem WSI-Forum. In: Wirtschafts- und Sozialwissenschaftliches Institut des Deutschen Gewerkschaftsbundes GmbH (WSI) (Hrsg.): Arbeitsorientierte Einzelwirtschaftslehre contra Kapitalorientierte Betriebswirtschaftslehre. Köln 1973, S. 34–36.
[59] Chmielewicz, K., A. Großmann, A. O. Inhoffen u. M. Lutter: Die Mitbestimmung im Aufsichtsrat und Vorstand. In: DBW, 37. Jg. (Heft 1, 1977), S. 105–145.
[60] Christmann, A. u. O. Kunze: Wirtschaftliche Mitbestimmung im Meinungsstreit, Bd. 1. Köln 1964.
[61] Cochrane, W. W. u. C. S. Bell: The Economics of Consumption. New York/Toronto/London 1956.
[62] Committee for Economic Development: Social Responsibilities of Business Corporations. New York 1975.
[63] Cyert, R. M. u. J. G. March: A Behavioral Theory of the Firm. Englewood Cliffs/ N. J. 1963.
[64] Czubek, G.: Die Unternehmensverfassung. Diss. Universität Freiburg 1968.
[65] Dahrendorf, R.: Gesellschaft und Demokratie in Deutschland. 2. Aufl., München 1972.

[66] Dahrendorf, R.: Industrie- und Betriebssoziologie. Berlin 1965.
[67] Davis, K.: Can Business Afford to Ignore Social Responsibilities? In: CMR, Vol. 2 (Spring 1960), S. 70–76.
[68] Davis, K. u. R. L. Blomstrom: Business and Society: Environment and responsibility. 3. Auflage, New York et al. 1975.
[69] Dawson, L. M.: The Human Concept: New Philosophy for Business. In: BH, Vol. 12 (Dec. 1969), S. 29–38.
[70] Dawson, L. M.: Marketing Science in the Age of Aquarius. In: JoM, 35. Jg. (July 1971), S. 66–72.
[71] Degenkolbe, G.: Über die logische Struktur und gesellschaftliche Funktionen von Leerformeln. In: Kölner Zeitschrift für Soziologie und Sozialpsychologie 1965, Bd. 17, S. 327–338.
[72] Delhees, K. H.: Der Mensch in einer Welt im Wandel–Tendenzen und neue Möglichkeiten. In: A. Hemmer, E. Küng und H. Ulrich (Hrsg.): Wirtschaft und Gesellschaft im Umbruch. Bern/Stuttgart 1975, S. 55–66.
[73] Deutsche Shell Aktiengesellschaft: Geschäftsbericht /Sozialbilanz 1976.
[74] Dierkes, M.: Sozialbilanzen – Warten auf Gesetze. In: Wiwo, 30. Jg. (Nr. 40, 1976), S. 50–56.
[75] Dierkes, M.: Die Privatwirtschaft in ihrer gesellschaftlichen Verantwortung – Von der sozialen Marktwirtschaft zum Humanen Kapitalismus. In: Humanisierung des Arbeitslebens, Veröffentlichungen der Arbeitsgemeinschaft zur Förderung der Partnerschaft in der Wirtschaft (AGP), Nr. 13. Köln 1975, S. 156–183.
[76] Dierkes, M.: Die Sozialbilanz – Ein gesellschaftsbezogenes Informations- und Rechnungssystem. Frankfurt a.M./New York 1974.
[77] Dierkes, M. u. R. v.d. Bergh: Enquete über das soziale Engagement der deutschen Industrie, Teil I und II. In: MM, Heft 4/1976, S. 94–100 und Heft 5/1976, S. 112–122.
[78] Dierkes, M. u. R. Coppock: Corporate Responsibility does not depend on Public Pressure. In: Business and Society Review, Heft 6/1973, S. 82–89.
[79] Dierkes, M. u. U. Kopman: Von der Sozialbilanz zur gesellschaftsbezogenen Unternehmungspolitik – Ansätze zu einem Management System for Social Goals. In: BFuP, 26. Jg. (1974), S. 295–321.
[80] Dlugos, G.: Unternehmenspolitik. In: E. Grochla und W. Wittmann (Hrsg.): HdB, Bd. I/3, 4. Aufl. Stuttgart 1976, Sp. 4093–4103.
[81] Döpfner, J. K.: Ethische Grundsätze einer Wirtschaftsführung, Teil I und II. In: Rheinischer Merkur, 30 Jg. (Nr. 17, 1975), S. 21 und (Nr. 18, 1975), S. 21.
[82] Dornis, P.: Public Relations der internationalen Unternehmung. In: E. H. Sieber (Hrsg.): Schriftenreihe: Die internationale Unternehmung, Bd. 4. Meisenheim am Glan 1971.
[83] Drumm, H. J.: Betriebsverfassung und Betriebsverfassungsgesetz. In: E. Grochla und W. Wittmann (Hrsg.): HdB, Bd. I/1, 4. Aufl. Stuttgart 1974, Sp. 673–683.
[84] Eichhorn, P.: Gesellschaftsbezogene Unternehmensrechnung. Göttingen 1974.
[85] Eickhoff, N.: Paritätische Mitbestimmung. Verstoß gegen unsere Wirtschaftsordnung? In: Wd, 54. Jg. (1974), S. 307–309.
[86] Endress, R.: Public Relations. In: E. Grochla und W. Wittmann (Hrsg.): HdB, Bd I/2, 4. Aufl. Stuttgart 1975, Sp. 3278–3282.
[87] Etzioni, A.: Die aktive Gesellschaft. Eine Theorie gesellschaftlicher und politischer Prozesse. Opladen 1975.

[88] European Management Forum (Hrsg.): European Management Symposium. Davos 1973.
[89] Fäßler, K.: Betriebliche Mitbestimmung. Wiesbaden 1970.
[90] Faltlhauser, K.: Sozial-Bilanzen – Konzepte und Beispiele. In: Personal, 28. Jg. (Heft 2, 1976), S. 57–61.
[91] Fehlmann, H.: Erfolgsbeteiligung, dargestellt am Beispiel der Fehlmann Söhne AG, Schöftland. In: Institut für Betriebswirtschaft an der Hochschule St. Gallen für Wirtschafts- und Sozialwissenschaften (Hrsg.): Mitbeteiligung in der Unternehmung, Betriebswirtschaftliche Mitteilungen, Bd. 59. Bern 1973, S. 75–84.
[92] Fischer-Winkelmann, W. F. u. R. Rock: Vor einem neuen Selbstverständnis in der Marketing-Wissenschaft? In: DU, 29. Jg. (Nr. 4, 1975), S. 237–259.
[93] Frederick, W. C.: Social responsibility schools of thought. In: G. A. Steiner (Hrsg.): Issues in Business and Society. New York 1972, S. 155–165.
[94] Frederick, W. C. u. M. S. Myers: The Hidden Politics of Social Auditing. In: R. L. Heilbroner und P. London (Hrsg.): Corporate Social Policy. S. 253–259.
[95] Friedman, M.: Capitalism and Freedom. Chicago 1962.
[96] Friedman, M.: The social responsibility of business is to increase its profits. In: G. A. Steiner (Hrsg.): Issues in Business and Society. New York 1972, S. 141–148.
[97] Friedman, M.: Die soziale Verantwortung der Geschäftswelt. In: G. Schmölders (Hrsg.): Der Unternehmer im Ansehen der Welt. Bergisch-Gladbach 1971, S. 198–206.
[98] Galbraith, J. K.: Die moderne Industriegesellschaft. München/Zürich 1968.
[99] Galbraith, J. K.: Der amerikanische Kapitalismus im Gleichgewicht der Wirtschaftskräfte. Stuttgart 1956; deutsche Übersetzung von: American Capitalism, The Concept of Countervailing Power, Boston 1952.
[100] Galperin, H.: Betriebsverfassung. In: E. Gaugler et al. (Hrsg.): HdP. Stuttgart 1975, Sp. 720–734.
[101] Gaugler, E.: Die Auswirkungen der Mitbestimmung auf die unternehmerischen Entscheidungen. In: A. Rauscher (Hrsg.): Mitbestimmung. Köln 1968, S. 80–112.
[102] Glöckner, W. H.: Konsumentenvertretung. In: B. Tietz (Hrsg.): HdA. Stuttgart 1974, Sp. 1044–1049.
[103] Graetz, W.: Demokratisierung der Wirtschaft durch Mitbestimmung, Möglichkeiten und Grenzen eines Postulates in der Unternehmung. Dissertation Diessenhofen 1974.
[104] Grochla, E.: Unternehmensorganisation – Neue Ansätze und Konzeptionen. Reinbek b. Hamburg 1972.
[105] Günther, M.: Der Einfluß von Partnerschaft und Erfolgsbeteiligung auf die Wettbewerbsfähigkeit der Betriebe. Dissertation, Marburg 1964.
[106] Gutenberg, E.: Grundlagen der Betriebswirtschaftslehre, 1. Band, Die Produktion, 16. Aufl., Berlin/Heidelberg/New York 1969.
[107] Habermas, J.: Legitimationsprobleme im Spätkapitalismus. Frankfurt/M. 1972.
[108] Habermas, J.: Technik und Wissenschaft als „Ideologie". 4. Aufl. Frankfurt/M. 1970.
[109] Hättich, M.: Demokratie als Herrschaftsordnung. Köln/Opladen 1967.
[110] Hansmeyer, K. H.: Lehr- und Methodengeschichte. In: W. Ehrlicher et al. (Hrsg.): Kompendium der Volkswirtschaftslehre, Bd. 1, 3. Aufl. Göttingen 1972, S. 466–503.
[111] Harmon, F. u. J. Humble: Europas erste Sozialbilanz. In: Profil, Heft 2/1974, S. 3–5.
[112] Hartmann, H.: Gesellschaftsbezogenes Rechnungswesen als Ausdruck sozialverantwortlicher Unternehmungsführung. In: BFuP, 26. Jg. (Heft 4, 1974), S. 334–344.

[113] Hartmann, R. S.: Die Partnerschaft zwischen Kapital und Arbeit. Köln/Opladen 1958.
[114] Hartmann, H. u. H. Furch: Ansprüche an ein sozial-verantwortliches Unternehmensverhalten. In: Wd, Heft 11/1974, S. 583–589.
[115] Haussmann, H.: Probleme einer Mitbestimmung auf Unternehmensebene. In: G. Schreyögg (Hrsg.): Demokratie in der Arbeitswelt, AIESEC-Dokumentation. Nürnberg 1974, S. 81–93.
[116] Hax, K.: Das Projekt „Arbeitsorientierte Einzelwirtschaftslehre". Eine kritische Betrachtung. In: ZfbF, 26. Jg. (1974) S. 798–809.
[117] Heald, M.: The social responsibility of business: Company and community 1900–1960. Cleveland/London 1970.
[118] Heigl, A.: Konzepte betrieblicher Umweltrechnungslegung. In: DB, 27. Jg. (Heft 48, 1974), S. 2265–2270.
[119] Heike, H. D. u. G. Kade: Methodologische Probleme makroökonomischer Theorien. In: Konjunkturpolitik, 14. Jg. (1968), S. 291–374.
[120] Heilbroner, R. L.: Sind Unternehmen zu kontrollieren? In: R. L. Heilbroner (Hrsg.): Im Namen des Profits oder Fahrlässigkeit als Unternehmensprinzip. Reinbek 1973, S. 157–185.
[121] Heinen, E.: Das Zielsystem der Unternehmung. Wiesbaden 1966.
[122] Hengstenberg, H. E.: Philosophische Begründung des Subsidiaritätsprinzips. In: A. F. Utz (Hrsg.): Das Subsidiaritätsprinzip. Heidelberg 1953, S. 19–44.
[123] Hennis, W.: Demokratisierung. Zur Problematik eines Begriffs. Köln/Opladen 1970.
[124] Hess, J.: Public policy as a function of perception of business ethics. In: The Economic and Business Bulletin, 20. Jg. (Nr. 3, 1968), S. 29–36.
[125] Hopkinson, R. A.: Corporate organization for pollution control. Conference Board Study No. 507, New York 1970.
[126] Hopkinson, T. M.: The dynamics and Role of Public Affairs. In: P. Lesly (Hrsg.): Lesly's Public Relations Handbook. Englewood Cliffs/N. J. 1971, S. 21–30.
[127] Horn, A.: Einführung in die Volkswirtschaftslehre, Leitfaden zur Vorlesung an der Technischen Hochschule Darmstadt. Darmstadt 1965.
[128] Hundhausen, C.: Public Relations – Theorie und Systematik. Berlin 1969.
[129] Hundt, S. u. E. Liebau: Zum Verhältnis von Theorie und Praxis – Gegen ein beschränktes Selbstverständnis der Betriebswissenschaftslehre als „Unternehmerwissenschaft". In: G. Dlugos, G. Eberlein und H. Steinmann (Hrsg.): Wissenschaftstheorie und Betriebswirtschaftslehre. Düsseldorf 1972, S. 221–241.
[130] Jacob, H.: Mitbestimmung in der Unternehmung. In: H. Jacob (Hrsg.): Schriften zur Unternehmensführung, Bd. 18. Wiesbaden 1973.
[131] Johnson, H. L.: Social Responsible Firms: An Empty Box or a Universal Set? In: JoB, Vol. 39 (No. 3, 1966), S. 394–399.
[132] Johnson, A. C., L. H. Peters u. B. S. Prasad: Student Perceptions of Business Roles in Society. In: A. G. Bedeian et al. (Hrsg.): Proceedings of the Annual Meeting of the Academy of Management. New Orleans 1975, S. 318–320.
[133] Kade, G.: Unternehmen und Gesellschaft. Einige Fragezeichen hinter dem Kommunikationsmodell. In: Kommunikation und Wissenschaft, 5. Folge der Schriftenreihe „Effektive Werbung". Karlsruhe 1973, 39–48.
[134] Kade, G.: Die Grundannahmen der Preistheorie. Eine Kritik an den Ausgangssätzen der mikroökonomischen Modellbildung. Berlin/Frankfurt a.M. 1962.

[135] Kade, G.: Unternehmen und Gesellschaft: Ist die Auseinandersetzung mit Kommunikationstechniken zu bewältigen? In: MJ, 6. Jg. (Nr. 3, 1973), S. 196–198.

[136] Kaiser, J. H.: Die Repräsentation organisierter Interessen. Berlin 1956.

[137] Kambartel, F.: Ist rationale Ökonomie als empirisch quantitative Wissenschaft möglich? Unveröffentlichtes Manuskript. Konstanz 1976.

[138] Kamlah, W. u. P. Lorenzen: Logische Propädeutik, Vorschule des vernünftigen Lebens. 2. Aufl. Mannheim 1973.

[139] Kappler, E.: Warum nicht AOGWL? In: Wiwo, Nr. 29 (13. 7. 1973) S. 38–40.

[140] Kappler, E.: Brauchen wir eine neue Betriebswirtschaftslehre? In: N. Koubek, H. D. Müller und I. Scheibe-Lange (Hrsg.): Betriebswirtschaftliche Probleme der Mitbestimmung. Frankfurt/M. 1974, S. 163–184.

[141] Kappler, E.: Zur praktischen Berücksichtigung pluralistischer Interessen in betriebswirtschaftlichen Entscheidungsprozessen – Anmerkungen zu einem Investitionsmodell von Sieben und Goetzke. In: BFuP, 29. Jg. (Heft 1, 1977), S. 70–82.

[142] Kappler, E.: Zum Legitimationspotential mitbestimmter Entscheidungen. Arbeitspapier des Fachbereichs Wirtschaftswissenschaft der Gesamthochschule Wuppertal. Nr. 14/1976.

[143] Kappler, E.: Zum Theorie-Praxis-Verhältnis einer noch zu entwickelnden kritischen Theorie der Betriebswirtschaftspolitik. Arbeitspapiere des Fachbereichs Wirtschaftswissenschaft der Gesamthochschule Wuppertal Nr. 1 Wuppertal 1975.

[144] Karstens, W.: Wirkung und Wirkungsmöglichkeiten der Verbraucherverbände in Deutschland. Berlin 1964.

[145] Kirsch, G.: Manager – Herrscher ohne Auftrag? Die Legitimitätsgrundlagen der Managerherrschaft, Köln 1969.

[146] Kirsch, W.: Entscheidungsprozesse, Bd. I: Verhaltenswissenschaftliche Ansätze der Entscheidungstheorie, Wiesbaden 1970. Bd. II: Informationsverarbeitungstheorie des Entscheidungsverhaltens, Wiesbaden 1971. Bd. III: Entscheidungen in Organisationen, Wiesbaden 1971.

[147] Kirsch, W., I. Bamberger, E. Gabele u. H. K. Klein: Betriebswirtschaftliche Logistik. Wiesbaden 1973.

[148] Kirsch, W. u. W. Scholl: Demokratisierung – Gefährdung der Handlungsfähigkeit organisatorischer Führungssysteme? In: DBW, 37. Jg. (Heft 2, 1977), S. 235–246.

[149] Kittner, M. u. K. Mehrens: Gesellschaftsbezogene Rechnungslegung. In: WSI-Mitteilungen, 30. Jg. (Nr. 1, 1977) S. 20–33.

[150] Knüpffer, R. v.: Partnerschaft, betriebliche. In: E. Gaugler et al. (Hrsg.): HdP. Stuttgart 1975, Sp. 1441–1448.

[151] Kodolitsch, P. von: Gemeindeverwaltungen und Bürgerinitiativen. Ergebnisse einer Umfrage. In: Archiv für Kommunalwissenschaften, 14. Jg. (1975), S. 264–278.

[152] Köhler, H. W.: Rechtsform und Unternehmensverfassung. In: ZfgSt, 115. Bd. (1959), S. 716–746.

[153] Koubek, N.: Brauchen wir eine neue Betriebswirtschaftslehre? Kritik aus gewerkschaftlicher Sicht und Elemente einer Alternative. In: N. Koubek, H.-D. Küller und I. Scheibe-Lange (Hrsg.): Betriebswirtschaftliche Probleme der Mitbestimmung. Frankfurt/M. 1974, S. 185–203.

[154] Koubek, N.: Grundelemente einer Arbeitsorientierten Einzelwirtschaftslehre. In: Arbeitsorientierte Einzelwirtschaftslehre contra Kapitalorientierte Betriebswirtschaftslehre, WSI-Studie zur Wirtschafts- und Sozialforschung, Nr. 24. Köln 1973, S. 69–102.

[155] Koubek, N.: Arbeitsorientierte Rationalität und Arbeitnehmerinteressen. Zum Stand der Auseinandersetzung über die Arbeitsorientierte Einzelwirtschaftslehre (AOEWL). In: ZfbF, 29. Jg. (Heft 1, 1977), S. 31–43.

[156] Koubek, N.: Sechs Stufen auf drei Ebenen. In: Wiwo, 27. Jg. (Nr. 29, 1973), S. 35 bis 38.

[157] Kreckel, R.: Soziologisches Denken. Opladen 1975.

[158] Kreikebaum, H.: Humanität in der Arbeitswelt – Eine kritische Betrachtung. In: ZfB, 47. Jg. (Nr. 8, 1977), S. 481–508.

[159] Krockow, C. von: Mehr Demokratie – weniger Freiheit? In: Die Zeit, Nr. 9 (23. 2. 1973), S. 3.

[160] Krüger, H.: Paritätische Mitbestimmung, Unternehmensverfassung, Mitbestimmung der Allgemeinheit. Düsseldorf 1973.

[161] Küller, H.-D.: Sozialbilanzen – neues Instrument unternehmerischer Abwehrstrategien. In: WSI-Mitteilungen, 30. Jg. (Nr. 1, 1977), S. 33–40.

[162] Kunze, D.: Gesellschaftsrecht, Unternehmensverfassungsrecht und das öffentliche Interesse in der Unternehmensverfassung. In: Macht oder Ohnmacht des Eigentums, Tagungsbericht des VII. Europäischen Gesprächs des DGB. Köln 1959, S. 215 bis 233.

[163] Kunze, O.: Von der wirtschaftlichen Mitbestimmung zur Unternehmensverfassung. In: K. Nemitz und R. Becker (Hrsg.): Gewerkschaft, Wirtschaft, Gesellschaft. Köln 1963, S. 133–144.

[164] Kunze, O.: Unternehmensverfassung als gesellschaftspolitische Forderung. In: Wd, 49. Jg. (Heft 6, 1969), S. 340–341.

[165] Kunze, O.: Bemerkungen zu Inhalt und Methode einer Unternehmensrechtsreform. In: K. Ballerstedt und W. Hefermehl (Hrsg.): Macht und Verantwortung in der AG, Festschrift für E. Geßler. München 1971, S. 47–57.

[166] Kupsch, P. U.: Das Risiko im Entscheidungsprozeß. Wiesbaden 1973.

[167] Lachnit, L.: Ein Beitrag zur gesellschaftsbezogenen Rechnungslegung der Unternehmung. In: ZfbF, 28. Jg. (Heft 7, 1976), S. 453–457.

[168] Lenk, E.: Die qualifizierte Mitbestimmung und ihre wirtschaftliche Problematik. Köln 1961.

[169] Levitt, T.: The Dangers of Social Responsibility. In: HBR, Vol. 36 (No. 5, 1958), S. 41–50.

[170] Lezius, M.: Aktive betriebliche Gesellschaftspolitik. In: AGP-Mitteilungen, 23. Jg. (1. 5. 1975), Sonderdruck.

[171] Lieser, J. u. T. Schoenbaum: Das Board-System als Mitbestimmungskonzept der Zukunft? In: DB, 26. Jg. (Heft 40, 1973), S. 1981–1984.

[172] Linowes, D. F.: An Approach to Socio-Economic Accounting. In: A. Elkins und D. W. Callaghan (Hrsg.): A Managerial Odyssey. Problems in Business and its Environment. Reading/Mass. 1975, S. 508–513.

[173] Lohmann, M.: Antiquierte Unternehmungsverfassung. In: Der Volkswirt, 15. Jg. (Heft 51/52, 1961), S. 65–73.

[174] Loitlsberger, E.: Metaökonomische Wertvorstellungen und Rechtsordnungen als Determinanten betriebswirtschaftlicher Theorie. In: G. v. Kortzfleisch (Hrsg.): Wissenschaftsprogramm und Ausbildungsziel der Betriebswirtschaftslehre. Berlin 1971, S. 79–99.

[175] Lund, L.: Corporate Organization for Environmental Policymaking. Conference Board Report, New York 1974.
[176] Luthans, F. u. R. M. Hodgetts: Social Issues in Business – Poverty, Civil Rights, Ecology and Consumerism. New York/London 1972.
[177] Maier, K.: Interdependenzen zwischen Mitbestimmung und betrieblicher Partnerschaft. Betriebswirtschaftliche Schriften, Heft 30. Berlin 1969.
[178] Maier, K.: Unternehmensverfassung. In: E. Gaugler et al. (Hrsg.): HdP. Stuttgart 1975, Sp. 1967–1977.
[179] March, J. G. u. H. A. Simon: Organizations. New York/London 1958.
[180] Marlin, J. T.: Accounting for Pollution. In: The Journal of Accountancy, Februar 1973, S. 41–46.
[181] Mayer-Tasch, P. C.: Die Bürgerinitiativbewegung. Der aktive Bürger als rechts- und politikwissenschaftliches Problem. Hamburg 1976.
[182] Mazis, M. u. R. Green: Implementing Social Responsibility. In: Business Topics, Winter 1971, S. 68–76.
[183] McGrath, P. S.: Managing Corporate External Relations: Changing Perspectives and Responses. Conference Board Report No. 679, New York 1976.
[184] McKie, J. W.: Changing Views. In: J. W. McKie (Hrsg.): Social Responsibility and the Business Predicament. Washington 1974, S. 17–40.
[185] Mertens, H.-J.: Unternehmensverfassung. Aufsichtsrats- oder board-System? In: Wiwo, 25. Jg. (Nr. 51, 1971), S. 31–34.
[186] Mestmäcker, E.-J.: Verwaltung, Konzerngewalt und Rechte der Aktionäre. Karlsruhe 1958.
[187] Meves, K.: Die Mitbestimmung der Arbeitnehmer in einem interessenpluralistischen Modell der unternehmerischen Willens- und Zielbildung. Dissertation Braunschweig 1973.
[188] Michaels, H.: Einer klagt immer – Der Widerstand besorgter Bürger verzögert und verteuert den Bau neuer Industrieanlagen. In: Die Zeit, Nr. 32 (30. 7. 1976), S. 23–24.
[189] Miller, A.: Die Gesellschaftsdynamik – Veränderungen der Wertsysteme und der sozialen Strukturen. In: A. Hemmer, E. Küng und H. Ulrich (Hrsg.): Wirtschaft und Gesellschaft im Umbruch. Bern/Stuttgart 1975, S. 67–77.
[190] Miller, R. W.: Corporate policies and public attitudes. Washington 1965.
[191] Miller, R. W.: „Public Affairs – Now". In: PRJ, Vol. 24 (March 1968), S. 26–27.
[192] Mintrop, A.: Gesellschaftsbezogene Rechenschaftslegung. Dokumentation „sozialer Verantwortung" der Unternehmen. Mitteilungen aus dem Handelswissenschaftlichen Seminar der Universität Zürich, Heft 147, Zürich 1976.
[193] Montesquieu, C. de: Gesetze und Prinzipien der Politik. In: Lux et Humanitas – eine Schriftenreihe zur Pflege geisteswissenschaftlicher Werke, Band VI, Freiburg/Frankfurt a.M./Wien 1949.
[194] National Industrial Conference Board (Hrsg.): The Role of Business in Public Affairs, Schriftenreihe: Studies in Public Affairs, No. 2. New York 1968.
[195] Nell-Breuning, O. v.: Die ordnungspolitische Bedeutung der wirtschaftlichen Mitbestimmung. In: C. Böhret und D. Grosser (Hrsg.): Interdependenzen von Politik und Wirtschaft, Beiträge zur politischen Wirtschaftslehre, Festgabe für Gert von Eynern. Berlin 1967, S. 169–187.
[196] Nell-Breuning, O. v.: Rechtsformzwang für Großunternehmen? In: K. Ballerstedt et al.

(Hrsg.): Recht und Rechtsleben in der sozialen Demokratie, Festgabe für O. Kunze. Berlin 1969, S. 143–158.
[197] Nell-Breuning, O. v.: Unternehmensverfassung. In: K. H. Biedenkopf et al. (Hrsg.): Das Unternehmen in der Rechtsordnung, Festgabe für H. Kronstein. Karlsruhe 1967, S. 47–77.
[198] Neske, F.: PR-Management. Gernsbach 1977.
[199] Neuloh, O.: Betriebsgemeinschaft. In: E. Gaugler et al. (Hrsg.): HdP. Stuttgart 1975, Sp. 620–627.
[200] Neumann, F.: Wider den Sozialismus der Bourgeoisie – das Belegschaftskapital und seine eifrigsten Befürworter. In: W. Fricke und A. Geissler (Hrsg.): Demokratisierung der Wirtschaft. Hamburg 1973, S. 314–338.
[201] Nicklisch, H.: Betriebsgemeinschaft. In: H. Nicklisch (Hrsg.): HdB, 1. Bd., 2. Aufl. Stuttgart 1938, Sp. 774–778.
[202] Nicklisch, H.: Die Betriebswirtschaft, 7. Aufl. Stuttgart 1932.
[203] Oberkampf, V.: Technology Assessment: Need and Motivation of Industry. Arbeitspapier des Battelle-Instituts. Frankfurt 1976.
[204] Oeckl, A.: PR-Praxis, der Schlüssel zur Öffentlichkeitsarbeit. Düsseldorf 1976.
[205] Opp, K.-D.: Methodologie der Sozialwissenschaften. Reinbek bei Hamburg 1970.
[206] Ordelheide, D.: Gesellschaftsorientierte Unternehmensberichterstattung. In: ZfbF, 28. Jg. (8/1976), S. 143–152.
[207] Ottel, F.: Organisierung der Verbraucher? Baden-Baden/Frankfurt a.M. 1955.
[208] Paul, G.: Bedürfnisberücksichtigung durch Mitbestimmung. In: W. Kirsch (Hrsg.) Planungs- und Organisationswissenschaftliche Schriften, Bd. D-22. München 1977.
[209] Peltzer, M.: Mitbestimmungsgesetz/Co-determination act. Deutsch-englische Textausgabe des Mitbestimmungsgesetzes mit einer englischen Einleitung. 2. Aufl., Köln 1976.
[210] Peltzer, M. u. R. Boer: Betriebsverfassungsgesetz/Labour management relation act. Kommentar für die Praxis in Deutsch und Englisch. Frankfurt/M. 1977.
[211] Petermann, G.: Marktstellung und Marktverhalten des Verbrauchers. Wiesbaden 1963.
[212] Petri, K.: Popperkriterium. In: WIST, 5. Jg. (Heft 9, 1976), S. 427–429.
[213] Pflüger, K. H.: Neue Wege der Verwaltungskontrolle im Aktienrecht. Hamburg 1969.
[214] Picot, A.: Betriebswirtschaftliche Umweltbeziehungen und Umweltinformationen. Grundlagen einer erweiterten Erfolgsanalyse für Unternehmungen. Berlin 1977.
[215] Plesser, E. H.: Gesellschaftspolitik und Unternehmensplanung. In: AgPlan-Handbuch zur Unternehmensplanung, Bd. 2, Berlin 1976, Kennziffer 4805, S. 1–31.
[216] Popper, K. R.: Die offene Gesellschaft und ihre Feinde, Band I, Der Zauber Platons. Bern 1958.
[217] Preller, L.: Sozialpolitik – Theoretische Ortung. Tübingen/Zürich 1962.
[218] Projektgruppe im Wirtschafts- und Sozialwissenschaftlichen Institut des Deutschen Gewerkschaftsbundes GmbH (WSI): Grundelemente einer Arbeitsorientierten Einzelwirtschaftslehre. Ein Beitrag zur politischen Ökonomie der Unternehmung. WSI-Studie zur Wirtschafts- und Sozialforschung, Nr. 23. Köln 1974.
[219] Pross, H.: Manager und Aktionäre in Deutschland. Frankfurt/M. 1965.
[220] Prühs, H.: Vorbesprechungen und Fraktionsbildung im Aufsichtsrat. In: Die Aktiengesellschaft, 15. Jg. (Nr. 7, 1970), S. 193–195.
[221] Raffée, H.: Grundprobleme der Betriebswirtschaftslehre. Göttingen 1974.

[222] Raffée, H. u. K. Petri: Verbraucherverbände. In: E. Grochla und W. Wittmann (Hrsg.): HdB, 4. Aufl. Bd. I/3. Stuttgart 1976, Sp. 4124–4134.
[223] Raffée, H. u. G. Specht: Basiswerturteile der Marketing-Wissenschaft. In: ZfbF, 26. Jg. (Heft 6, 1974), S. 373–396.
[224] Reineke, W. u. G. Sachs: Praxis der Öffentlichkeitsarbeit. Projektbezogene Public Relations. Heidelberg 1975.
[225] Rittner, F.: Das Problem der Unternehmensverfassung. In: Schweizerische Aktiengesellschaft, 46. Jg. (Heft 1, 1974), S. 1–11.
[226] Röber, M.: Möglichkeiten und Gefahren der Einbeziehung des Interesse-Begriffs in die betriebswirtschaftliche Forschung. In: JfB, 27. Jg. (Nr. 1, 1977), S. 43–55.
[227] Roemheld, B.: Der Arbeitsdirektor. In: WIST, 6. Jg. (Heft 1, 1977), S. 32–33.
[228] Rostow, E. V.: To whom and for what ends is corporate management responsible? In: S. Mason (Hrsg.): The corporation in modern society. New York 1970, S. 67–85.
[229] Sanders, R.: Das Gift von Seveso wirkt weiter. In: Die Zeit, Nr. 11 (4. 3. 1977), S. 65–66.
[230] Schmalenbach, E.: Kostenrechnung und Preispolitik. 8. Aufl., bearbeitet von R. Bauer. Köln/Opladen 1963.
[231] Schmid, K.-P.: Frankreich – Lebensqualität am Arbeitsplatz. In: Die Zeit, 32. Jg. (Nr. 7, 1977), S. 21.
[232] Schmidt, R.-B.: Unternehmensphilosophie und Umweltschutz. In: J. Wild (Hrsg.): Unternehmungsführung, Festschrift für E. Kosiol zu seinem 75. Geburtstag. Berlin 1974, S. 123–138.
[233] Schmölders, G.: Der Unternehmer in Wirtschaft und Gesellschaft. Essen 1973.
[234] Schmoller, G.: Grundriß der allgemeinen Volkswirtschaftslehre, 1. Band. München/Leipzig 1919.
[235] Schulte, H.: Die Sozialbilanz der STEAG-Aktiengesellschaft. In: BFuP, 26. Jg. (Heft 4, 1974), S. 277–294.
[236] Schulz, W.: Philosophie in der veränderten Welt. Pfullingen 1972.
[237] Schumpeter, J. A.: Kapitalismus, Sozialismus und Demokratie. Bern 1950.
[238] Schwerdtfeger, G.: Unternehmerische Mitbestimmung der Arbeitnehmer und Grundgesetz. Habilitationsschrift. Hamburg 1972.
[239] Seifert, K.-H.: Wahlrecht und Wahlsysteme. In: E. v. Beckerath et al. (Hrsg.): HdSW, 11. Bd. Stuttgart/Tübingen/Göttingen 1961, S. 473–481.
[240] Sheppard, H. L. u. N. Q. Herrick: Where have all the robots gone? Worker dissatisfaction in the '70's. New York 1972.
[241] Sieben, G.: Investitionskalküle unter Berücksichtigung pluralistischer Interessen. In: H. Albach und H. Simon (Hrsg.): Investitionstheorie und Investitionspolitik privater und öffentlicher Unternehmen, Bericht von der wissenschaftlichen Tagung des Verbandes der Hochschullehrer für Betriebswirtschaft e. V. vom 20. bis 24. Mai 1975 in Bonn. Wiesbaden 1976, S. 195–217.
[242] Sieben, G.: Rechnungswesen bei mehrfacher Zielsetzung: Möglichkeiten der Berücksichtigung gesellschaftsbezogener Ziele durch die Betriebswirtschaftslehre. In: ZfbF, 26. Jg. (1974), S. 698–702.
[243] Sieben, G. u. W. Goetzke: Investitionskalküle unter Berücksichtigung pluralistischer Interessen. In: BFuP, 28. Jg. (Nr. 1, 1976), S. 27–52.
[244] Sieber, E. H.: Unternehmensführung und Mitbestimmung. In: Jahrbuch der Absatz- und Verbrauchsforschung, 21. Jg. (Heft 4, 1975), S. 383–409.

[245] Simitis, K.: Verbraucherschutz – Schlagwort oder Rechtsprinzip? Baden-Baden 1976.

[246] Simon, H. A., D. A. Smithburg u. V. A. Thompson: Public Administration. New York 1950.

[247] Specht, G.: Aktive Einflußnahme von Konsumenten auf das Marketing privater Konsumgüteranbieter unter wirkungsorientiertem Aspekt. Habilitationsschrift Universität Mannheim 1977.

[248] Specht, G.: Marketing-Management und Qualität des Lebens. Stuttgart 1974.

[249] Specht, K. G.: Das Selbstverständnis der Verbraucherverbände. In: E. Dichtl (Hrsg.): Verbraucherschutz in der Marktwirtschaft. Berlin 1975, S. 147–160.

[250] Spindler, G. P.: Public Relations – Aufgabe für Unternehmer, Frankfurt/New York 1974.

[251] Spranger, P. H.: Die Theorie von der „Countervailing Power" (J. K. Galbraith Rechtfertigung des amerikanischen Kapitalismus). In: Hamburger Jahrbuch für Wirtschafts- und Gesellschaftspolitik, 1. Jg. (1956), S. 158–167.

[252] Staatz, H.: Ideologiekritische Anmerkungen zur Idee der sozialen Partnerschaft. In: G. Schreyögg (Hrsg.): Demokratie in der Arbeitswelt, AIESEC-Dokumentation. Nürnberg 1974, S. 42–79.

[253] Staehle, W. H.: Die Anreiz-Beitrags-Theorie als Ausgangspunkt empirischer Untersuchungen über das Zufriedenheitsniveau von Organisationsteilnehmern. In: Kommunikation, Vol. 5 (Nr. 1, 1969), S. 1–25.

[254] Staehle, W. H.: Die Unternehmung als Koalition und die Notwendigkeit der Werbung um Koalitionsteilnehmer. In: ZfB, 39. Jg. (Nr. 6, 1969), S. 377–390.

[255] Staehle, W. H.: Organisation und Führung sozio-technischer Systeme, Grundlagen einer Situationstheorie. Stuttgart 1973.

[256] Staehle, W. H.: Plädoyer für die Einbeziehung normativer Aussagen in die Betriebswirtschaftslehre. In: ZfbF, N. F., 25. Jg. (1973), S. 184–197.

[257] Staehle, W. H.: Die Stellung des Menschen in neueren betriebswirtschaftlichen Theoriesystemen. In: ZfB, 45. Jg. (Nr. 11, 1975), S. 713–724.

[258] Steiner, G. A.: Business and Society. New York 1971.

[259] Steinjan, W.: Soziale Partnerschaft aus evangelischer Sicht. In: A. Christmann und O. Kunze (Hrsg.): Wirtschaftliche Mitbestimmung im Meinungsstreit, Bd. 2. Köln 1964, S. 353–355.

[260] Steinmann, H.: Das Großunternehmen im Interessenkonflikt. Stuttgart 1969.

[261] Steinmann, H.: Die Unternehmung als Interessenverbund. In: BFuP, 28. Jg. (Jan. 1976), S. 1–12.

[262] Steinmann, H.: Betriebswirtschaftslehre und Konstruktivismus – Zu methodologischen Grundlagenproblemen der Betriebswirtschaftslehre. Arbeitspapier der Universität Erlangen-Nürnberg 1977.

[263] Steinmann, H.: Zur Lehre von der „Gesellschaftlichen Verantwortung der Unternehmensführung", Zugleich eine Kritik des Davoser Manifests. In: WIST, 2. Jg. (Heft 10, 1973), S. 467–473.

[264] Studienkommission des Deutschen Juristentages (Hrsg.): Untersuchungen zur Reform des Unternehmensrechts, Teil I und II. Tübingen 1955 und 1957.

[265] Tegtmeier, W.: Wirkungen der Mitbestimmung der Arbeitnehmer – Eine sozial-ökonomische Analyse potentieller und faktischer Wirkungen der Mitbestimmung im Unternehmen und im unternehmensexternen Bereich. Göttingen 1973.

[266] Thomée, F.: Das Boardsystem – eine Alternative zum Aufsichtsrat? In: ZfO, 43. Jg. (Nr. 4, 1974), S. 185–191.
[267] Tuchtfeldt, E.: Bemerkungen zur Verbandsdiskussion. In: Jahrbuch für Sozialwissenschaft, Bd. 13, Göttingen 1962, S. 79–93.
[268] Ulrich, P.: Die Großunternehmung als quasi-öffentliche Institution – Eine politische Theorie der Unternehmung. Stuttgart 1977.
[269] Ulrich, P. u. E. Fluri: Management. Bern/Stuttgart 1975.
[270] Ulrich, P. u. W. Hill: Wissenschaftstheoretische Grundlagen der Betriebswirtschaftslehre, Teil I und II. In: WIST, 5. Jg. (Heft 7, 1976), S. 304–309 und (Heft 8, 1976), S. 345–350.
[271] Vollmer, L.: Die Entwicklung partnerschaftlicher Unternehmensverfassungen. In: R. Lukes (Hrsg.): Schriften zum Wirtschafts-, Handels- und Industrierecht. Bd. 16, Köln et al. 1976.
[272] Wächter, H.: Die Arbeitsorientierte Einzelwirtschaftslehre – eine Herausforderung an die Betriebswirtschaftslehre. In: WIST, 5. Jg. (Heft 7, 1976), S. 310–316.
[273] Wächter, H.: Arbeitsorientierte Wirtschaftslehre. Arbeitsorientierte Kriterien für wirtschaftliche Entscheidungen. In: Wd, 56. Jg. (Nr. 4, 1976), S. 195–200.
[274] Wächter, H.: Unternehmungsziele und unternehmerische Verantwortung. In: BFuP, 21. Jg. (Nr. 4, 1969), S. 193–206.
[275] Walton, C. C.: Corporate Social Responsibilities. Belmont/California 1967.
[276] Walton, C. C.: Conference Summary. In: Public Affairs in the United States and Europe, Conference Board Report, New York 1972, S. 74–79.
[277] Weber, M.: Wirtschaft und Gesellschaft. 5. Aufl. Tübingen 1972.
[278] Weihe, J. H.: Unternehmungsplanung und Gesellschaft. In: W. H. Staehle (Hrsg.): Schriftenreihe Mensch und Organisation, Bd. 3. Berlin/New York 1977.
[279] Weinhold-Stünzi, H.: Standortfrage – Public Relations. In: Public Relations Revue, 17. Jg. (Nr. 59, 1970), S. 53–58.
[280] Weitzig, J. K.: PR als gesellschaftspolitische Aufgabe. In: PR-Magazin, 6. Jg. (Nr. 4, 1976), S. 38–41.
[281] Weitzig, J. K.: Public Affairs: Gesellschaftsorientierte Unternehmensfunktion von zunehmender Bedeutung. In: Literaturberater Wirtschaft, 2. Jg. (Nr. 5, 1977), S. 77–78.
[282] Weitzig, J. K.: Public Relations. In: Literaturberater Wirtschaft, 1. Jg. (Nr. 4, 1976), S. 7–9.
[283] Westermann, H. P.: Unternehmensverfassung und Gesellschaftsrecht. In: W. Hefermehl et al. (Hrsg.): Festschrift für H. Westermann. Karlsruhe 1974, S. 563–583.
[284] Wiedemann, H.: Grundfragen der Unternehmungsverfassung. In: Zeitschrift für Unternehmens- und Gesellschaftsrecht, 4. Jg. (Heft 4, 1975), S. 385–432.
[285] Wild, J.: Management-Konzeption und Unternehmensverfassung. In: R.-B. Schmidt (Hrsg.): Probleme der Unternehmungsverfassung, Gedanken zum 70. Geburtstag von M. Lohmann. Tübingen 1971, S. 57–95.
[286] Winter, H.: Unternehmensverfassung. In: G. Gutmann et al. (Hrsg.): Die Wirtschaftsverfassung in der Bundesrepublik Deutschland. Stuttgart/New York 1976, S. 147–176.
[287] Wissenschaftlicher Beirat beim Bundeswirtschaftsministerium: Zur Reform des Gesetzes gegen Wettbewerbsbeschränkungen, BT-Drucksache IV/617 vom 22. 8. 1962.
[288] Wiswede, G.: Soziologie des Verbraucherverhaltens. Stuttgart 1972.
[289] Wysocki, K. von: Meß- und Bewertungsprobleme der sozialen Rechnungslegung. In: H.

R. Haeseler (Hrsg.): Gemeinwirtschaftliche Betriebe und öffentliche Verwaltungen. Opladen 1976, S. 171–180.

[290] Zeitel, G.: Die Mitbestimmung – Auswirkungen auf Wettbewerb und Wirtschaftswachstum in Verbindung mit dem unternehmerischen Entscheidungsprozeß. In: Mitarbeiten, Mitverantworten, Mitbestimmen, Veröffentlichungen der Walter-Raymond-Stiftung, Bd. 7. Köln/Opladen 1966, S. 52–71.

[291] Zimmerman, L. J.: Geschichte der theoretischen Volkswirtschaftslehre. 3. Aufl. Köln 1967.

[292] Zundel, R.: Anschlag auf die Parteien oder Ventil der Verdrossenheit? Die Bürgerinitiativen pendeln zwischen friedlichem Protest und Gewaltaktion. In: Die Zeit, Nr. 33 (5. 8. 1977), S. 3.

Stichwortverzeichnis

MIX
Papier | Fördert gute Waldnutzung
FSC® C083411

Kolibri 360 GmbH
Ferdinand-Jühlke-Straße 7
99095 Erfurt, Deutschland
produktsicherheit@kolibri360.de